현장에서 바로 써먹는

채권관리
100문 100답

최흥식(3S컨설팅 대표) 지음

ᛁ 중앙경제평론사

머리말

채권 관리 교육을 하면서 많은 영업사원, 채권 관리 실무자로부터 실무에 곧바로 적용하여 활용할 수 있는 실무 지침서가 필요하다는 요구를 듣곤 했다. 이 책은 이러한 실무 담당자들의 의견을 반영하여 집필한 채권 관리와 회수 실무에 관한 지침서다.

모든 업무가 그러하듯 채권 관리와 회수도 기본에 충실해야 한다. 그럼에도 기본을 지키지 않아 돌이킬 수 없는 문제에 부딪히는 사례를 수없이 보았다.

이 책은 기업에 근무하는 영업 및 채권 관리 실무자 그리고 자영업자를 위해 어렵고 난해한 내용보다는 바로 실무에 적용할 수 있는 내용으로 가능한 한 쉽게 집필하였다.

저자는 23년간 산업 교육기관과 기업에서 강의하면서, 영업 및 채권 관리 실무자에게서 많은 질문을 받았다. 이 책은 그 질문에 대해 Q&A 식으로 해결 방법을 제시한 내용이다. 실무를 어떤 방법으로 접근해야 하는지, 실무에 필요한 양식의 작성 사례를 들어 질문 하나하나를 설명하고 있다.

이 책의 주된 내용은 다음과 같다.

'신용조사와 여신한도 관리 편'에서는 거래처 신용조사와 평가 방법, 거래처 부실화 징후 파악, 여신한도 관리 방법을 다룬다.

'어음 관리와 전자결제 편'에서는 부도나기 쉬운 어음 구별법, 전자결제를 받을 때 주의할 사항 등을 설명한다.

'담보 관리 편'에서는 근저당권, 질권 등 물적담보와 연대보증, 지급보증, 지급보증보험, 신용보험 등의 실무 방법을 소개한다.

'임의회수 편'에서는 채권 회수 기법, 독촉 기법, 임의회수 기법을 다룬다.

'채권보전 편'에서는 채무자 추적, 형사고소, 소멸시효, 채권자 취소권, 대위권, 재산 조사, 가압류, 가처분에 대한 내용을 관련 양식 및 작성법 등과 함께 실무자가 직접 법적 조치 등을 할 수 있도록 자세히 설명한다.

'집행권원 편'에서는 민사소송과 민사소송보다 간편한 절차를 거쳐 집행권원을 얻는 방법에 대해 양식과 사례를 들어 소개한다.

'강제집행 편'에서는 부동산 경매, 유체동산의 강제집행, 채권의 강제집행, 회생, 파산, 채무불이행자 명부 등재, 재산명시, 대손처리에 대한 내용을 양식 작성 사례 등을 통해 설명하여 바로 실무에 적용할 수 있도록 하였다.

채권 관리와 회수 업무를 처음 접하는 사람도 이해할 수 있고 바로 업무에 적용할 수 있도록 쉽게 집필하였으므로, 차분히 읽어나간다면 별 무리 없이 이해하여 업무에 적용할 수 있으리라 믿는다. 부디 이 책이 독자 여러분에게 좋은 길잡이가 되기를 바란다.

이 책이 나오기까지 도움을 주신 중앙경제평론사의 김용주 사장님과 수고해주신 모든 직원 여러분께 감사의 마음을 전한다.

차례

1장
신용조사와 여신한도 관리 편

2장
어음 관리와 전자결제 편

3장
담보 관리 편

4장
임의회수 편

5장
채권보전 편

6장
집행권원 편

7장
강제집행 편

신용조사와
여신한도 관리 편

이 장에서는 거래처의 신용조사 및 신용평가 방법,

거래처의 부실화 징후, 여신한도 관리 방법에 대해 알아본다.

1
신용정보조회 사이트의 활용 방법은?

우리 회사의 거래처 수는 영업사원 수에 비해 많은 편입니다. 거래처와는 주로 신용으로 외상거래를 하고 있는데, 연체되거나 대금을 못 받는 경우도 발생합니다. 이런 일을 예방하기 위해 신용평가회사의 신용정보조회 서비스를 활용하는 방법을 알고 싶습니다.

신용평가회사의 신용정보조회 사이트를 활용하여 거래처의 신용 평가등급 등을 알 수 있다.

사업자(법인 및 개인사업자)에 대한 신용정보를 알아볼 수 있는 신용 평가회사의 신용정보조회 사이트로는 한국평가데이터의 CRETOP, NICE 평가정보의 KIS LINE(RM1), NICE 디앤비의 CREPORT, 이크레더블의 WIDUSPOOL 등이 있다. 한편, 개인의 신용정보를 알아볼 수 있는 신용평가회사의 신용정보조회 사이트에는 KCB의 All Credit 서비스와 NICE 평가정보의 NICECREDIT 서비스가 있다.

사업자에 대한 신용등급은 AAA등급에서 D등급으로 나뉘며, 현금흐름 등급도 분류되어 있다. 그리고 개인에 대한 신용점수는 1~1,000점으로 매겨진다.

신용정보조회 사이트에서는 신용등급, 현금흐름 등급 외에도 부도(당좌거래정지) 이력, 채무불이행자 등록 이력, 법정관리 이력 등 거래처(채무자)의 여러 정보를 알아볼 수 있다.

사업자(거래처)의 신용등급에 따른 일반적인 거래 방법은 다음과 같다.

- BBB+ 이상: 외상거래 가능
- BBB~B: 외상거래 금액이 크지 않아야 한다. 현재 채권 잔액보다 더 늘어나면 안 된다.
- CCC+ 이하: 외상거래를 하지 말아야 하며, 현재 채권 잔액을 회수할 대책을 세워야 한다.

신용정보 조회 사이트를 잘 활용하려면 위에 명기한 신용평가회사의 홈페이지에서 어떠한 신용정보를 제공해주는지, 그 활용 방법을 자세히 살펴보는 것이 효과적이다.

신용평가회사의 조회 사이트에서 제공받을 수 있는 서비스 내용은 크게 4가지가 있다.

- 거래처의 신용등급(모형등급)과 현금흐름 등급을 제공받을 수 있다.
- 관리하는 거래처와 관리 사원의 연락처를 신용평가회사에 등록해놓고, 거래처의 금융기관 연체 정보, 채무불이행자 정보, 휴폐업 정보 등 조기경보

시스템 서비스를 메시지 등을 통해 제공받을 수 있다.

· 거래처가 일정 기간(3개월) 이상 연체할 경우, 채무불이행자로 신용평가회
  사 사이트에 등재하여 채무자를 협상 테이블로 이끌어낼 수 있다.

· 신용평가회사에 따라서는 법인, 부동산등기부등본의 권리 변동 사항을 제
  공받을 수 있는 서비스도 제공한다.

2

재무평가를 통해
거래처의 신용을 파악하는 방법은?

우리 회사의 거래처는 대부분 어느 정도 규모가 있는 기업으로, 우리 회사는 주로 신용으로 판매하고 있습니다. 그런데 이런 거래처라도 어느 날 갑자기 부도나 지급불능이 되어 대손이 발생하곤 합니다. 어느 정도 규모가 되는 거래처는 재무평가를 통해 신용을 파악하면 효과적이라고 하는데, 거래처 재무평가 방법을 알려주십시오.

재무 분석에 의한 재무신용평가를 하는 경우에는 지수 평가법을 활용하면 좋다.

지수 평가법에 의한 재무신용평가표 사례를 가지고 재무신용평가 방법을 알아보자.

거래처인 (주)바른의 재무신용평가를 위해, 우선 평가할 재무비율의 항목과 중요도에 따라 가중치를 정한다. (주)바른의 재무비율을 산정하고, 동종업계 산업 평균은 한국은행 홈페이지-경제통계시스템(ECOS) 등에서 구한 자료를 기재한다.

재무비율 중 높을수록 좋은 재무비율의 경우에는 [(주)바른의 재무비율/산업 평균 비율]이 되고, 낮을수록 좋은 비율의 경우에는 [산업 평균 비율/(주)바른의 재무비율]이 관계비율이 된다.

관계비율이 산정되면 [관계비율×0.7(조정계수)]로 조정관계비율을 구한다.

평점은 [가중치×조정관계비율]이 되는데, 이때 조정관계비율은 소수로 바꾸어 곱해야 한다.

(주)바른의 경우는 평점이 조정계수와 유사한 72.3으로, 신용은 중간 정도라고 볼 수 있다. 평점 70을 보통(중간)으로 보며, 평점이 70보다 얼마나 높고 낮은지에 따라 신용 정도를 평가할 수 있다.

이 신용평가표는 엑셀시트를 활용하면 쉽게 구할 수 있다.

(주)바른의 신용평가표

구분	평가 항목	가중치 (A)	(주)바른 (B)	산업 평균 (C)	관계비율 (D)	조정관계 비율(E)	평점 (E)×(A)
유동성	유동비율	6	85.0	96.9	88.1	61.7	3.7
	당좌비율	10	67.2	70.5	95.3	66.7	6.7
안정성	자기자본비율	10	35.6	42.8	83.2	58.1	5.8
	비유동장기적합률	8	63.2	101.7	160.9	112.6	8.9
	차입금의존도	6	40.3	37.3	92.6	64.8	3.9
수익성	매출액영업이익률	5	10.2	10.7	95.3	66.7	3.3
	매출액순이익률	6	4.9	5.8	84.5	59.2	3.6
	총자본영업이익률	5	4.3	5.0	86.0	60.2	3.0
	총자본순이익률	10	5.3	5.1	103.9	72.7	7.3
생산성	총자본투자효율	5	24.5	22.1	110.9	77.6	3.9
	부가가치율	6	28.2	25.4	111.0	77.7	4.7
활동성	총자본회전율	6	1.5	1.1	136.4	94.1	5.6
	매출채권회전율	6	7.3	6.4	114.1	79.9	4.8
성장성	매출액증가율	6	5.3	4.9	108.2	75.7	4.5
	총자본증가율	5	0.9	1.2	75.0	52.5	2.6
합계		100					72.3

3

비재무적 요인을 통한 거래처의 신용과 부실화 징후를 파악하는 방법은?

저는 영업사원입니다. 거래처에 판매하면서 간혹 부도를 맞아 회사에 손실을 입히고는 합니다. 재무평가를 통한 방법 외에 거래처의 일반적인 현황(비재무적 요인)을 보고 거래처의 신용과 부실화 징후를 파악할 수 있는 방법을 알고 싶습니다.

거래처의 신용과 부실화 징후를 파악하기 위해 재무평가 외에도 거래처와 관련된 비재무적인 요인을 살펴보는 것도 방법이다. 오히려 이 방법이 재무평가로 파악하는 것보다 더 효과적인 경우가 많다.

비재무적 요인으로는 사업력, 사업장과 경영자에 관한 사항, 영업 현황과 주요 거래처에 관한 사항, 종업원과 노사관계에 관한 사항 등이 있는데, 이를 보고 신용과 부실화 징후를 파악할 수 있다.

거래처가 오랫동안 사업을 해왔고 오랜 기간에 걸쳐 거래해왔다면 비교적 신용이 좋다고 여긴다. 사업장의 생산·판매 시설이 잘 구비되어 있고 청결하게 정리되어 있거나, 생산·판매 시설이 수년 전에 설치한 시설도 있고 최근에 설치한 시설도 있는 등 재투자를 적절하고도 꾸준히 해나가는 곳이라면, 그 거래처는 신용이 좋은 회사라고 본다.

사업장이 활발히 가동되고 종업원들이 분주하게 집중해서 업무하는 모습을 보인다면 신용에 문제가 없는 거래처이고, 그렇지 않다면 부실화할 가능성이 있다. 화장실에서 악취가 나는 등 사업장 환경이 불량하면 신용에 문제가 있는 거래처일 가능성이 높다.

비재무적 요인 중에서도 가장 중요한 것이 경영자에 대한 사항이다. 특히, 실제 경영자와 명의상의 경영자가 다른지 조사한다. 중소 규모의 거래처는 대주주가 경영하는 것이 대부분이고 일반적이기도 하다. 그런데 실제 경영은 소유자가 하면서 배우자나 친인척 등 타인의 명의로 되어 있는 경우가 있는데, 이렇게 운영되는 거래처는 신용에 문제가 있을 가능성이 높다. 대주주가 신용 문제나 법률적 문제 때문에 자신의 명의로 경영을 못 하는 상황인 경우가 대부분이기 때문이다.

그리고 대표자가 동종업계에서 경력이 오래되었다면 경영 능력도 있고 신용도 비교적 좋다고 본다. 경영자에 대한 동종업계 및 주위의 평판은 신용조사에서 중요한 요소로 반드시 파악해야 한다.

또한 매출액과 손익 추이 등 영업 현황을 조사한다. 추세를 분석하여 증가 추세를 보이면 신용이 양호하다고 보고, 감소 추세를 보인다면 사양산업인지 파악해보아야 한다.

수주 잔액도 파악한다. 수주 잔액이 크면 안정적으로 운영될 전망이 크다고 볼 수 있기 때문이다.

거래처의 주요 거래선이 어디인지도 조사한다. 주요 거래선이 우량한 업체라면 그 거래처의 신용도 비교적 좋다고 본다. 그러나 거래처의 주요 거래선의 신용도가 취약하다면 거래처도 신용에 문제가 생길 가능성이 높다. 연쇄적으로 부실화될 가능성이 높기 때문이다. 또 주요 거래선과의 결제 조건도 알아보아야 한다. 이를 통해 거래처의 자금 사정이나 현금흐름을 대략적으로 파악할 수 있다.

조직 분위기 및 종업원 사기를 살펴볼 필요도 있다. 종업원들이 친절하고 정문부터 사무실까지 방문하기 편하다면 양호한 기업이다. 종업원들이 전화 받는 예절만 보아도 그 거래처의 신용을 어느 정도는 파악할 수 있다.

종업원의 평균 근속연수가 7년 이상이면 신용이 양호한 기업으로 본다. 근속연수가 2~3년 이하라면 조직의 안정성이 낮은 것으로 본다. 사람이 자주 바뀌는 기업은 신용이 좋지 않은 것으로 여기는 것이다. 종업원들이 회사에 오래 근무하지 못하는 기업은 그만큼 근무 여건이 좋지 않다는 뜻이며, 조직도 안정화되지 못하여 정상적인 경영이 어려울 수 있다. 또한 거래처의 노사관계도 조사해야 한다. 노사 분규의 빈도수 등도 신용을 파악하는 요소가 된다. 노사관계에 문제가 발생하여 기업이 어려워지기도 하기 때문이다. 노사관계가 원활하지 않으면 기업에 많은 손실을 초래할 수 있다.

4

공적장부를 열람하여
채무자 신용을 알아볼 수 있다?

우리 회사의 거래처는 주로 소규모입니다. 거래처의 신용과 부실화 징후를 파악하기 위해 공적장부를 열람해보면 기업이 어떻게 운영되어왔는지, 현재 부실화 과정에 있는 기업인지 여부를 알 수 있다고 하는데, 공적장부는 어떻게 열람하고 공적장부의 어떠한 내용을 보고 파악할 수 있는지 알고 싶습니다.

공적장부를 열람하여 신용조사를 할 때는 보통 사업장과 대표자의 소재지와 거주지의 부동산등기부등본, 자동차등록원부, 법인등기부등본을 열람하여 보고 신용 상태를 파악한다.

부동산등기부등본(부동산 등기사항 전부증명서)과 법인등기부등본(법인 등기사항 전부증명서)은 등기소나 인터넷 등기소에서 열람 또는 발급할 수 있고, 자동차등록원부는 시·군·구청이나 정부24에서 열람 또는 발급이 가능하다.

공적장부를 통해 거래처가 어떻게 운영되어왔고, 현재 어떻게 운영되고 있는지를 파악할 수 있다.

① 사업장과 대표자의 소재지와 거주지의 부동산등기부등본

부동산등기부등본(부동산 등기사항 전부증명서)은 말소사항을 포함하여 사업장과 대표자 거주지를 열람한다.

부동산등기부등본상의 소유자가 회사의 대표자로 되어 있다면 비교적 신용이 좋은 것으로 본다. 회사 사업장이나 대표자 집 모두 타인 명의라면, 일단 꼼꼼히 신용을 조사해야 한다.

자가 소유라고 하더라도 부동산등기부등본에 가압류, 가처분, 압류, 경매기입등기 등 권리관계가 복잡한 경우에는 신용이 좋지 않다고 본다. 특히 최근 1~2년 이내에 가압류, 가처분, 압류, 경매기입등기 등 권리관계가 있었다면 신용과 유동성에 문제가 있다고 보아야 한다.

그리고 권리자(채권자) 중에 제3금융권이나 개인이 있다면 신용이 좋지 않고 자금 운영이 어려워서 유동성에 문제가 생길 가능성이 있다.

② 자동차등록원부

부동산등기부등본처럼 권리관계 및 권리자(채권자)를 살펴서 거래처의 신용을 파악한다. 그런데 거래처의 신용이 악화될 때는 악화의 징후가 부동산등기부등본보다 자동차등록원부에 더 빨리 나타난다.

실제로 고의로 부도를 내는 거래처를 많이 보곤 하는데, 고의부도는 보통 6개월 이상 준비하는 경우가 대부분이다. 이 준비 기간 중에는 남에게 줄 돈을 주지 않고 챙길 돈은 받아내려 한다. 이때는 세금도 거의 내지 않는다.

이렇게 지방세가 체납되었을 때 지방자치단체에서는 법원을 거치지 않고 자체적으로 압류를 진행하는데, 압류하기에 제일 쉬운 물건은 무엇일까? 바로 자동차다. 자동차등록원부는 시·군·구청에서 관할하기 때문이다.

따라서 거래처에서 고의부도를 준비하고 있다든지 거래처 신용이 악화될 때는 자동차등록원부를 열람해보면 지방자치단체 등에서 압류한 근거를 찾아볼 수 있다.

③ 법인등기부등본

법인등기부등본(법인 등기사항 전부증명서)도 부동산등기부등본과 마찬가지로 말소사항을 포함하여 열람해야 한다.

법인등기부등본에서는 사업력과 이사의 변동 현황을 파악할 수 있다. 거래처가 오랫동안 사업을 해왔다면 비교적 신용이 좋다고 본다. 이사의 변동이 빈번한 경우에는 신용에 문제가 있다고 본다. 거래처가 부실화될 때는 이사나 대표이사가 바뀌는 경우가 많다.

그리고 중소업체가 명의상의 경영자와 실경영자가 다른 경우에는 신용에 문제가 있을 가능성이 높다.

한편, 법인등기부등본에서 법정관리의 이력도 확인해볼 수 있다.

거래처 부실화 징후를 판별해내는 방법은?

기업의 리스크 관리팀에 근무하는 회사원입니다. 막상 리스크 관리 업무를 하다 보면 거래처의 부실화 여부를 명확하게 판별해내기가 어려운 경우가 많습니다. 부실화 징후가 있는 거래처인지 어떻게 판별해낼 수 있는지 알고 싶습니다.

부실화되는 기업에 나타나는 징후에는 다음과 같은 것이 있다.

- 신용정보라인의 신용등급이 낮다.
- 부채비율(부채/자기자본×100)이 300% 이상이면서 영업 적자를 내고 있다.
- 유동비율(유동자산/유동부채×100)이 50% 미만이면서 영업 적자를 내고 있다.
- 이자 비용(금융 비용/매출액×100)이 3%를 초과한다.
- 연체 회수가 늘어나고 있다.
- 금융기관에 연체하고 있거나, 소송 중에 있다.
- 사업장과 대표자 거주지 부동산이 모두 타인 명의다.
- 소유하고 있는 부동산의 권리관계가 복잡하다.
- 소유하고 있는 부동산의 권리자 중에 제3금융권이나 개인이 있다.

- 금융기관을 자주 변경한다.

- 실소유자와 실경영자가 다르다.

- 대표자나 재무 담당 임원(경리 직원)이 바뀌었다.

- 세금을 체납하고 있다.

- 사업 경력이 길지 않다.

- 종업원들이 자주 바뀐다.

- 주위의 평판이 좋지 않다.

- 경영자가 사업보다는 사업 외의 활동에 적극적이다.

- 특별한 사유 없이 주문량이 증가한다.

- 주요 거래처가 바뀌고 거래처 변동이 심하다.

- 사업장이 썰렁하게 느껴지거나 화장실에서 악취가 나는 등 회사 환경이 불량하다.

- 생산 설비, 판매 설비가 부실하다.

- 공장을 축소하거나 급히 부동산을 처분한다.

- 매출채권, 차입금, 재고자산이 급증하고 있다.

- 재고자산이 급격히 감소한다.

이런 부실화 징후 중 10개를 추려서 좋음, 보통, 나쁨으로 정리한다. 10개를 선택할 때는 거래 환경에서 관련성이 높은 순서로 선정하면 된다. 정리한 결과 나쁜 것이 10개 중 2개 이상이면 부실화되고 있다고 보면 된다.

6

거래처 신용평가와 ABC 분류 방법은?

기업의 리스크 관리팀에 근무하고 있습니다. 리스크 관리팀에서는 거래처 신용평가와 ABC 분류를 하고 있는데 바르게 하고 있는지 궁금합니다. 거래처 신용평가와 ABC 분류는 어떻게 하는지 알고 싶습니다.

 거래처 신용을 평가하는 방법은 여러 가지 방법이 있는데, 회사마다 다를 수도 있다. 여기서는 제조·유통업체에서 주로 많이 활용하는 신용평가 방법을 설명하려 한다.

평가 항목	가중치	점수	평점
재무평점	40		
부동산등기부등본	15		
사업력	5		
사업장의 운영 상태	10		
종업원의 근속연수	10		
동종업계의 평판	10		
주요 거래처	10		
합계(종합 평점)			

- 평가 항목의 중요도에 따라 가중치를 정한다.

- 점수는 1~5점으로 분류한다.

- 재무평점은 신용정보회사의 신용정보라인에 나온 평점으로 평가할 수도 있고, 자체적으로 평가할 수도 있다. 예를 들어, 자체 재무평가 평점이 95 이상이면 5점, 80~95는 4점, 65~80은 3점, 50~65는 2점, 50 이하는 1점 으로 평가하는 식이다. 재무평점 대신에 신용평가회사의 신용등급으로 대 체하여 평가할 수도 있다.

- 부동산등기부등본, 사업력, 사업장의 운영 상태, 종업원의 근속연수, 동종 업계의 평판, 주요 거래처에 대해서는 회사 자체적으로 기준을 정하여 점 수를 부여한다. 예를 들어, 종업원의 근속연수는 12년 이상은 5점, 8~12년 은 4점, 5~8년은 3점, 3~5년은 2점, 3년 이하는 1점으로 평가할 수 있다.

- 평점은 가중치에 점수를 곱하여 산정한다.

- 평점을 합계하고 종합 평점은 평점 합계를 5로 나누어 산정한다.

- 거래처의 종합 평점은 70을 보통(중간)으로 하고 평점이 70보다 높고 낮은 지에 따라 평가한다.

거래처는 신용등급, 매출액, 협조도 등에 따라 ABC 분류를 한다. 일반적으로 A, B, C, D, E의 5등급으로 나눈다. 이렇게 분류하여 거 래처를 관리해야 '여신한도 관리'에서 다룰 신용한도와 장려금 제 도 등을 체계적으로 운영할 수 있다.

거래처 분류 방법은 신용등급, 매출액, 협조도로 분류하는 방법,

신용등급으로 분류하는 방법, 매출액으로 분류하는 방법 등 3가지 방법이 있다. 채권을 관리하면서 거래처를 분류할 때에는 일반적으로 신용등급을 가지고 분류한다. 신용등급을 활용하는 경우에는 거래처 종합평가의 종합 평점에 따라 다음과 같이 분류한다.

A등급: 90점 이상

B등급: 80~90점

C등급: 60~80점

D등급: 40~60점

E등급: 40점 이하

거래처 분류는 거래처 관리의 기본이 된다. 거래처를 잘 분류해야 효과적이고 효율적으로 거래처를 관리할 수 있다.

매출채권 회전율과 매출채권 회전일수는 어떻게 관리하나요?

저는 기업의 리스크 관리팀에 근무하고 있습니다. 기업에서 영업활동으로 인한 현금흐름을 좋게 유지하고 유동성 문제를 예방하기 위해서는 매출채권 회전율과 매출채권 회전일수를 관리해야 한다고 합니다. 매출채권 회전율과 매출채권 회전일수는 어떻게 계산하고 관리해야 하는지 알고 싶습니다.

매출채권 회전율은 다음과 같이 계산한다.

$$매출채권\ 회전율 = \frac{매출액}{(기초\ 매출채권 + 기말\ 매출채권)/2}$$

여기서 [기초 매출채권 + 기말 매출채권/2]를 평균 매출채권이라고 한다.

평균법에 의한 매출채권 회전일수

$$\frac{평균\ 매출채권}{연간\ 매출액} \times 365(일)$$

$$\frac{평균\ 매출채권}{분기\ 매출액} \times 90 \sim 92(일)$$ (분모가 반기 매출액인 경우는 180~183일을 곱한다.)

365/매출채권 회전율

감산법에 의한 매출채권 회전일수

현재의 매출채권 잔액이 얼마 동안 매출한 금액이 남은 것인지를 역산하여 산정한다.

예를 들어, 올해 9월 말 매출채권 잔액이 100억 원이고 9월 매출 70억 원, 8월 매출 60억 원이라고 하자.

매출채권 회전일수 = 30일(9월 일수) + (30억/60억×31일(8월의 일수)) = 45.5(일)

DSO(Day's Sales Outstanding): 평균 외상 회수 기간

매출채권 회전일수 = 매출채권/1일 평균 매출액

외국 기업에서 많이 활용하는 매출채권 회전일수 계산 방법으로, 앞에서 다룬 평균법에 의한 매출채권 회전일수와 같은 수치가 나온다.

매출채권 회전율은 전년도에 비해 증가해야 하고, 동종업계 평균보다 높아야 한다. 업종 평균 매출채권 회전율은 한국은행 홈페이지-경제통계시스템(ECOS)에서 알아볼 수 있다. 매출채권 회전일수는 전년도에 비해 감소해야 하며, 동종업계 평균보다 짧아야 한다. 그러려면 여신한도 관리, 매출채권 회수 활동이 잘 이루어져야 한다.

매출채권 회전율과 매출채권 회전일수를 잘 관리하면 영업활동으로 인한 현금흐름을 좋게 유지할 수 있고 기업의 유동성 문제를 예방할 수 있다.

8
여신한도 관리는 어떻게 하는 것인가요?

기업의 리스크 관리팀에 근무하는데, 여신한도 관리를 잘하여야 신용거래 리스크를 예방하고 대손을 최소화할 수 있다고 합니다. 여신한도는 무엇이고 어떻게 설정하는지 알고 싶습니다.

여신한도는 거래처에 외상으로 매출할 수 있는 매출채권의 최고한도액을 말한다. 이때 매출채권은 외상 매출금과 받을 어음을 더한 금액이 된다.

여신한도를 운영하면 신속하게 의사결정을 내릴 수 있고, 장기적으로는 매출액도 증가한다.

여신한도를 운영하는 방법은 회사마다, 거래 상황에 따라 차이가 있다. 거래처의 신용등급과 담보에 따라 차등하여 운영하는데, 다음의 방법이 있다.

① 담보한도, 타수어음한도, 신용한도로 운영하는 방법

담보한도 내에서만 여신한도를 운영하는 회사도 있고, 담보한도와 타수어음, 전자결제 한도의 합계 내에서만 여신한도를 운영하는 회사도 있다. 대개 담보한도, 타수어음, 전자결제한도, 신용한도의 합계액을 여신한도로 운영한다. 어떤 경우에는 담보 없이 신용한도만으로 운영하는 경우도 있다.

여신한도 운영 방법은 업종과 영업 환경에 따라, 회사마다 다르므로, 업종, 영업 환경, 회사 방침에 맞게 적용하는 것이 좋다.

구분	여신한도액	비고
담보한도	• 담보평가 대비 100% 이내 운영	• 담보평가액
타수어음과 전자결제한도	• 영업이익률 10% 이상인 우량 업체: 100% • 기타 업체: 80% 이하로 운영하되, 명확한 별도의 기준 설정	• 사내 기준 설정
신용한도	• 거래의 특성 및 필요성에 의하여 운영 • 신용평가에 의하여 한도액 차등	• 신용등급을 기준으로 차등 운영

② 매출채권 회전일수 차등 운영

거래처의 신용등급과 담보 확보 정도에 따라 거래처별로 매출채권 회전일수를 차등하여 여신한도를 관리할 수도 있다.

③ 직전 매출액 기준 차등 운영

거래처의 신용등급에 따라, 직전 기간의 매출액에 비해 이번 기간의 여신한도액을 차등 운영할 수도 있다.

직전 월 기준으로 하는 운영 방법을 예로 들어보자. A등급은 [직전 월의 매출액×1.5배], B등급은 [직전 월의 매출액×1.2배], C등급은 [직전 월의 매출액×0.9배], D등급 이하는 현금거래 등으로 운영할 수 있다.

④ 직전 채권 회수 금액 기준 차등 운영

거래처의 신용등급에 따라, 직전 기간의 매출채권 회수 금액에 비해 이번 기간의 여신한도액을 차등 운영할 수도 있다.

직전 월 기준으로 하는 운영 방법을 예로 들어보자. A등급은 [직전 월의 매출채권 회수 금액×1.5배], B등급은 [직전 월의 매출채권 회수 금액×1.2배], C등급은 [직전 월의 매출채권 회수 금액×0.9배], D등급 이하는 현금거래 등으로 운영할 수 있다.

여신한도는 정기적으로 바꾸어 운영하는 것이 좋고, 성수기와 비수기에도 달리 운영할 필요가 있다.

2장

어음 관리와
전자결제 편

이 장에서는 부도나기 쉬운 어음 구별하는 방법,

전자결제를 받을 때 주의할 사항 등을 알아본다.

9

어음과 수표는 어떠한 차이가 있나요?

우리 회사는 대금을 전자어음으로 결제받는 경우가 많고, 간혹 당좌수표로 받기도 합니다. 어음과 수표는 어떠한 차이가 있는지, 어떤 것이 있는지 알려주세요.

어음과 수표는 다음과 같은 차이가 있다.

- 어음은 신용 수단으로 지급을 약속하는 증권이고, 수표는 지급 수단으로 지급을 위탁하는 증권이다.
- 어음의 지급 제시 기간은 지급 기일 및 그에 이은 2거래일 이내이며, 수표의 지급 제시 기간은 발행일로부터 10일 이내다.
- 어음에는 횡선 제도가 없고, 수표에는 있다.
- 어음의 시효 기간은 발행인·보증인에 대하여는 3년, 배서인에 대하여는 1년이지만, 수표의 시효 기간은 지급 제시 기간 경과 후 6개월이다.
- 개인어음은 지급을 거절해도 부도처분이 없지만, 은행도어음은 부도처분된다. 수표의 지급을 거절하면 부도처분이 되고 부정수표단속법에 의해 형사

처벌을 받는다.

- 개인어음의 지급 장소는 지정된 장소이고, 은행도어음과 수표의 지급 장소는 거래 은행이다.

어음의 종류에는 개인어음과 은행도어음이 있고, 수표는 당좌수표, 자기앞수표, 가계수표가 있다.

- 개인어음: 어음의 지급인이 직접 기업의 영업소 또는 주소지에서 지급하는 어음으로, 은행이 지급 업무를 취급하지 않으며 은행도어음보다 신용도가 낮다. 실무에서는 주로 개인어음에 공증을 받아 약속어음 공정증서를 집행권원으로 확보하는 경우에 활용한다.
- 은행도어음: 은행과 당좌거래 약정을 체결하여 약속어음의 발행인이 영업소나 주소지가 아닌 거래 은행을 통하여 지급하도록 발행한 어음이다. 은행은 발행인이 위탁하여 발행인의 예금계좌에서 지급하는 사무를 취급할 뿐, 지급할 책임은 없다. 요즈음 은행도어음은 주로 전자어음으로 발행된다.
- 당좌수표: 은행과 체결한 당좌계정 거래 계약에 의해 은행을 지급인으로 발행하는 수표다. 은행은 발행자의 당좌예금 잔액에서 지급 위탁을 받아 지급할 뿐이며, 직접적으로 지급 책임이 있는 것은 아니다.
- 자기앞수표: 발행인(은행)이 지급인(은행)이 되어 발행한 수표로, 발행 의뢰인에게서 수표 대전을 받아 별단예금 계정에 입금시키고 이에 대한 대가로 교부한다. 별단예금의 소유권은 은행이며, 은행이 지급 의무를 진다.

• 가계수표: 은행에 가계당좌예금을 개설한 개인이 발행하는 수표로, 수표 금

액에 제한이 있다.

10

부도나기 쉬운 전자어음은
어떻게 구별할 수 있나요?

우리 회사는 대금을 전자어음으로 결제받는 경우가 많은데, 간혹 전자어음이 부도 처리되어 어려움을 겪는 경우가 있습니다. 전자어음을 수령할 때 부도나기 쉬운 전자어음을 구분할 수 있다면 부도를 예방할 수 있을 텐데요. 부도나기 쉬운 전자어음은 어떻게 구별할 수 있나요?

　　전자어음은 수령할 때, 또는 수령한 이후라도 부도나기 쉬운 전자어음인지 확인해야 한다.

　　부도나기 쉬운 전자어음에는 다음과 같은 것이 있다.

- 융통어음은 부도의 확률이 높다: 융통어음은 바로 뒤에서 다룬다.
- 지급 기일이 일요일이나 공휴일로 된 전자어음은 부실화될 가능성이 높다: 보통 어음을 발행할 때는 자금이 많이 유입되는 시기에 맞추어 지급 기일을 정한다. 지급 기일이 일요일이나 공휴일로 되어 있다면 이를 고려하지 않은 것이므로, 그만큼 지불 의사가 부족하다고 보아야 한다.
- 배서인이 많은 어음은 회전어음을 의심해야 한다: 배서인이 많으면 담보적 효력(배서인도 지급 책임이 있음)이 있어서 채권 확보에 유리하다고 볼 수

도 있지만, 보통은 3~4회 배서되기 전에 만기일이 도래하거나 어음 할인을 하여 현금화하는 경우가 대부분이다. 따라서 배서인이 많은 경우에는 발행인이나 배서인의 신용이 취약하여 할인되지 않아 여러 번 배서되어 회전되는 회전어음일 가능성이 있고, 이러한 어음은 부실화될 가능성이 높다.

- 증권가나 사채시장에 악성 루머가 도는 회사가 발행한 전자어음은 부도 가능성이 높다.
- 어음 발행인이 어음 만기일을 일정 시점을 전후로 여러 번에 걸쳐 집중적으로 발행했다면 부도 가능성이 높다. 일반적으로 어음 만기일은 월 1~2회로 정하는데, 자금이 많이 회수되는 시기가 정해져 있기 때문이다. 그런데 지급 기일을 일정 시점 전후로 하여 여러 번에 걸쳐 집중적으로 발행하는 것은 고의부도를 내기 전에 흔히 나타나는 징후다.
- 발행인의 재력(신용)에 비해 과다하게 큰 금액의 전자어음은 부도 가능성이 크다.
- 업계에 소문이 좋지 않은 회사가 발행한 전자어음은 부도 가능성이 크다.

　이런 전자어음을 수령했을 때는 발행인과 배서인의 신용도를 조사해보고, 그 결과에 따라 조치해야 한다.

　부도는 의외로 사소한 사항을 소홀히 할 때 발생한다는 것을 명심해야 한다.

11

융통어음은 어떻게 구별하나요?

우리 회사에서는 거래처가 다른 기업에서 받은 어음을 배서한 약속어음(타수어음)을 받는 경우가 많습니다. 타수어음이라 신용이 있는 것으로 믿고 받았는데 부도가 나서 당황하곤 합니다. 타수어음 중 융통어음이 부도가 나기 쉽다고 하던데, 융통어음이란 어떠한 어음이고 융통어음과 진성어음은 어떻게 구별하는지 알고 싶습니다.

융통어음은 진성어음(상업어음)에 대비되는 어음으로, 실제 상거래 없이 자금 융통을 위해 발행한 어음이다. 융통어음도 전자어음으로 발행되는 경우가 많은데, 융통어음은 타인의 이름으로 자금을 융통하려는 어음이므로 부도 가능성이 높다. 서로 어음을 빌려주고 빌려 받는 형태로 활용되거나 딱지어음도 유통되므로 각별히 주의할 필요가 있다.

진성어음은 상업어음이라고도 하며, 실제 상거래에서 물품이나 용역 대금을 지급하기 위해 발행하는 어음을 말한다. 보통 물품, 원자재, 용역의 구입 대가로 발행하는 모든 어음이다.

채권자는 융통어음을 받으면 어음 만기일까지는 채권 회수를 방치하는 경우가 많다. 어음 만기일이 남아 있는데 배서인인 채무자에게 그 전에 현금으로 채권을 변제하라고 요구하는 경우는 드물기 때문이다. 이렇게 채권 회수가 방치되다가 융통어음이 어음 만기일에 부도가 나면 채무자에 대한 채권 규모도 늘어난 경우가 대부분이고(그사이 외상 매출금도 발생했을 것이므로), 이러한 과정을 거쳐 거래처가 부실화되는 경우가 많다. 따라서 융통어음인지 잘 구별하여 수령할지 여부를 결정해야 한다.

융통어음은 크게 교환어음과 딱지어음으로 구분되는데, 발행인이 거래처(배서인)와 거래 관계가 있을 가능성이 희박한 경우에는 융통어음으로 볼 수 있다. 예를 들어, 우리 회사는 제약회사이고 거래처는 약품 도매상인데 거래처인 약품 도매상에서 의류 회사에서 발행한 어음을 배서해주었다면 융통어음이라고 보아야 한다. 약품 도매상과 의류업체는 거래 관계가 있기 어렵기 때문이다.

이런 경우에는 딱지어음일 가능성도 있다. 딱지어음이란 자료상이나 유령회사에서 당좌거래 약정을 체결하여 금융기관과 당좌거래를 하면서 여러 번 대출을 받고 상환하거나 빈번히 입출금하는식으로 은행과의 거래에서 허위로 신용을 쌓아 어음 발행 한도액을 늘리고 어음을 발행하여 유통시키는 어음을 말한다.

발행인과 거래처(배서인)가 친분이 있거나 같은 지역에 위치했다면, 융통어음을 의심해보아야 한다. 잘 아는 업체끼리 어음을 상거래 없이 빌려주고 빌려 받는 경우가 많기 때문이다. 이를 교환어음이라고 한다.

교환어음이란 자금의 융통을 위해 빌려주고 빌려 받는 어음인데, 한 상대방만이 아니라 여러 상대방과 어음을 빌려주고 빌려 받는 경우가 보통이다. 그래서 그중 한 발행인이 부도가 나면 연쇄 부도가 발생한다. 대개 신용이 취약한 업체들끼리 어음을 빌려주고 빌려 받기 때문이다.

이외에도 '35,000,000원 정'과 같이 끝 단위가 없이 발행된 어음을 융통어음일 수 있다고 하지만, 진성어음도 이러한 어음이 많기 때문에 이것만으로는 구별이 어려울 수 있다.

융통어음은 부도가 날 가능성이 크므로, 발행인에 대한 신용조사를 정밀히 하여 발행인의 신용 상태가 우량한 경우가 아니라면 수령하지 말아야 한다.

| 판례 |

융통어음은 타인으로 하여금 어음에 의하여 제3자로부터 금융을 얻게 할 목적으로 수수되는 어음을 말한다. 융통어음의 발행자는 피융통자로부터 그 어음을 양수한 제3자에 대하여는 선의이거나 악의이거나, 또한 그 취득이 기한 후 배서에 의한 것이라 하더라도 대가 없이 발행된 융통어음이라는 항변으로 대항할 수 없으나, 피융통자에 대하여는 어음상의 책임을 부담하지 아니한다. (2012. 11. 15. 2012다60015)

12

수표 등 유가증권을 수령 후 분실하였을 때
어떠한 조치를 해야 하나요?

영업사원의 부주의로 거래처에서 수령한 수표를 분실하였습니다. 분실 신고는 어떻게 해야 할까요? 이런 경우에도 발행인으로부터 수표 대금을 수령할 수 있는 방법이 있을까요?

수표를 분실하고 이를 방치하면, 선의의 제3자가 분실 또는 도난된 수표인지 알지 못하고 배서, 양도 등의 방법으로 취득할 수 있다. 이때 수표 소지인이 청구하면 수표 금액이 지불된다. 따라서 수표를 분실했을 때는 선의의 취득자에게 지불되기 전에 신속하게 조치를 취해야 한다.

분실 신고는 은행과 경찰에 하는데, 우선 은행에 분실 신고서를 제출하고 지급 정지 신청을 한다. 사고 신고와 지급 정지는 발행인이 해야 하므로, 수표를 분실 또는 도난당했을 때는 빨리 발행인에게 통지한다. 이때 공시최고 신청을 할 때 필요한 미지급증명서 또는 미제시증명서도 은행에서 발행받도록 한다. 또한 경찰에 신고할 때도 공시최고 신청을 할 때 필요한 분실신고증명서 2통을 발급받는다.

약속어음을 분실했어도 일정한 절차를 밟아 어음 대금을 회수할 수 있다. 약속어음 대금을 받기 위해서는 구비 서류를 갖추어 관할 법원에 공시최고 신청을 하고 제권 판결을 받는다. 요즈음은 전자 어음으로 주로 발행되기 때문에 분실 문제가 거의 없어졌지만, 간혹 견질용(담보용) 어음으로 발행한 약속어음이 분실되어 문제가 되는 경우가 있다.

제권 판결을 받으면 어음 수표는 무효가 되고, 어음 수표 원본이 없더라도 제권판결문과 확정증명원을 제시하고 어음 수표 금액을 수령할 수 있다.

공시최고 신청이란 어음 수표의 권리자가 불확실한 경우에 당사자가 신청하여 법원이 공시최고를 하게 하는 것을 말한다. 다시 말해, 불확실한 상대방에 대하여 일정한 기간 내에 권리를 신고할 것을 최고하고, 그 기간 내에 신고가 없다면 그 권리가 사라질 수 있다고 공고하는 재판상의 최고를 말한다.

공시최고 신청서에 수표의 사본이나 수표 용지의 교부증명서와 발행인의 발행증명서, 도난신고증명서나 사고신고접수증(경찰서 발행) 또는 분실공고 신문 원본, 지급 은행의 미지급증명서를 첨부하여 수표의 지급지 관할 법원에 신청하며, 지급지 표시가 없을 때는 발행인의 주소지 관할 법원에 신청한다. 인터넷으로도 신청할 수 있어서, 대한민국법원-전자소송에서 신청하면 된다.

공시최고 신청을 하면 법원에서 공시최고가 되는데, 공시최고 기간 내에 수표의 소지인으로부터 신고가 없었다면 공시최고 신청자는 공시최고 기일에 제권 판결을 구할 수 있으며, 그날로부터 2개월 내에 제권 판결에 난다.

제권 판결이 나면 수표는 무효가 되므로 효력이 상실된다. 수표가 무효가 되면 신청자는 수표 원본이 없더라도 채무자에게 수표의 권리행사가 가능하다. 따라서 제권판결문을 가지고 지급 은행에 수표 대금을 청구할 수 있다.

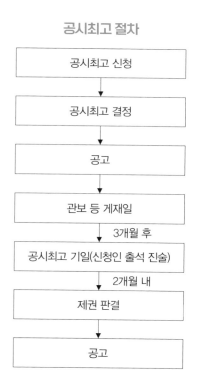

공시최고 절차

공시최고 신청

공시최고 결정

공고

관보 등 게재일

3개월 후

공시최고 기일(신청인 출석 진술)

2개월 내

제권 판결

공고

공시최고 신청

신청인 (주)○○○ 대표이사 ○○○
      경기도 안양시 호계동 ○○번지

무효를 구하는 수표의 표시

종류	번호	금액	발행일자	발행인	지급 장소	최종 소지인

신청 취지

위 표시 수표에 대하여 공시최고 기일 내에 권리 신고가 없을 때에는 무효를 선고한다는 제권 판결을 구합니다.

신청 이유

신청인은 _____년 __월 __일 경기도 안양시 호계동 사거리에서 종업원의 부주의로 인하여 증서를 분실한 후 사방 탐색하였으나 회수하지 못하였으므로 공시최고 후 권리 신고가 없을 때는 무효를 선고하는 제권 판결을 하여주시기 바랍니다.

소명 방법

1. 당좌수표(사본)   1통
2. 미지급증명원(은행)   1통
3. 분실신고접수증   1통
4. 목록   10통

_____년 __월 __일

위 신청인 (주)○○○ 대표이사 ○○○ (인)

○○지방법원 귀중

13

피사취 부도란 무엇이고
피사취 부도 시 조치할 사항은?

지난번에 타수어음을 수령하였는데, 전자어음(약속어음)의 발행인이 피사취 부도를 내서 어떻게 대처할지 몰라 당황스러웠습니다.
피사취 부도는 어떠한 경우에 발생하는 것인지, 피사취 부도를 냈을 때 전자어음의 소지인으로서는 어떻게 대처해야 하는지 알고 싶습니다.

피사취 부도란 전자어음의 유통은 정상적으로 이루어졌으나 어음의 수취인 또는 양수인의 어음 수수의 원인이 된 계약상의 의무를 이행하지 않았거나 그 외 계약자의 하자를 이유로 주채무자(약속어음 발행인)가 어음금을 지불하지 않겠다며 거절하는 것을 말한다. 물품의 하자 문제, 견질용(담보용) 어음의 융통상 다툼 등의 하자를 내세워 어음 금액을 거절하는 경우 등이 이에 해당한다.

판례를 보면, 타수어음의 경우 계약과 직접 관련이 없는 전자어음의 최종 소지인은 어음 대금 청구 소송에서 거의 승소한다.

피사취 부도를 내고자 하는 약속어음의 발행인은 다음의 절차를 밟아야 한다.

① 주채무자(약속어음 발행인)는 지급 제시되기 전에 미리 지급 은행에 피사취를 사유로 사고신고를 제출한다.

② 발행인은 지급 제시되기 전에 사고신고 담보금을 지급 은행의 별단예금에 예탁한다. 이때 예탁을 못 했을 때는 늦어도 어음 부도 후 익일 영업일의 영업시간 내에 어음(수표) 금액에 해당하는 돈을 지급 은행에 예탁하여야 한다.

③ 지급 은행과 예탁인(어음 발행인) 사이에 소정의 양식에 의한 사고신고 담보금 처리를 위한 약정을 체결한다.

어음 소지인이 소송을 제기하지 않고 6개월이 경과하면 발행인이 사고신고 담보금을 회수할 수 있다. 따라서 어음 소지인은 지급 제시일로부터 6개월 이내에 소송을 제기하고 소제기증명원을 발급받아 은행에 제시해야 한다.

소송에서 승소하면 지급 은행에 법원의 승소 판결문을 제시하고 어음 금액을 회수하면 된다.

14

전자결제를 받을 때
주의할 사항은 무엇인가요?

거래 업체에서 대금 결제 방식을 전자결제로 변경했다고 연락이 오는 경우가 있습니다. 그래서 전자결제 방식으로 결제받을 때 주의 사항을 숙지하고 관리해야 합니다. 전자결제 방식으로 대금을 결제받을 때 주의할 사항으로는 어떤 것이 있나요?

전자결제 방법은 크게 2가지 지급 시스템(두 가지 시기에)으로 이루어진다. 하나는 구매 업체와 은행이 납품 대금 지급 대행 계약을 체결하고 은행이 정해진 만기일에 대금을 지급하는 방식이고, 다른하나는 구매 업체와 은행이 납품 대금 지급 대행 계약을 체결하고납품 내용이 전송되는 대로 바로 대금을 지급하는 방식이다. 이때전자의 경우에는 판매 업체는 구매 업체에서 받을 채권을 담보로대출을 받을 수도 있다.

전자결제의 종류에는 전자방식외상매출채권 담보대출, 전자채권담보대출, 구매론, 판매론, 미래채권담보대출, 기업구매카드, 역기업구매카드, B2B 구매자금대출, 팩토링 등 다양하다.

구매업체에서 받을 채권을 담보로 대출을 받는 경우와 납품 내용이 전송되는 대로 바로 대금을 지급하는 경우에는 은행의 돈(대출)으로 지급되는 것이며, 구매 업체는 만기일에 지급 은행에 이 돈을 상환하여야 한다.

문제는 구매 업체에서 상환을 못 했을 때다. 이때 상환청구권(환매조건부) 방식의 전자결제라면 구매 기업이 지급 불능이 되는 경우 판매 기업에 환매 의무가 발생한다. 즉, 판매 기업에서 지급 은행에 대출금을 갚아야 할 수 있다. 따라서 전자결제로 결제받을 때는 대출금에 대한 지급(환매) 책임이 부과되는지 등 은행과의 계약 조건을 잘 확인해보고 관리해야 한다.

상환청구권(환매조건부) 방식의 전자결제인 경우, 채무자의 신용이 취약해진 경우라면 수령하지 않는 것이 좋다.

3장

담보 관리 편

이 장에서는 근저당권, 질권 등 물적담보와 연대보증, 지급보증,

지급보증보험, 신용보험 등 담보 관리 실무 방법을 알아본다.

15

담보에는 어떠한 종류가 있나요?

우리 회사는 부동산근저당권을 담보로 받고 거래하는 것을 원칙으로 하고 있습니다. 그러나 많은 거래처가 담보로 제공할 부동산이 없어 곤란해합니다. 이런 이유로 부동산근저당권 이외의 담보를 제공받고 거래하는 방법을 찾고 있는데, 그 외에 어떠한 담보가 있는지 알고 싶습니다.

담보는 크게 물적담보와 인적담보로 나눌 수 있다.

인적담보는 우선변제권은 없지만, 채무자가 채무를 이행하지 않는 경우에 보증인의 재산에 대하여 채권을 확보할 수 있어서 채무자를 더 추가하는 효과를 얻을 수 있다. 인적담보에는 연대채무, 연대보증, 단순보증, 지급보증, 이행지급보증보험이 있다.

연대채무는 각 연대채무자가 전 채무에 대해 이행할 의무를 지는 것인데, 그 가운데 1인이 채무를 변제하면 다른 연대채무자는 채무를 면하게 되며 채무를 이행한 채무자는 다른 채무자들에게 구상권을 행사할 수 있다.

연대보증은 주채무자와 연대하여 채무를 부담하는 것으로, 변제기 이후에는 연대보증인에게 언제든지 전액 청구가 가능하다. 실무적으로 가장 많이 활용되는 인적담보로 보증인과 채권자 사이에 연대보증 계약으로 성립한다.

단순보증은 주채무자가 채무를 변제하지 않는 경우에 보증채무를 변제할 책임을 지는 것으로, 채권자와 보증인 간에 보증계약을 통해 성립한다.

지급보증은 은행 등 금융기관, 신용보증기금 등 보증기관, 공제조합 등에서 채무자의 채무에 대하여 채권자에게 지급보증하는 것으로, 지급보증서와 지급보증어음이 있다.

이행지급보증보험증권은 보증보험회사에서 피보험자를 채권자로 하여 발행하는 증권인데, 채권자가 채무자의 계약에서 정한 채무를 이행하지 않아 입은 손해에 대해 보상을 약속하는 증권으로, 안전하게 채권을 확보할 수 있다.

물적담보를 설정해놓으면 담보물건이 강제집행되는 경우, 경매에 의해 환가된 배당할 금액에서 일반 채권자나 후순위 물권자보다 우선하여 변제받을 수 있어서(우선변제권) 안정적으로 채권을 확보할 수 있다.

물적담보에는 법정 담보물건과 약정 담보물건이 있는데, 법정 담보물건에는 유치권이 있으며 약정 담보물건에는 저당권, 질권, 양도담보, 가등기담보, 담보권 등이 있다.

타인의 물건 또는 유가증권을 점유한 자는 그 물건이나 유가증권에 관해 생긴 채권이 변제기에 있는 경우에는 변제받을 때까지 그 물건 또는 유가증권을 유치할 권리가 있는데 이를 유치권이라 한다 (민사유치권). 예를 들어, 시계 수리점이나 카센터에서 수리비를 완불받기 전까지 시계나 차량을 반환하지 않고 유치할 수 있는 권리를 갖는 것 등이 여기에 해당된다.

저당권은 채권자와 담보제공자가 저당권 설정 계약을 체결하고 저당권 설정등기를 완료하여 성립한다. 실무에서 가장 많이 활용하는 물적담보로, 채권자가 물건을 담보 제공자로부터 제공받아서 점유하는 대신, 채무가 변제기에 변제되지 않는 경우에 그 담보물건의 환가액에서 다른 채권자보다 우선하여 변제받을 수 있다. 한편, 계속되는 거래 관계에서 발생하는 채권을 담보하기 위해 채권 최고액을 정하고 장래 채권 확정 시에 채권 최고액까지 담보가 되도록 설정하는 것을 근저당권이라 한다.

질권은 채권자와 질권 설정자 간에 질권 설정 계약을 체결하고 질권 설정자에게서 담보의 목적물을 인도받아 변제가 완료될 때까지 유치함으로써 채무 이행을 간접적으로 강제하는 동시에, 채무가 변제기에 변제되지 않는 경우에는 그 담보물건의 환가액에서 다른 채권자보다 우선하여 변제받을 수 있는 권리다.

양도담보는 채권담보의 목적으로 채권자와 담보 제공자 간에 담보 제공자의 물건을 채권자에게 양도하고 채무자의 채무불이행 시에는 그 물건에서 채무를 변제받기로 하는 계약을 체결하여 성립하는 것이다.

가등기담보는 채권을 담보하기 위해 가등기담보 계약을 체결하고 소유권이전청구권을 보전하기 위해 가등기한 담보를 말한다. 가등기담보권자는 가등기 순위에 의하여 우선변제권을 가지며 채무자가 채무를 불이행했을 때는 소유권이전본등기에 의해 소유권을 취득하거나 경매를 신청할 수 있다.

담보권이란 동산이나 채권을 등기에 의해 담보로 설정하는 것인데, 동산이나 채권의 경우도 등기로 담보를 설정할 수 있다.

16
저당권과 근저당권은 어떠한 차이가 있나요?

저당권과 근저당권은 어떻게 다른가요? 경매 신청을 하면 근저당권의 피담보채권이 확정된다고 하는데, 무슨 뜻인가요? 또 어떤 경우에 피담보채권이 확정되는지 알고 싶습니다. 피담보채권의 확정과 관련하여 채권자가 유의할 사항은 무엇이 있을까요?

저당권은 채권자와 채무자 간에 확정된 채권을 담보하기 위해 설정하는 것으로, 저당권을 설정하면 설정액이 채권액으로 기재된다. 저당권이 설정되면 확정된 채권액에 대해 담보물건 환가액에서 우선적으로 변제받을 수 있는 권리를 확보하게 된다.

한편 근저당권은 채무자와 계속 거래하면서 장래에 확정될 미확정 채권에 대해 담보를 설정하여, 일정한 금액 내에서 우선변제권을 확보하기 위해 설정하는 것이다. 근저당권을 설정하면 등기상에 채권 최고액으로 기재되며, 채권 최고액 한도 내에서 장래에 확정될 채권을 담보한다.

실무에서는 주로 근저당권이 활용되는데, 근저당권은 등기가 가능한 토지, 건물 등 부동산과 자동차, 선박, 항공기, 건설기계와 같이 등록이 가능한 동산에 대해 설정할 수 있다. 근저당권의 피담보채권은 근저당권의 존속 기간이 만료되거나, 근저당권 설정 계약이 해지되거나, 경매가 신청된 경우에 확정된다. 근저당권의 피담보채권이 확정되면 확정 시기까지 발생한 채권은 담보가 되지만, 그 이후에 발생한 채권은 그 근저당권으로 담보가 되지 않는다.

실무에서는 주로 경매 신청에 의한 피담보채권 확정이 문제가 되는 경우가 많다. 경매를 신청했다가 채무자의 요청에 의해 경매를 취하하고 계속 거래하는 경우, 경매 신청 후에 발생한 채권이 피담보채권이 되는지 여부가 문제가 되곤 한다. 경매 신청에 의해 피담보채권이 확정된 경우에는 그 후에 경매가 취하 또는 각하되더라도 피담보채권은 경매 신청 시에 확정된 것으로 본다. 즉, 경매 신청 후에 발생한 채권에 대하여는 그 근저당권으로 담보가 되지 않는 것이다.

따라서 채권자 입장에서는 경매를 신청했다가 취하하고 채무자와 계속 거래한다면 그 후에 발생하는 채권에 대해서는 별도로 담보를 확보할 필요가 있다. 기존의 근저당권을 유용하는 방법과 경매 신청 후에 발생하는 채권에는 추가로 근저당권을 설정하는 방법이 있다.

기존의 근저당권을 유용하려면 근저당권의 피담보채권이 소멸된 후, 모든 이해관계인의 동의를 얻어 채권자, 채무자, 근저당권 설정자가 유용 합의를 한다. 유용 전의 등기상의 권리자뿐 아니라 확정일자부 임차인 등 등기되지 않은 모든 권리자의 동의를 받고 채권자, 채무자, 근저당권 설정자 간에 합의해야 하므로 불안정한 면이 있다. 따라서 경매 신청 후에 발생하는 채권에 대하여는 추가로 근저당권을 설정하고 거래하는 것이 확실하다.

| 판례 |

근저당권자가 피담보채무의 불이행을 이유로 경매 신청을 한 경우에는 경매 신청 시에 근저당 채무액이 확정되고, 그 이후부터 근저당권은 부종성을 가지게 되어 보통의 저당권과 같은 취급을 받게 되는바, 위와 같이 경매 신청을 하여 경매개시결정이 있은 후에 경매신청이 취하되었다고 하더라도 채무확정의 효과가 번복되는 것은 아니다. (2002. 11. 26. 2001다73022)

| 판례 |

근저당권설정등기의 유용은 그 유용 합의 이전에 있어서 등기상의 이해관계가 있는 제3자가 없는 경우에 한하여 가능한 것이므로 유용 합의 이전에 가등기권자가 있는 경우에는 근저당권설정등기 유용에 관한 합의는 가등기권자에 대한 관계에 있어서 그 효력이 없으며 그 범위 내에서 위 등기는 실체관계에 부합치 아니하는 무효의 등기다. (1974. 9. 10. 74다482)

17

근저당 물건의 가치 평가 방법은?

거래처와 근저당권을 설정해서 안심하고 거래했습니다. 그 후 담보물건이 경매되어 배당을 받았더니 예상한 금액보다 상당히 낮아서 당황했습니다. 이는 근저당권 설정 전에 부동산의 가치 평가를 제대로 하지 못해서인데, 부동산의 가치 평가를 제대로 하는 방법을 알고 싶습니다.

담보물건의 가치는 실거래가, 공시지가, 기준시가를 기준으로 평가한다.

실거래가는 실제로 거래된 부동산 가격으로, 국토교통부 실거래가 공개시스템 등에서 알 수 있다. 국토교통부 실거래가 공개시스템에서는 아파트, 연립, 다세대·단독·다가구, 오피스텔, 분양·입주권, 상업·업무용, 공장, 창고 등 실거래가 조회가 가능하다. 실거래가는 국토교통부 실거래가 공개시스템 외에도 KB부동산, 부동산114 등에서도 알아볼 수 있다. 좀 더 자세히 알아보려면 현지 주민이나 공인중개사에게 문의해볼 수도 있다.

땅의 공시가를 공시지가라 하고, 단독주택이나 아파트 등은 공시가격이라 한다. 공시가는 정부에서 공시한 가격인데, 표준공시지가는 국토교통부에서 공시하며 개별공시지가는 지방자치단체에서 공시한다. 공시지가와 공시가격은 국토교통부 부동산 공시가격 알리미 등에서 조회할 수 있다. 공시가는 실거래가보다 상당히 낮은 것이 일반적이며, 재산세 등 세금을 계산할 때 과세표준이 된다. 기준시가는 양도소득세, 상속세, 증여세 등의 과세표준이 되는 가격이며 국세청 홈텍스에서 조회가 가능하다. 기준시가도 실거래가보다 상당히 낮은 것이 일반적이다.

실무에서는 실거래가에 일정한 비율을 곱하여 가치 평가액을 산정하는데, 아파트의 경우 [실거래가×0.8]을 가치 평가액으로 정하는 경우가 일반적이다. 경매 절차에서는 실거래가보다 낮은 가격에 매각되는 경우가 많기 때문이다.

필요한 경우에는 공인감정평가사에 의뢰하여 알아볼 수도 있다.

18

근저당권을 설정하기 전에
부동산의 권리분석 방법은?

근저당권을 설정해놓고 거래하더라도 근저당권이 2순위, 3순위 이하라면 실제 그 담보물건이 경매되어 배당을 받아도 예상한 금액의 20~50%밖에는 배당받지 못하는 경우가 있습니다. 근저당권 설정 전에 부동산에 대한 권리분석을 제대로 하지 못해 발생하는 결과인데, 부동산 권리분석을 제대로 하는 방법을 알고 싶습니다.

근저당권을 설정하려는 부동산에 이미 근저당권이나 전세권 등 선순위권자가 있거나 주민등록과 확정일자를 마친 임차인 등이 있으면, 근저당권을 설정하더라도 선순위자들이 우선변제를 받고 남은 잔액에서 변제받는다. 또 세금과 임금도 근저당권보다 우선적으로 변제되는 경우가 있어서, 권리분석이 제대로 되지 않으면 근저당권을 설정해도 실효성이 낮을 수가 있다. 따라서 근저당권을 설정할 때는 부동산의 권리관계를 정확히 파악해야 한다.

부동산 등기부의 갑구와 을구의 순위는 접수 일자와 접수 번호에 따르며, 같은 구에서는 주등기의 순위 번호에 의해 등기의 우열이 가려진다. 부기등기가 된 경우, 부기등기의 순위는 주등기와 동일한 순위 및 효력을 유지한다. 가등기가 있는 경우, 본등기를 하면 본등기는 가등기의 순위에 의한다.

 등기된 권리 중에서 저당권, 근저당권, 전세권, 가등기담보권, 양도담보권은 우선변제권이 있으므로, 이러한 권리가 선순위인 부동산에 근저당권을 설정하면 담보 목적물이 경매 처분되는 경우에 선순위권자들이 우선변제받고 잔여금이 있어야 변제받을 수 있다.

 주택임차권의 경우에는 대항력을 갖춘 임차인, 확정일자를 갖춘 임차인, 소액임차인의 최우선변제권으로 나뉜다. 선순위 가압류, 저당권, 근저당권, 담보가등기, 경매신청등기 등이 없는 임차주택에 입주(주택 인도)하고 주민등록(전입신고)을 마치면 주택 임차인은 그다음 날로부터 대항력을 취득한다. 그러면 임차주택이 다른 사람에게 양도되거나 경락되더라도 새로운 집주인에게 임차권을 주장하여 임대 기간이 끝날 때까지 거주할 수 있다. 또 임대 기간이 만료되더라도 임차보증금 전액을 반환받을 때까지 집을 비워주지 않아도 된다. 임차주택이 경매된다면 경락자가 임차인에 대한 의무를 인수해야 한다. 그러므로 이런 주택은 경락가가 낮으므로 근저당권 설정 시에는 이를 고려해야 한다.

 임차인이 입주와 주민등록을 마치고 주택임대차계약서상에 확정일자를 갖추었다면, 임차주택이 경매나 공매되는 경우에 대지를 포함한 임차주택의 환가 대금에서 후순위 저당권, 전세권 등 후순위 권자와 일반 채권자에 우선하여 임차보증금을 변제받을 수 있다.

 임차보증금이 소액인 경우, 상대적으로 약자인 소액임차인을 보호한다는 차원에서 최우선변제권을 부여한다. 서울시 1억 5,000만 원, 수도권·세종특별자치시·용인시·화성시·김포시 1억 3,000만 원, 광역시·안산시·광주시·파주시·이천시·평택시 7,000만 원, 기타 지역은 6,000만 원 이하인 경우, 임차주택이 경매되더라도 임차주택(대지 포함) 가액의 1/2 범위 안에서 일정 금액(서울시 5,000만 원, 수도권·세종특별자치시·용인시·화성시·김포시 4,300만 원, 광역시·안산시·광주시·파주시·이천시·평택시 2,300만 원, 기타 지역은 2,000만 원)까지는 후순위 담보권자 및 일반 채권뿐만 아니라 선순위 담보권자보다도 우선변제받을 수 있다.

상가건물에 대해서는, 상가건물임대차보호법에 따라 대항력을 갖춘 임차인, 확정일자를 갖춘 임차인, 소액임차인의 최우선변제권으로 나뉜다. 다만 상가건물임대차보호법의 적용 대상은 [임차보증금 + 차임×100]이 일정 금액 이하인 영세영업용 상가건물로, 서울시 9억 원, 수도권·부산광역시 6억 9천만 원, 광역시·세종특별자치시·파주시·화성시·안산시·용인시·김포시·광주시 5억 4천만 원, 기타 지역 3억 7천만 원이다.

선순위 가압류, 저당권, 담보가등기, 경매신청등기 등이 없는 임차상가건물을 인도받고 사업자등록을 신청하면 그다음 날로부터 임차건물이 다른 사람에게 양도되거나 낙찰되더라도 새로운 건물주(양수인, 낙찰인)에게 임차권을 주장하여 임차기간이 끝날 때까지 입주할 수 있고 임차보증금을 전액 반환받을 때까지 임차건물을 비워주지 않을 수 있다.

건물의 인도와 사업자등록 신청 및 관할세무서장으로부터 임대차계약서상에 확정일자를 받은 임차인은 경매·공매 시 임차건물의 환가 대금에서 후순위 권리자 및 그 밖의 채권자보다 우선하여 임차보증금을 변제받을 수 있다.

임차보증금이 소액인 경우(서울시 6,500만 원, 수도권 과밀억제지역 5,500만 원, 광역시·안산시·용인시·김포시·광주시 3,800만 원, 기타 지역 3,000만 원)에는 임차건물이 경매되더라도 대지를 포함한 임차상가건물 가액의 1/2 범위 안에서 일정 금액(서울시 2,200만 원, 수도권 과밀억제 지역 1,900만 원, 광역시·안산시·용인시·김포시·광주시 1,300만 원, 기타 지역 1,000만 원)까지는 후순위 담보권자 및 일반 채권자뿐만 아니라 선순위 담보권자보다도 우선하여 변제받을 수 있다.

조세와 물적담보(저당권, 담보가등기 등)의 우선변제 순위는 법정기일 전에 물적담보가 설정된 경우에는 물적담보가 우선하고, 법정기일 후에 설정되었다면 조세가 우선한다. 법정기일은 신고에 의하여 납세의무가 확정되는 조세는 신고일, 정부가 부과 고지하는 조세는 납세고지서 발송일이 된다.

경매되는 물건에 대하여 부과되는 상속세, 증여세, 재평가세, 재산세 등 국세 및 지방세는 당해세로서 저당권의 설정이 법정기일 전에 이루어졌더라도 법정기일과 상관없이 물적담보 채권보다 우선한다.

임금, 퇴직금, 재해보상금, 기타 근로관계로 인한 채권은 사용자의 총재산에 대하여 물적담보로 담보된 채권을 제외하고는 조세, 공과금 및 다른 채권에 우선하여 변제된다. 다만, 물적담보에 우선하는 조세나 공과금에 대하여는 우선하지 못한다. 따라서 일반적으로는 물적담보에 의하여 담보된 채권이 임금채권보다 우선변제받을 수 있다.

다만 임금채권에 대하여도 일정한 경우에 최우선변제권이 부여되어 있다. 최종 3월분의 임금, 최종 3년간의 퇴직금, 재해보상금은 저당권에 의해 담보되는 채권, 조세, 공과금 및 다른 채권에 우선하여 변제된다.

그리고 국민건강보험료, 국민연금, 산재보험료, 고용보험료 등 공과금은 조세와 임금보다는 우선하지 않지만 기타 채권보다는 우선하여 변제받는다.

이 내용을 정리한 것이 다음의 권리 우선순위다.

권리 우선순위

• 1순위: 경매 집행 비용

• 2순위: 소액임대차보증금(주택·상가건물), 최종 3월분의 임금과 3년간의 퇴직금 및 재해보상금, 소액임대차보증금 채권과 최종 3월분의 임금 등 채권이 경합하는 경우에는 동등한 순위의 채권으로 배당한다.

• 3순위: 집행의 목적물에 대하여 부과된 국세 및 지방세와 그 가산금(당해세)

- 4순위: 저당권 설정 전에 국세 및 지방세의 법정기일이 도래한 국세 및 지방세와 가산금
- 5순위: 국세 및 지방세의 법정기일 전에 설정된 저당권에 의하여 담보되는 채권 및 확정일자 있는 임대차보증금(주택·상가건물)
- 6순위: 2순위에 해당되는 임금, 퇴직금 등을 제외한 임금, 기타 근로 관계로 인한 채권
- 7순위: 저당권보다 후순위의 국세, 지방세 등 지방자치단체의 징수금
- 8순위: 국세 및 지방세의 다음 순위로 징수하게 되는 공과금(국민건강보험료, 산업재해 보상 보험료, 국민연금 등)
- 9순위: 일반 채권자의 채권

국세 및 지방세의 다음 순위로 징수하게 되는 공과금(국민건강보험료, 산업재해 보상 보험료, 국민연금 등) 중 납부 기한이 저당권에 의하여 담보되는 채권 및 확정일자 있는 임대차보증금보다 앞선 공과금은 담보되는 채권 및 확정일자 있는 임대차보증금보다 우선한다.

19

법정지상권이란?

부동산에 근저당권을 설정할 때 법정지상권의 문제가 될 물건이 있는지 잘 검토해야 한다는 얘기를 들었습니다. 지상에 미등기 건물이 있는 대지에 근저당권을 설정하고 그 대지를 임의경매 신청한 경우가 있었는데, 법정지상권의 문제로 낮은 가격에 경락되어 채권을 제대로 회수하지 못한 사례도 있습니다. 법정지상권은 무엇이고, 언제 성립하는지 알고 싶습니다.

민법에서는 토지와 건물은 독립된 부동산으로 본다. 따라서 토지와 건물을 분리하여 처분할 수 있고, 건물과 토지의 소유자가 달라지는 경우도 생긴다. 이런 경우에 토지 소유자가 건물 소유자에 대해 건물 철거를 청구하여 이를 인정하면, 사회·경제적으로 커다란 손실이 발생할 것이다. 이러한 이유로 법정지상권을 규정하고 있는데, 동일인의 소유였던 토지와 건물이 양도나 경매 등으로 각각 그 소유자를 달리하게 된 경우에 건물 소유자에게 법률상 지상권을 인정한다.

토지와 건물이 동일 소유자에게 속하고 건물에 대해서만 전세권을 설정한 후 토지 소유자가 변경된 경우, 저당권을 설정한 뒤 저당권이 실행되어 경매되면서 토지와 건물 소유자가 달라진 경우, 가등기담보·양도담보·매도담보를 설정한 뒤 담보권 실행으로 토지와 건물 소유자가 달라진 경우, 동일인에게 속한 토지와 입목이 경매나 기타 사유로 소유자가 달라진 경우 등이다.

이와는 별도로 판례에서는 관습법상의 법정지상권을 인정하고 있는데, 동일인 소유의 토지와 건물 중 하나가 매매나 기타의 사유로 소유자가 달라진 경우 건물 소유자는 지상권을 취득하게 된다.

법정지상권은 법률과 판례에 의하여 인정되는 것으로, 등기를 하지 않더라도 효력이 있다. 다만 제3자에게 양도 등 처분하려면 등기하여야 한다.

지상권의 최단 기간은 석조·석회조·연와조 또는 이와 비슷한 건물이나 수목의 소유 목적인 경우에는 30년, 그 밖의 건물의 소유 목적인 경우에는 15년, 건물 이외의 공작물 소유 목적인 경우에는 5년이다. 기간이 만료되면 지상권자는 물건이 현존하는 한 갱신 청구를 할 수 있으며, 토지 소유자가 이를 거절하면 지상물건을 시세로 매수할 것을 청구할 수 있다.

근저당권 물건이 근저당권이 실행되어 경매됨으로써 토지와 건물 소유자가 달라지면 법정지상권이 성립하므로, 이러한 물건은 경락이 잘되지 않을뿐더러 경락이 되더라도 낮은 가격에 넘어갈 가능성이 높다. 따라서 근저당권을 설정할 때는 법정지상권이 문제가 될 만한 물건인지 검토해보고 근저당권을 설정해야 한다.

근저당권 설정 당시에 건물이 있었으면 그 후 개축되었더라도 법정지상권은 성립하며, 지상권 설정 당시에 건물의 축조가 명백하거나 축조 중이었을 때도 법정지상권은 성립한다. 또 무허가, 미등기 건물도 적용된다. 근저당권 설정 당시에 축조 중인 건물이나 무허가, 미등기 건물이 있는 토지에 실사나 검토 없이 근저당권을 설정하였다가 문제가 되는 경우가 많으니 유의하여야 한다.

| 판례 |

민법 제366조의 법정지상권은 저당권 설정 당시 동일인의 소유에 속하던 토지와 건물이 경매로 인하여 양자의 소유가 다르게 된 때에는 건물의 소유자를 위하여 발생하는 것으로서, 토지에 관하여 저당권이 설정될 당시 토지 소유자에 의하여 그 지상에 건물을 건축 중이었던 경우 그것이 사회 관념상 독립된 건물로 볼 수 있는 정도에 이르지 않았다 하더라도 건물의 규모, 종류가 외형상 예상할 수 있을 정도까지 건축이 진전되어 있었고, 그 후 경매절차에서 매수인이 매각 대금을 다 낸 때까지 최소한의 기둥과 지붕 그리고 주벽이 이루어지는 등 독립된 부동산으로서 건물의 요건을 갖춘 경우에는 법정지상권의 성립한다. (2011. 1. 13. 2010다67159)

20

근저당권을 설정하는 방법은?

우리 회사에서는 거래처와 거래할 때 근저당권을 설정하고 거래하는 경우가 많지 않습니다. 그리고 근저당권을 설정해놓은 것도 제가 입사하기 전에 한 것입니다. 요즈음 채권 회수에 문제가 종종 발생하고 있어서 앞으로는 근저당권을 설정해놓고 거래하려 합니다. 근저당권을 설정하는 방법에 대해 알고 싶습니다.

근저당권을 설정할 때는 우선 설정 금액(채권 최고액)을 얼마로 할 것인지 정해야 한다. 채권 최고액은 현재 발생했거나 장래에 발생할 미확정 채권에 대해 일정한 한도로 설정하는데, 채권자는 채권 최고액 한도 내에서 우선변제권을 확보한다.

그렇다면 채권 최고액이 높을수록 좋지 않을까? 채권 최고액이 높을수록 그만큼 큰 금액을 우선변제권으로 확보할 수 있기 때문이다. 그러나 채권 최고액이 높을수록 그만큼 근저당권 설정 비용이 늘어난다. 그리고 등기부등본에 설정된 채권 최고액만 보고 그것을 담보 여력으로 오해하여 여신한도를 확대 운영할 우려도 있다. 따라서 보통 담보 여력의 110~130%를 채권 최고액으로 설정한다. 담보물건의 시가가 상승할 수도 있고, 선순위가 있는 경우에는 향후 선순위권자의 물권이 해지되면 담보 여력이 늘어날 가능성도 있기 때문이다. 금융기관의 경우에는 대출금 외에 이자 등 채권액이 더 늘어날 수 있기 때문에 대출금의 120% 정도를 채권 최고액으로 설정한다.

채권 최고액 산정(주택의 경우)

담보 여력 = 감가평가액 − (선순위 설정액 + 임대차보증금 + 임대하지 않은 방의 수×2,000만~5,000만 원)

채권 최고액 = 담보 여력×110~130%

근저당권을 얼마로 설정할 것인지 채권 최고액이 정해지면 채권자와 담보 설정자 간에 담보 설정 계약을 체결한다.

근저당권 설정 계약을 체결하고 근저당권 설정등기 신청서와 구비 서류를 갖추어 등기하면 근저당권이 설정된다. 등기함으로써 효력이 발생하는데, 등기 신청 서류를 갖추어 물건 소재지 관할 등기소에 신청하면 된다. 인터넷 등기소에서 신청을 할 수도 있다.

근저당권 등기는 부동산 등기부 중 을구에 기재되며, 기재되는 내용은 근저당권 설정이라는 문구와 접수 일자, 접수 번호, 근저당권 체결일, 설정 계약이라는 문구, 채권 최고액, 채무자의 이름과 주소, 채권자의 이름과 주소다.

근저당권 설정 시 구비 서류

서류명	매수	발급처	확인 사항
근저당권 설정 계약서	1		소유자 및 채무자의 자필 서명 날인, 주소는 현재 주민등록지인지 확인
부동산등기부등본	1	등기소	
등기필증	1	등기소	등기권리증이 없으면 법무사가 작성한 담보 제공자의 진술서로 대체 가능 등기 후 소유자에게 반환함
인감증명서나 본인서명사실확인서	1	주민센터	용도란에는 근저당권 설정용으로 기재
주민등록초본	1	주민센터	개인의 경우 제출
위임장	1		채권자와 담보 설정자의 기명날인 인감증명서 첨부
법인등기부등본	1	등기소	법인의 경우 제출

21

공동저당을 설정하면

공동저당을 설정하면 단독저당을 설정하는 것보다 유리하다고들 합니다. 공동저당이란 무엇을 말하며, 단독저당을 설정하는 것보다 어떤 면에서 유리한지, 후순위자의 대위권 행사 등에 대하여 알고 싶습니다.

공동저당이란 총괄저당이라고도 하는데, 동일한 채권을 담보하기 위해 여러 부동산에 설정하는 담보를 말한다. 예를 들어, 5,000만 원의 채권을 담보하기 위해 A부동산에 5,000만 원, B부동산에 5,000만 원, C부동산에 5,000만 원으로 공동저당권을 설정해놓는 식이다. 실무에서도 토지와 건물을 공동으로 담보를 설정하는 경우가 대부분이다.

공동저당을 설정하면 한 곳의 부동산 가격이 채권 금액에 못 미쳐도 공동저당이 설정된 여러 부동산에서 채권을 회수할 수 있어 유리하다. 또 공동저당을 설정하면 멸실, 훼손, 가격 하락 등으로 한 곳의 담보물의 가치가 하락하더라도 다른 담보에서 채권을 회수할 수 있다.

동일한 채권의 담보로 여러 부동산에 저당권을 설정한 경우에 그 부동산이 동시에 경매되어 배당되면 각 부동산의 경락가액에 비례하여 배당된다. 일부가 먼저 경매되어 배당되는 경우에도 그 경락가액에서 채권 전부를 우선 배당받을 수 있다. 이 경우에는 경매한 부동산의 후순위 저당권자는 선순위 저당권자가 다른 부동산의 경매 대가에서 배당받을 수 있는 금액의 한도에서 선순위자를 대위하여 저당권을 행사할 수 있다.

　공동저당의 부동산의 소유자가 모두 채무자이거나 제3자인 경우에는 그 부동산 중 일부가 먼저 처분되어 배당되므로 불리한 지위에 놓이는 후순위 저당권자는 처분되지 않은 선순위 공동저당 부동산에 대해 제한 없이 차순위 대위권을 행사할 수 있다.

　공동저당 부동산의 소유가 일부는 채무자에게, 일부는 제3자에게 속하는 경우에는 채무자 소유의 부동산이 먼저 경매 처분되어 배당되면 후순위 저당권자는 처분되지 않은 채무자 소유의 다른 공동저당 부동산에 대해서는 선순위자를 대위할 수 있다. 그러나 처분되지 않은 물상보증인(제3자) 소유의 공동저당 부동산에 대해서는 선순위자를 대위할 수 없다. 그러나 물상보증인 소유의 부동산이 먼저 경매 처분된 경우에는 후순위 저당권자는 처분되지 않은 채무자 소유 부동산과 다른 물상보증인 소유의 부동산 전부에 대하여 제한 없이 후순위자로서 선순위자를 대위할 수 있다.

　채권자가 공동저당 부동산 중 일부를 임의로 해지하면 그 부동산의 가액 비례에 의해 변제받을 수 있었던 부분에 대해서는 남아 있는 다른 공동담보 부동산에서 변제받을 수 없다. 따라서 공동담보 부동산의 일부를 임의로 해지해서는 안 되며, 부득이 해지해줘야 하는 경우라면 다른 부동산 소유자와 후순위 권리자들로부터 해지 동의를 받은 후에 해야 한다.

| 판례 |

공동저당권자는 공동저당의 목적인 수 개의 부동산 중 어느 것이라도 먼저 저당권을 실행하여 피담보채권의 전부나 일부를 자유롭게 우선변제를 받을 수 있는 것이므로, 공동저당권자가 위 수 개의 부동산 중 먼저 실행된 부동산에 관한 경매 절차에서 피담보채권액 중 일부만을 청구하여 이를 배당받았다고 하더라도, 이로써 나머지 피담보채권액 전부 또는 민법 제368조 제1항의 규정에 따른 그 부동산의 책임 분담액과 배당액의 차액에 해당하는 채권액에 대하여 아직 경매가 실행되지 아니한 다른 부동산에 관한 저당권을 포기한 것으로 볼 수 없다. (1997. 12. 23. 97다39780)

| 판례 |

공동저당이 설정된 복수의 부동산이 같은 물상보증인의 소유에 속하고 그중 하나의 부동산에 후순위 저당권이 설정되어 있는 경우에, 그 부동산의 대가만이 배당되는 때에는 후순위 저당권자는 민법 제368조 제2항에 따라 선순위 공동저당권자가 같은 조 제1항에 따라 공동저당이 설정된 다른 부동산으로부터 변제를 받을 수 있었던 금액에 이르기까지 선순위 공동저당권자를 대위하여 그 부동산에 대한 저당권을 행사할 수 있다. (2021. 12. 16. 2021다247258)

22

근저당권 설정 후 부동산 물건이
신축·개축·증축되는 등 변경되면

우리 회사는 이제까지 근저당권을 설정한 후 담보 부동산을 별도로 실사하지 않았습니다. 그런데 최근 담보 부동산의 경매 진행 과정에서 근저당권 설정 후 건물이 개축된 것이 문제가 되어, 토지의 경매 대가에 대하여만 우선변제받고 개축된 건물의 경매 대가에 대하여는 변제받지 못한 일이 있었습니다. 근저당권 설정 후 부동산 물건에 변경이 있을 때 근저당권의 효력은 어떠한지, 채권자(근저당권자)로서는 어떠한 조치를 취해야 하는지 알고 싶습니다.

근저당권을 설정 후 담보 부동산을 방치하다가 경매 진행 과정에서 문제가 되는 경우가 종종 있다. 따라서 근저당권이 설정된 담보 부동산에 대하여 정기적으로 실사를 실시하여 담보물건의 변동 사항과 도시계획의 변경 유무를 파악하여 그에 따른 적절한 조치를 취해야 한다.

나대지를 근저당권으로 설정하려면 동시에 지상권도 같이 설정해야 한다. 나대지에 건물을 신축하는 경우에는 지상권자의 동의를 얻어야 건물 신축이 가능하다. 지상권자로서 동의해줄 때는 건물 보존등기와 동시에 신축 건물에 대하여도 근저당권을 설정하겠다는 합의서를 받아놓는다. 건물 준공 후 건물에 대해 근저당권을 추가로 설정하면 채권자 입장에서는 오히려 유리한 입장이 된다.

근저당 부동산이 공용징수 등으로 토지 수용이 되는 경우, 근저당 권자는 물상대위권을 행사할 수 있다. 물상대위권이란 저당권의 권리자가 저당 목적물이 멸실, 훼손, 공용 징수된 경우에 저당권 설정자가 받을 보상금 등 금전 기타의 것에 효력에 갖는 권리를 말한다. 저당권자가 물상대위권을 행사하려면 저당권 설정자가 받을 보상금 등이 지급 또는 인도되기 전에 보상금 등을 압류해야 한다.

근저당 부동산이 증축되는 경우에 증축 전 건물과 증축 후 건물이 동일성을 유지하는 경우에는 증축 후 건물에 대하여도 근저당권의 효력이 미친다. 그러나 외관상 독립적으로 이용 가치가 있거나, 증축 전의 건물과 외관상 동일성을 인정할 수 없고, 증축 부분을 별개의 건물로 보존등기한 경우에는 증축 건물에 근저당권의 효력이 미치지 않는다. 따라서 증축 건물에 대하여 추가 근저당권을 설정해야 한다.

개축 또는 재축되는 경우, 개축·재축된 건물이 그 전의 건물과 동일성을 인정할 수 없는 경우에는 신축 건물에 근저당권의 효력이 미치지 않는다. 따라서 이때는 신축 건물에 대하여 새로이 근저당권을 설정해야 한다.

근저당 부동산이 홍수나 철거 등에 의해 멸실된 경우에는 담보 건물 자체가 소멸된다. 이때는 우선 나대지상에 지상권을 설정하고, 나대지상에 건물이 신축되는 즉시 근저당권을 설정하는 것으로 하는 합의서를 작성하고 근저당권을 설정한다.

| 판례 |

건물이 증축된 경우에 증축 부분이 기존 건물에 부합된 것으로 볼 것인가 아닌가 하는 점은 증축 부분이 기존 건물에 부착된 물리적 구조뿐 아니라 그 용도와 기능의 면에서 기존 건물과 독립한 경제적 효용을 가지고 거래상 별개의 소유권의 객체가 될 수 있는지의 여부 등을 가려서 판단하여야 한다. (1985. 11. 12. 85다카246)

23

거래처가 개인사업자에서 법인사업자로
바뀌었을 때 근저당권에 대해 조치할 사항은?

우리 회사는 주로 특약점을 개설하여 식료품을 판매하고 있습니다. 특약점을 개설할 때는 부동산에 근저당권을 설정받고 거래하는데, 근래 특약점 중에 개인사업자였다가 법인사업자(주로 주식회사)로 변경하는 경우가 발생하고 있습니다. 이때 근저당권에 대하여는 어떠한 조치를 하여야 할까요?

계약 당사자나 채무자의 변경 사유 중 가장 많은 비중을 차지하는 것이 개인사업자에서 법인사업자로 전환하는 경우다. 이때는 채무자가 변경된 것이므로 근저당권에 대해 적절한 조치를 취해야 한다. 그런데 조치하지 않거나 잘못 조치하여 문제가 되는 사례가 종종 발생하고 있다.

특히 근저당권에 법인을 채무자로 추가하는 근저당권 변경등기를 하는 경우, 등기 원인을 중첩적 계약 인수로 해야 하는데 중첩적 채무 인수로 하는 바람에 문제가 되는 경우가 있다.

판례는 변경된 채무자(법인)가 변경 전 채무자(개인)의 채무를 중첩적 또는 면책적으로 인수하고 이를 원인으로 변경등기를 한 경우, 특별한 사정이 없는 한 변경등기로 인하여 변경 전 채무자가 부담하고 있던 채무로서 채무인수인(법인)이 인수한 채무만이 담보가 되고 그 후 채무 인수인(법인)과의 거래에서 발생한 채무는 담보되지 않는 것으로 본다.

또 채무가 인수되는 경우, 변경 전 채무자(개인)의 채무에 관하여 제3자(물상보증인)가 제공한 담보는 채무 인수로 인하여 소멸하되, 제3자(물상보증인)가 채무 인수에 동의한 경우에 한하여 소멸하지 않고 존속하게 된다. 이 경우 물상보증인의 채무 인수 동의는 채무인수인을 위하여 새로운 담보를 설정하겠다는 의사 표시가 아니라 기존의 담보를 계속 유지하겠다는 의사 표시에 불과한 것으로, 이렇게 유지되는 담보는 기존의 담보와 동일한 내용이다. 채무 인수를 원인으로 채무자 변경등기가 끝난 경우, 특별한 사정이 없는 한 근저당권은 당초 구채무자(개인)가 부담하고 있다가 신채무자(법인)가 인수하게 된 채무만을 담보하는 것이지, 그 후 신채무자(법인)와의 거래에서 발생한 새로운 채무까지 담보하는 것이라 볼 수 없다는 것이다.

따라서 거래처가 개인사업자에서 법인사업자로 변경된 후 법인과의 거래에서 발생한 채무를 담보하려면, 법인 채무에 대해 근저당권을 추가로 설정하거나 기존 근저당권에 법인을 채무자로 추가하는 근저당권 변경등기를 해야 한다.

근저당권(담보)을 추가로 설정하는 것보다 채무자 변경등기(근저당권 변경등기)를 하는 것이 간편하므로, 실무에서는 중첩적 계약 인수를 등기 원인으로 하여 법인을 채무자로 추가시키는 채무자 변경등기를 하는 방법을 많이 활용하고 있다.

대법원등기예규에도 "근저당권자의 피담보채권이 확정되기 전에 근저당권의 기초가 되는 기본계약서상의 채무자 지위의 전부 또는 일부를 제3자가 계약에 의하여 인수한 경우, 근저당권의 설정자 및 근저당권자는 계약 인수, 계약의 일부 인수, 중첩적 계약 인수를 등기 원인으로 하여 채무자 변경을 내용으로 하는 근저당권 변경등기를 할 수 있다"고 되어 있다. 근저당권의 경우에 중첩적 계약 인수를 원인으로 변경된 채무자(법인)를 채무자로 추가하는 채무자 변경등기를 하고 거래하는 경우에 법인과의 거래에서 발생한 채무도 담보되는 것으로 보는 것이 통설이다.

다만 근저당권 설정자(소유자) 및 근저당권자의 동의가 있어야 하고, 근저당권의 피담보채권이 확정되기 전에 채무자 변경등기를 해야 한다.

중첩적 계약 인수를 등기 원인으로 법인을 채무자로 추가하는 근저당권 변경등기를 할 때는 부기등기로 한다. 중첩적채무인수계약서, 등기권리증, 부동산등기부등본, 인감증명서(근저당권 설정자), 주민등록초본(근저당권 설정자, 근저당권자), 근저당권 설정자의 인감도장, 근저당권자의 도장 등이 필요하다.

물상보증인이 근저당권의 채무자의 계약상의 지위를 인수한 것이 아니라 다만 그 채무만을 면책적으로 인수하고 이를 원인으로 하여 근저당권 변경의 부기등기가 경료된 경우, 특별한 사정이 없는 한 그 변경 등기는 당초 채무자가 근저당권자에 대하여 부담하고 있던 것으로서 물상보증인이 인수한 채무만을 대상으로 하는 것이지, 그 후 채무를 인수한 물상보증인이 다른 원인으로 근저당권자에 대하여 부담하게 된 새로운 채무까지 담보하는 것으로 볼 수는 없다. (1999. 9. 3. 98다40657)

24

설비를 양도담보로 취득하려고 하는데

거래처에 담보로 제공할 만한 부동산이 없어서 설비를 양도담보로 제공하겠다고 문의하는 경우가 있습니다. 그래서 회사에서도 이를 검토하고자 합니다. 양도담보를 설정하는 방법과 양도담보의 효력 등에 대하여 알고 싶습니다.

양도담보는 양도담보 설정 계약서를 작성하고 공시 방법을 갖춤으로써 성립한다. 실무에서는 양도담보부 공정증서를 작성하는 방법으로 설정하는 경우가 보통이다.

양도담보는 채무자의 설비, 생물(돼지, 소 등), 재고 자산 등 유체동산을 담보로 설정할 때 주로 활용한다.

설비를 양도담보로 취득하려 하는 경우에는 채권자와 채무자 또는 제3자(물상보증인) 간에 채무자 또는 제3자가 설비를 채권자에게 양도하고 채무불이행 시에는 그 설비로부터 채무를 변제받기로 하는 계약을 체결하고 설비를 인도받으면 된다. 그런데 실무에서는 실제로 설비를 인도받는 대신 점유개정의 방법에 의해 인도받는 경우가 대부분이다. 점유개정이란 소유권은 채권자가 가지되, 물건은 양도담보 제공자가 점유하면서 사용하는 것을 말한다. 설비를 양도 담보 설정자가 점유 및 사용하면 2중 양도담보나 공장 저당이 설정 될 수도 있다.

2중 양도담보에 대해 판례를 살펴보면, 점유개정의 방법으로 양도담보를 일단 설정한 후에는 양도담보권자나 양도담보 설정자가 그 설비에 대한 점유를 잃어도 양도담보에는 아무런 영향이 없다. 양도담보권을 실행하여 환가 절차를 밟으면, 환가 금액에서 환가 비용을 공제한 잔액을 양도담보권자의 채권 변제에 우선 충당하여야 하고 양도담보 설정자의 다른 채권자들은 양도담보권자에게 안분배당을 요구할 수 없다.

설비에 대하여 점유개정의 방법으로 2중 양도담보를 설정한 경우, 원래의 양도담보권자는 뒤의 양도담보권자에게 배타적으로 담보권을 주장할 수 있다. 양도담보가 설정된 설비에 공장저당을 설정한 경우에는, 공장저당권의 목록에 기재되어 있는 설비여도 그것이 저당권 설정자가 아닌 제3자 소유인 경우에는 저당권의 효력이 미치지 않는다. 저당권의 목록에 기재되어 있는 설비가 이미 양도담보로 설정되어 있는 경우에는 양도담보권자의 소유에 속하므로 마찬가지로 공장저당권의 효력이 미치지 않는다.

양도담보권을 실행하는 방법으로는 처분정산형과 취득정산형이 있다. 처분정산형은 담보물건을 제3자에게 매각하여 환가하고 정산(배당)받는 방법으로 실행하는 것이고, 취득정산형은 담보물건의 가

격을 평가에 의해 정하고 물건을 확정적으로 담보권자에게 귀속하는 방법으로 실행하는 것이다

담보 제공자가 담보물건을 제3자에게 처분하는 경우에는 제3자가 선의인 경우 소유권을 취득한다. 이때 양도담보권자(채권자)는 담보 제공자에 대해 무단 처분에 따른 손해 배상을 청구할 수 있을 뿐이다. 따라서 채권자는 양도담보 설정 후에도 적절하게 사후관리를 해야 한다.

양도담보권 실행 과정

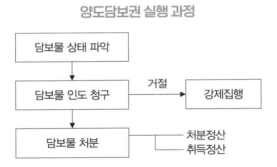

| 판례 |

금전채무를 담보하기 위하여 채무자가 그 소유의 동산을 채권자에게 양도하되 점유개정의 방법으로 인도하고 채무자가 이를 계속 점유하기로 약정한 경우 특별한 사정이 없는 한 그 동산의 소유권은 신탁적으로 이전되는 것에 불과하여, 채권자와 채무자 사이의 대내적 관계에서는 채무자가 소유권을 보유하나 대외적인 관계에서는 채무자는 동산의 소유권을 이미 채권자에게 양도한 무권리자가 되는 것이어서 다시 다른 채권자와 사이에 양도담보 설정 계약을 체결하고 점유개정의 방법으로 인도하더라도 선의 취득이 인정되지 않는 한 나중에 설정 계약을 체결한 채권자로서는 양도담보권을 취득할 수 없는데, 현실의 인도가 아닌 점유개정의 방법으로는

선의 취득이 인정되지 아니하므로 결국 뒤의 채권자는 적법하게 양도담보권을 취득할 수 없다.

동산을 목적으로 하는 유동 집합물 양도담보설정계약을 체결함과 동시에 채무불이행시 강제집행을 수락하는 공정증서를 작성한 경우, 양도담보권자로서는 그 집행 증서에 기하지 아니하고 양도담보 계약 내용에 따라 이를 사적으로 타에 처분하거나 스스로 취득한 후 정산하는 방법으로 정산을 할 수도 있지만, 집행 증서에 기하여 담보 목적물을 압류하고 강제집행을 실시하는 방법으로 현금화할 수도 있는데, 만약 후자의 방식에 의하여 강제경매를 실시하는 경우, 이러한 방법에 의한 경매 절차는 형식상은 강제집행이지만, 그 실질은 일반 강제집행 절차가 아니라 동산 양도담보권의 실행을 위한 환가 절차로서 그 압류 절차에 압류를 경합한 양도담보 설정자의 다른 채권자는 양도담보권자에 대한 관계에서 압류경합권자나 배당요구권자로서 인정될 수 없고, 따라서 환가로 인한 매득금에서 환가 비용을 공제한 잔액은 양도담보권의 채권 변제에 우선적으로 충당하여야 한다. (2005. 2. 18. 2004다37430)

양도담보 설정 계약서

　채권자 겸 양도담보권자 (주)○○○ 대표이사 ○○○(이하 '담보권자'라 한다)와 채무자 겸 양도담보 설정자 ○○○(이하 '담보 설정자'라 한다)는 채무자와 채권자 간에 물품 거래에서 발생하는 채권을 담보하기 위하여 아래와 같이 양도담보 설정 계약을 체결한다.

　제1조 (피담보채권) 피담보채권은 담보권자가 담보 설정자에게 공급하는 냉동기의 거래에서 발생하는 담보권자가 현재 담보 설정자에 대하여 가지고 있거나 장래 가지게 될 채권으로 한다.

　제2조 (양도담보의 설정) 담보 설정자는 담보권자에게 피담보채권을 담보하기 위하여 별지 목록의 담보 설정자 소유 설비를 양도담보로 설정한다. 담보설정자는 본 설비를 양도담보로 설정함에 있어 선순위 양도담보권, 공장저당권, 압류 등이 없음을 보증한다.

　제3조 (점유개정과 사용) 본 설비의 인도는 점유개정의 방법에 의하고 담보 설정자가 무상으로 사용하는 것으로 한다. 담보 설정자는 점유 개정과 사용에 있어 선량한 관리자로서 주의 의무를 다하여야 하며 본 설비에 대하여 발생하는 필요비나 유익비는 담보 설정자가 부담한다.

　제4조 (담보물 양도 금지) 담보 설정자는 담보권자의 사전 동의 없이 제3자에게 양도하여서는 안 된다.

　제5조 (양도담보권의 실행) 담보설정자의 채무불이행이 있는 경우에는 담보권자는 제2조의 별지 목록 설비를 임의로 매각하여 임의로 변제 충당할 수 있다.
　담보설정자의 채무불이행이 있는 경우에는 담보권자는 담보 설정자에게 설비가액에서 채권액을 공제한 청산금을 통지하고 담보설정자가 그 통지를 받은 날로부터 2월이 경과하면 담보권자는 담보 설정자에게 청산금을 지급하고 제2조의 별지 목록 설비의 소유권을 취득한다. 청산금이 없는 경우에 담보권자는 이러한 취지를 통지하고 2월이 경과하면 제2조의 별지 목록 설비의 소유권을 취득한다.

_____년 __월 __일

　　　담보권자 : 서울시 ○○구 ○○동
　　　　　　　(주)○○○ 대표이사 ○○○ (인)
　　　담보 설정자 : 서울시 ○○구 ○○동
　　　　　　　　　　　○○○ (인)

25

예금, 임차보증금 등 채무자가 받을 채권을 질권으로 설정하는 방법은?

거래처에 담보로 제공할 만한 부동산이 없어 채무자가 받을 예금이나 임차보증금 등 채권을 질권으로 설정하고 거래하는 방법을 검토하고 있습니다. 질권이란 무엇 인가요? 또한 예금이나 임차보증금을 질권으로 설정하는 방법과 향후 채권 회수가 안 될 경우 질권을 집행하는 방법에 대해 알고 싶습니다.

질권이란 채권 담보를 위하여 채권자와 질권 설정자 간의 질권 설정 계약을 체결하고 채무자 또는 제3자(물상보증인)로부터 담보의 목적물을 인도받아 변제될 때까지 유치하여 채무의 이행을 간접적 으로 강제하는 동시에, 채무가 변제되지 않으면 담보물건을 처분하 여 우선변제받을 수 있는 권리다. 질권은 동산질권과 권리질권이 있는데 동산질권은 카메라, TV, 시계 등 동산을 담보 목적물로 하는 것으로, 양도가 가능하고 압류 금지물이 아니어야 한다.

질권의 설정 방법은 채권자와 질권 설정자 간에 질권 설정 계약 서를 작성하고 담보 목적물을 채권자에게 양도받은 후 양도받은 담 보 목적물을 채권자가 계속 점유하여야 한다. 채권자가 점유를 잃 으면 질권의 효력은 상실된다.

채무자가 채무를 이행하지 않는 경우, 채권자는 담보권 실행을 위한 경매 절차에 의해 담보물건을 환가하고 환가 대금에서 우선변제받을 수 있다.

상당한 사유가 있을 때에는 담보 목적물로 직접 변제에 충당할 것을 법원에 청구할 수 있는데, 이때는 감정 평가가 이루어져야 한다.

권리질권은 채권, 주식, 예금 등 양도가 가능한 재산권을 담보의 목적물로 하는 것으로, 예금, 임차보증금 등에 대한 질권이 여기에 해당된다. 실무에서 채권, 주식, 예금 등 양도가 가능한 재산권을 담보로 설정할 때는 양도담보보다는 질권으로 설정하고 있는 경우가 대부분이다.

민법에 의하면, 예금이나 임차보증금 등 권리질권의 설정은 양도의 방법에 의해야 한다고 되어 있다. 예금이나 임차보증금은 지명채권이므로 예금이나 임차보증금의 질권 설정 방법은 지명채권 양도 방식에 따라야 한다. 질권자와 질권 설정자(예금주, 임차인)가 질권 설정 계약서를 체결하고 은행이나 임대인의 질권 설정 승낙을 받거나 질권 설정자(예금주, 임차인)가 은행이나 임대인에게 질권 설정 사실을 통지하면 설정된다.

이때 질권 설정 승낙이나 질권 설정 통지는 확정일자 있는 문서로 해야 제3자에게 대항이 가능하다(확정일자 기준으로 우선변제권 확보). 따라서 실무에서는 질권 설정 승낙이나 질권 설정 통지는 반드시 확정일자 있는 문서로 하여야 한다. 질권 설정 승낙에 대한 확정일자는 공증사무소, 법원에서 받고, 질권 설정 통지는 내용증명을 하면 된다. 그리고 채권증서를 받아놓아야 하므로, 예금통장, 임대차 계약서를 받아놓는다.

예금이나 임차보증금에 대한 담보권 실행은 은행이나 임대인에게 직접 청구하여 변제받을 수도 있고, 은행이나 임대인이 이에 응하지 않으면 법원에 담보권 실행을 위한 압류 및 전부명령이나 압류 및 추심명령을 신청하여 그 절차에 의하여 변제를 받을 수 있다.

질권은 피담보채권이 변제 기타의 사유로 소멸하였을 때, 담보 목적물을 질권 설정자에게 반환할 때 소멸한다. 따라서 질권자는 변제가 완료되기 전에는 절대로 질권의 목적물을 반환하여서는 안 된다.

| 판례 |

주권 발행 전의 주식에 대한 양도도 인정되고, 주권 발행 전 주식의 담보 제공을 금하는 법률 규정도 없으므로 주식발행 전 주식에 대한 질권 설정도 가능하다고 할 것이지만, 상법 제338조 제1항은 기명주식을 질권의 목적으로 하는 때에는 주권을 교부하여야 한다고 규정하고 있으나, 이는 주권이 발행된 기명주식의 경우에 해당하는 규정이라고 해석함이 상당하므로, 주권 발행 전의 주식 입질에 관하여는 상법 제338조 제1항의 규정이 아니라 권리질권 설정의 일반 원칙인 민법 제345조로 돌아가 그 권리의 양도 방법에 의하여 질권을 설정할 수 있다고 보아야 한다. (2000. 8. 16. 99그1)

질권 설정자가 민법 제349조 제1항에 따라 제3채무자에게 질권이 설정된 사실을 통지하거나 제3채무자가 이를 승낙한 때에는 제3채무자가 질권자의 동의 없이 질권의 목적인 채무를 변제하더라도 질권자에게 대항할 수 없고, 질권자는 여전히 제3채무자에게 직접 채무의 변제를 청구할 수 있다. 질권의 목적인 채권에 대하여 질권 설정자의 일반채권자의 신청으로 압류. 전부명령이 내려진 경우에도 그 명령이 송달된 날보다 먼저 질권자가 확정일자 있는 문서에 의한 제349조 제1항에서 정한 대항 요건을 갖추었다면, 전부채권자는 질권이 설정된 채권을 이전받을 뿐이고 제3채무자는 전부채권자에게 변제했음을 들어 질권자에게 대항할 수 없다. (2022. 3. 31. 2018다21326)

질권 설정 계약서

채권자 겸 질권자 (주)○○○ 대표이사 ○○○(이하 '질권자'라 한다)와 채무자 겸 질권 설정자 ○○○(이하 '질권 설정자'라 한다)는 채무자와 채권자 간에 물품 거래에서 발생하는 채권을 담보하기 위하여 아래와 같이 담보 설정 계약을 체결한다.

제1조 (피담보채권) 피담보채권은 질권자가 질권 설정자에게 공급하는 냉동식품의 거래에서 발생하는 질권자가 현재 질권 설정자에 대하여 가지고 있거나 장래 가지게 될 채권으로 한다.

제2조 (질권의 설정) 질권 설정자는 질권자에게 피담보채권을 담보하기 위하여 별첨 임대차계약서(확정일자 필)에 의한 임차보증금을 질권으로 설정한다. 질권 설정자는 본 임차보증금을 질권으로 설정함에 있어 선순위 양도담보권, 질권, 압류 등이 없음을 보증한다.

제3조 (질권의 존속기간) 질권의 존속 기간은 _____년 __월 __일까지로 한다.

제4조 (질권의 실행) 질권 설정자의 채무불이행이 있는 경우에는 질권자는 임대인에게 임차보증금의 반환을 직접 청구하여 채무변제에 충당한다. 임대인이 이에 응하지 않을 경우에는 질권자는 압류 및 전부명령이나 압류 및 추심명령의 절차에 의하여 질권을 실행하는 것으로 한다.

제5조 (차액 반환) 질권자는 채무변제에 충당하고 차액이 있는 경우에는 그 차액을 질권설정자에게 반환하여야 한다.

_____년 __월 __일

질권자 : 서울시 ○○구 ○○동
　　　　(주)○○○ 대표이사 ○○○ (인)
질권 설정자 : 서울시 ○○구 ○○동
　　　　　　　○○○ (인)

위 질권 설정을 이의 없이 승낙함.

임대인 : 서울시 ○○구 ○○동
　　　　　○○○ (인)
　　(확정일자)

26

동산·채권을 등기하여 담보로 설정하려면

거래처에 담보로 제공할 만한 부동산이 없어 동산이나 채권을 담보로 받는 방법을
검토하고 있습니다. 동산이나 채권도 등기하여 담보로 설정하는 방법이 있다고 하
는데, 어떻게 하는지 알고 싶습니다.

과거에는 동산을 담보로 설정할 때 질권이나 양도담보를 설정하
는 방법에 의해 담보를 설정했었다(앞에서 살펴보았던 것처럼 현재도 질권
이나 양도담보로도 담보 설정이 가능하다). 현재는 질권이나 양도담보뿐 아
니라 동산도 등기에 의해 담보를 설정할 수 있는데, 이를 담보권이
라 한다.

채무자와의 계속적 거래 관계에서 발생하는 장래에 확정될 채권
에 대하여 담보를 설정할 때는 동산 근담보권으로 설정이 가능하다.
동산의 근담보권은 동산근담보등기부에 등기가 된다.

• 동산의 근담보권을 설정할 수 있는 사람: 동산 근담보권을 설정할 수 있는
  사람은 법인이거나 상업등기법에 의해 상업등기를 한 사람이 가능하다.

• 동산 근담보권의 설정 방법: 동산 근담보권은 다음에 열거한 서류를 갖추어 등기함으로써 설정할 수 있다.

동산 담보권 등기 신청 시 구비 서류

• 근담보권 설정 계약서
• 등록면허세 영수필 확인서
• 인감증명서
• 주민등록등(초)본
• 법인등기사항증명서
• 위임장

동산 근담보권 설정등기 신청서를 작성할 때에 담보 목적물에 관한 사항에는 일련번호, 동산의 종류, 보관 장소, 특성, 유익적 기재 사항을 기재하여야 한다. 여기서 유익적 기재 사항이란 기재하면 효력이 발생하는 사항을 말한다.

과거에는 채권도 담보로 설정할 때는 민법에 의한 질권이나 상관례로 인정된 양도담보로 설정하는 방법에 의해 담보를 설정했다 (현재도 질권이나 양도담보로 담보 설정이 가능하다). 현재는 질권이나 양도담뿐 아니라 채권도 등기에 의해 담보로 설정할 수 있다.

채무자와의 계속적 거래 관계에서 발생하는 장래에 확정될 미확정 채권에 대해 담보를 설정할 때는 채권 근담보권으로 설정해야 한다. 채권의 근담보권은 채권근담보등기부에 등기된다.

- 채권의 근담보권을 설정할 수 있는 사람: 채권 근담보권을 설정할 수 있는 사람은 법인이거나 상업등기법에 의해 상업등기를 한 사람이 가능하다.
- 근담보권으로 설정할 수 있는 채권: 채권 근담보권으로 설정할 수 있는 채권은 금전의 지급을 목적으로 하는 지명채권에 한하며 장래에 발생하는 채권에 대해서도 담보로 설정할 수 있다. 근담보권을 설정할 있는 채권으로는 부동산 매매대금채권, 동산매매대금채권, 기타 매매대금채권, 부동산담보대출채권, 금융기관대출채권, 신용카드 대금채권, 기타 대여금 채권, 임대차보증금반환채권, 차임채권, 공사대금채권 등이다.
- 채권 근담보권의 설정 방법: 채권 근담보권은 다음에 열거한 서류를 갖추어 등기하여 설정한다.

채권 근담보권 등기 신청 시 구비 서류

- 근담보권 설정 계약서
- 등록면허세 영수필 확인서
- 인감증명서
- 주민등록등(초)본
- 법인등기사항증명서
- 위임장

채권 근담보권 설정등기 신청서를 작성할 때에 담보 목적물에 관한 사항에는 일련번호, 채권의 종류, 채권의 발생 원인 및 발생 연월일, 목적채권의 채권자 및 채무자, 유익적 기재 사항을 기재하여야 한다.

27

단순보증과 연대보증의 차이점은 무엇인가요?

단순보증과 연대보증은 책임 면에서 많은 차이가 있다고 들었습니다. 단순보증과 연대보증은 구체적으로 어떤 효력이 있을까요? 단순보증인이 가지는 최고의 항변 권과 검색의 항변권, 분별의 이익이란 용어가 생소한데 이에 대하여도 알고 싶습니다.

보증채무는 채권자와 보증인의 보증 계약에 의해 성립한다. 이때 주채무자와 보증인의 합의는 보증채무의 성립 요건이 아니다. 다만 주채무자의 의사에 반한 보증인은 보증채무를 이행하였더라도 채무자의 구상권 행사에 제한을 받는다.

보증인은 주채무자가 채무를 불이행하는 경우에 주채무자를 대신하여 채권자에게 채무 이행에 대한 책임을 진다. 보증채무의 책임의 범위는 보증 계약에 책임의 범위가 정해졌다면 그 한도 내에서 책임을 지며, 그렇지 않다면 주채무자의 전 채무에 대해 책임을 진다.

보증에는 단순보증과 연대보증이 있는데, 단순보증과 연대보증은 효력 면에서 차이가 있다. 단순보증은 보충성과 분별의 이익이 있는데, 연대보증은 보충성과 분별의 이익이 없다.

보충성에 의해, 단순보증인은 주채무자가 채무 변제를 이행하지 않을 경우 비로소 보증인으로서 지불 책임이 생긴다. 연대보증인은 보충성이 없으므로, 연대보증인은 주채무자와 동일한 채무 변제 의무가 있다. 또 보충성에 의해 단순보증인은 최고의 항변권과 검색의 항변권이 있지만, 연대보증인에게는 이러한 권리가 없다.

최고의 항변권이란, 채권자가 보증인에게 청구할 경우 주채무자에게 먼저 청구할 것을 항변하는 것이다. 검색의 항변권이란, 채권자가 보증인 재산을 압류한 경우 먼저 주채무자의 재산에 대해 집행(압류)할 것을 항변하는 것이다. 다만 항변하기 위해서는 보증인이 주채무자가 변제력이 있고 그 집행이 용이하다는 것을 입증하여야 한다.

공동보증 시에 단순보증인 간에는 분별의 이익이 있어 각 보증인은 채무에 대하여 균등한 비율로 채무를 변제할 책임을 진다. 물론 책임 금액에 대한 약정이 있는 경우에는 그에 의한다. 그러나 연대보증인 간에는 분별의 이익이 없어 연대보증인 각자는 채무액 전체에 대해 변제를 이행할 책임을 진다. 예를 들어, 주채무자의 채무액이 8,000만 원이고 단순보증인 A, B, C, D가 있는 경우에는 별도 약정이 없는 한 각 보증인은 2,000만 원에 대하여만 보증 책임을 진다. 주채무자의 채무액이 8,000만 원이고 연대보증인 갑, 을, 병, 정이 있는 경우라면 연대보증인은 각자 8,000만 원의 보증 책임이 있다.

보증인의 경우 채무를 대위 변제하면 주채무자에게 구상권이 생기는데, 단순보증인과 연대보증인 모두 대위 변제한 금액을 주채무자에게 청구할 수 있다. 또 연대보증인은 다른 연대보증인에게도 구상권을 갖는데, 앞의 예에서 갑이 8,000만 원을 모두 변제하였다면 별도 약정이 없는 경우 갑은 다른 연대보증인 을, 병, 정에게 각각 2,000만 원에 대한 구상권을 갖는다.

28

연대보증인의 선정 방법과
연대보증인의 채무 책임 범위

대리점을 개설해줄 때 연대보증인을 선정해놓았습니다. 대리점의 지불 능력이 취약하여 채무자에게 청구하기 이전이라도 연대보증인에게 대리점 채무를 청구할 수 있을까요? 연대보증인의 선정 방법과 책임 범위를 알고 싶습니다.

금융기관에서는 제3자의 연대보증을 받지 않지만(공공 금융기관은 연대보증인을 받는 것이 금지되어 있고, 민간 금융기관도 내부 규정 등에 의해 제3자 연대보증은 받지 않는다), 제조·판매나 유통 부문의 거래에서는 여전히 연대보증을 받는다.

채권자와 연대보증인 간의 연대보증 계약을 체결하면 선정되는데, 이때 연대보증인의 입장에서는 채무자의 동의를 얻어야 차후에 채무를 대위 변제한 경우에 채무자에 대해 구상권을 행사할 수 있다.

연대보증 계약을 체결했더라도 차후에 연대보증인이 연대보증 계약 날인을 부인할 수 있으므로, 채권자는 연대보증 계약 체결 시에 연대인의 자필 서명 날인을 받아놓는다. 연대보증인을 선정할 때 연대보증인의 부동산등기부등본, 인감증명서, 재산세 납부증명도 같이 받아야 연대보증인의 자력 여부 등을 파악할 수 있다.

연대보증 계약에 책임의 범위를 정하면 그 한도 내에서 책임을 지지만, 그렇지 않으면 주채무자의 전 채무에 대하여 책임을 지게 된다.

채권자는 채무자에게 청구하기 전이라도 연대보증인에게 먼저 청구할 수 있고, 연대보증인은 이에 대하여 변제할 책임이 있다. 따라서 연대보증인은 채무 변제 책임 면에서 주채무자와 같다고 보아야 한다.

주채무가 소멸하면 연대보증채무도 소멸하며, 주채무가 시효 등에 의하여 소멸하면 연대보증채무도 소멸하고, 주채무의 시효가 중단되면 연대보증 채무도 중단된다. 다만, 주채무자의 파산·면책 시에도 연대보증인은 책임을 면하지 못하며 계속 채무 변제 의무를 부담한다.

연대보증을 하면 채권자의 동의 없이는 채무가 소멸될 때까지 연대보증인이 일방적으로 연대보증 계약을 해지할 수 없다. 연대보증인이 해지할 수 있는 것은 다음의 경우다.

- 채무자가 연체하는 등 신상에 변동이 있을 시, 채권자가 연대보증인에게 어떠한 통지도 없었다면 연대보증인이 해지할 수 있는 것으로 본다.
- 기간과 금액의 제한이 없는 포괄근연대보증의 경우 연대보증을 선 후 채무

액이 급격히 증가하는 등 현저한 사정 변경이 생긴 경우 해지할 수 있는 것으로 본다.

• 회사 이사의 지위에서 부득이 회사의 채무에 보증한 경우, 확정채무에 대한 연대보증은 이사가 퇴직하더라도 해제되지 않는다. 장래 확정될 기한이 없는 불확정 채무에 대한 보증은 퇴직 후에는 해지할 수 있다.

| 판례 |

회사의 이사의 지위에서 부득이 회사와 제3자 사이의 계속적 거래로 인한 회사의 채무에 대하여 보증인이 된 자가 그 후 퇴사하여 이상의 지위를 떠난 때에는 보증 계약 성립 당시의 사정에 현저한 변경이 생긴 경우에 해당하므로 이를 이유로 보증 계약을 해지할 수 있고, 보증 계약상 보증 한도액과 보증 기간이 제한되어 있다고 하더라도 위와 같은 해지권의 발생에 영향이 없다.

계속적 보증 계약의 보증인이 장차 그 보증 계약에 기한 보증채무를 이행할 경우 피보증인이 계속적 보증 계약의 보증인에게 부담하게 될 불확정한 구상금채무를 보증한 자에게도 사정 변경이라는 해지권의 인정 근거에 비추어 마찬가지로 해지권을 인정하여야 한다.

당좌 대출에 대한 신용보증은 보증기관이 거래 기간 동안에는 약정된 한도액의 범위 안에서 증감·변동하는 대출 원리금에 대하여 보증 책임을 지지 아니하고 정해진 사유로 인한 거래 종료 시 보증채무가 확정되는 근보증에 해당한다.

근보증으로서의 신용보증채무 이행으로 인한 구상채무를 보증한 자가 신용보증채무가 확정되기 전에 보증 계약을 해지한 경우에는 그 구상채무 보증인은 보증 책임을 면하는 것이므로, 피보증인의 당좌부도가 발생하여 당좌 대출 거래가 종료됨으로써 보증인의 신용보증채무가 확정되기 전에 구상채무에 대한 보증 계약이 해지된 경우, 그 구상채무의 보증인은 피보증인의 구상채무에 대하여 아무런 보증 책임을 지지 아니한다. (1998. 6. 26. 98다11826)

29

지급보증과 이행지급보증보험에 대하여

우리 회사는 거래처와 거래할 때 금융기관의 지급보증증권과 보험회사의 지급보증보험증권을 받고 있습니다. 그런데 보증 기간 갱신 시 보증 조건을 살펴보지 않고 받았다가 지급받을 때 문제가 되는 사례가 있었습니다. 지급보증과 지급보증보험(이행지급보증보험)의 효력과 보증 기간 갱신 시 유의할 사항에 대하여 알고 싶습니다.

은행 등 금융기관, 신용보증기금 등 보증기관, 공제조합 등에서 채무자의 채무에 대하여 채권자에게 지급보증하는 것으로, 지급보증서와 지급보증어음(이행지급보증보험)이 있다. 지급보증서는 금융기관 등이 채권자 앞으로 발행한 것으로, 이를 수령하는 경우에는 발행 번호를 금융기관 홈페이지에서 조회하여 진위 여부를 알아보아야 한다(전자지급보증증권이 아닌 종이지급보증증권으로 수령한 경우).

지급보증어음은 수취인을 채권자로 하여 발행된 어음에 금융기관이 지급보증을 확인한 것으로, 이때도 금융기관에 발행 번호를 조회해야 한다.

지급보증서에 발행 금융기관이 정한 약관이 기재되어 있는데, 약관을 점검하여 담보 확보에 차질이 없어야 한다.

보증 조건에 따라 보증 기간 내에 발생했고 채무 이행기가 도래한 채무가 불이행되었을 때 지급받을 수 있는 경우, 보증 기간 내에 발생한 채무에 대한 지급보증이 되는 경우, 보증 기간 내에 변제기가 도래한 채무에 대해 지급보증이 되는 경우가 있다. 보증보험을 갱신할 때에는 지급 조건을 잘 검토하고 채권 확보에 문제가 없도록 갱신하여야 한다.

지급보증어음의 경우, 지급보증어음의 만기일에 채무자로부터 어음 대금을 지급받지 못했다면 지급받을 수 있다. 지급보증서는 거래처가 부도, 파산한 경우에 사유 발생일로부터 10일 이내에 지급받을 수 있다. 기타의 사유로 지급받지 못한 경우에는 지급 기일이 도래하여야 지급받을 수 있다. 물론 지급보증이나 지급보증어음의 경우, 증권의 보증 조건에 지급 사유가 명기된다면 그 사유가 발생한 시기에 지급받을 수 있다.

보증보험증권(이행보증보험증권)은 보증보험회사에서 피보험자를 채권자로 하여 발행하는 증권으로, 채권자가 채무자의 계약에서 정한 채무를 이행하지 않음으로써 입은 손해에 대해 보상을 약속하는 것이다. 안전한 채권 확보가 가능하며, 손해가 발생하면 별도의 법적 조치 없이 보상받을 수 있으므로 편리하다.

이행지급보증보험의 보험 계약자는 물품 판매 계약서 등의 대금 지급 의무를 지는 채무자이며, 피보험자는 물품 판매 계약서 등의 공급자로 채권자다. 채무자가 물품 매매 계약 등에서 정한 물품 대금 지급 채무를 이행하지 않아 채권자가 입은 손해를 보증한다.

보증보험증권을 수취하는 경우에는 보증보험회사 홈페이지에서 발행 사실을 확인해야 한다(종이 지급보증보험증권으로 수령한 경우). 보증보험은 보증 기간 내에 발생하고 변제 기일이 도래한 채권에 대하여만 보증보험의 효력이 있으므로, 계속적인 거래에서 보증보험증권을 갱신받을 때는 반드시 추가 위험 담보 특약을 명시해야 한다. 추가 위험 담보 특약은 갱신 이전에 발생하고 갱신 후 90일 이내에 지급 기일이 도래한 채권도 지급보증이 되도록 담보 약관을 추가한 것으로, 보증보험 갱신 시에 이 특약이 있는 보증보험증권으로 수령해야 갱신 전에 발생하고 갱신 후에 변제기가 도래한 채무도 지급보증이 된다.

| 판례 |

이행(지급)보증보험은 보험 계약자인 채무자의 주계약상의 채무불이행으로 인하여 피보험자인 채권자가 입게 되는 손해의 전보를 보험자가 인수하는 것을 내용으로 하는 손해보험으로서 실질적으로는 보증의 성격을 가지고 보증 계약과 같은 효과를 목적으로 하는 점에서 보험자와 채무자 사이에는 민법의 보증에 관한 규정이 준용된다고 할 것이나, 이와 같은 보증보험 계약과 주계약에 부종하는 보증 계약은 계약의 당사자, 계약관계를 규율하는 기본적인 법률 규정 등이 상이하여 보증보험 계약상의 보험자를 주계약상의 보증인과 동일한 지위에 있는 공동보증인으로 보기는 어렵다 할 것이므로, 보험 계약상의 보험자와 주계약상의 보증인 사이에는 공동보증인 사이의 구상권에 관한 민법 제448조가 당연히 준용된다고 볼 수는 없다. (2001. 2. 9. 2000다55089)

30

매출채권이나 약속어음에 대하여
보험 가입이 가능한가요?

우리 회사는 주로 신용거래를 하며, 대금도 현금이 아닌 어음으로 수령하는 경우도 꽤 있습니다. 그런데 거래처가 부실화되어 대금 회수를 못하거나 약속어음이 부도 나서 손실을 보는 경우도 있습니다. 그렇다고 신용거래를 안 할 수도 없는데, 매출 채권이나 약속어음에 대해 보험 가입이 가능한가요?

매출채권에 대한 보험으로는 신용보험이 있다. 현재 취급하고 있는 곳으로는 SGI서울보증과 신용보증기금 두 곳인데, 신용보증기금의 가입 대상은 중소기업 또는 연간 매출액 3,000억 원 이하의 중견기업으로 제한되어 있다. 신용보험은 매출채권에 대하여 제한 없이 동일한 조건으로 가입할 수 있는 것이 아니고, 채권자와 채무자의 신용평가 등을 거쳐야 한다.

SGI보증보험에서 취급하는 신용보험(매출채권신용보험)은 채권자의 신용평가 기준 및 채권관리시스템 등을 심사하고 채무자의 신용평가와 담보 한도액을 산정하여 가입할 수 있다. 신용 정도에 따라 부보율은 50~90%이며, 보험료는 보험 가입 대상 매출액의 0.071~0.804%다.

신용보증기금에서 취급하는 신용보험은 채무자의 신용등급이 아주 낮으면 가입되지 않지만, 정상적으로 운영되는 기업이라면 가입할 수 있다. 보험 청약 시 필요한 서류는 매출채권보험 청약서, 사업자등록증 사본, 최근 1개월 이내에 발급된 법인등기부등본, 최근 1개년 재무제표, 매출처별 세금계산서 합계표(최근 4분기분), 기타 보험 가입에 필요한 서류다.

신용보증기금에서 취급하는 신용보험은 여러 거래처를 대상으로 하는 다사랑보험, 하나의 거래처만 대상으로 하는 한사랑보험, 이미 발생한 거래를 건별로 들 수 있는 하나보험 등 다양한 유형이 있다. 자세한 사항은 신용보증기금 홈페이지를 살펴보거나 상담받는 것이 좋다.

보험요율은 거래처의 신용도, 거래 비율, 결제 기일 등을 종합적으로 고려하여 결정하는데, 보험 가입 매출채권 금액의 연 0.1~5%다. 부보율은 거래처의 신용 정도에 따라 60~80%다.

어음보험도 신용보험의 하나로 신용보증기금에서만 취급하고 있다. 판매 대금으로 수취한 어음을 보험에 가입하고 그 어음이 부도 처리되는 경우 보험금을 지급받는 제도다. 어음보험의 가입 대상은 소지인(채권자)이 중소기업 및 중소기업협동조합이어야 하며, 보험 가입일 현재 잔여 만기가 150일 이내인 어음(단, 대기업 어음은 120일 이내)이어야 한다. 채무자에 대하여는 매출채권보험과 마찬가지로 신용이 낮으면 가입이 제한될 수 있다. 가입 대상 어음은 상업 거래를 원인으로 직접 수취한 어음이나 제1배서가 된 것이어야 하며, 보험에 가입한 어음은 보험증권과 함께 어음의 배서 양도와 어음 할인이 가능하다. 보험증권과 함께 어음 할인을 하는 경우에는 그 어음이 부도가 나더라도 보험 가입 금액 한도 내에서는 할인자의 금융기관에서 환매 의무가 면제된다.

국내 거래가 아닌 수출 거래에서 발생한 해외 채권에 대해서는 한국무역보험공사에 수출보험을 들 수 있다. 수출자, 수입자의 신용조사 결과에 따라 보험 가입 조건 등이 정해진다. 보험 가입 대상은 결제 기간 2년 이내의 일반 수출 거래, 위탁가공 무역 거래, 중계무역 거래, 재판매 거래 등 모든 수출 거래가 해당된다.

개별보험은 결제 기간이 2년 이내인 수출 거래의 선적 전후 위험을 대상으로 하며, 포괄보험은 결제 기간이 1년 이내인 수출 거래를 대상으로 한다.

4장

임의회수 편

이 장에서는 채권 회수 기법, 독촉 기법, 임의회수 기법에 대해 알아본다.

31

채권 회수 절차란?

신용거래를 하면서 채권 회수가 순조롭게 잘되는 경우도 있지만 간혹 연체되어 어려움을 겪는 경우도 있습니다. 채권이 연체되는 경우 어떠한 절차를 밟아서 회수하면 효과적인지 알고 싶습니다.

채권은 적절한 시기에 체계적인 절차에 따라 회수하여야 한다. 무턱대고 변제를 독촉한다고 해서 회수할 수 있는 것이 아니다.

채무자에게서 변제 약정일을 명확하게 약속받고 변제하기로 약속한 변제 기일에 반드시 청구한다. 변제 기일에 청구하였는데 변제되지 않으면 다음 변제 기일을 약속받는다. 그리고 다음 변제 기일이 되면 반드시 청구하여야 하며, 이러한 절차를 회수될 때까지 3회 반복한다. 3회 안에 회수되지 않으면 채권 양도나 물건 양도 등 임의회수를 활용하여 채권을 회수한다. 유의해야 할 것은 회수 활동과 임의회수는 합해서 3개월을 넘겨서는 안 된다는 점이다.

정상 절차에 의해 회수 가능성이 없고 회수 진행이 잘 안 되면 강제회수 절차를 진행한다. 강제회수 절차를 진행할 때는 우선 채무자의 현황을 파악하고 재산을 조사한다. 채무자가 정상적으로 영업 활동을 하고 있는지, 채무자 사업장이 정상적으로 가동되고 있는지, 강제집행할 수 있는 채무자 재산은 무엇이 있는지 조사한다.

정상적으로 회수가 어렵다고 판단되면 독촉장(최고장)을 발송한다. 독촉장(최고장)은 가압류, 민사소송, 지급명령 절차를 진행하기 전에 협상이 가능한지 확인해보기 위한 것이다. 독촉장에는 일정한 기간 내에 변제할 것을 기재하고, 일정한 기간 내에 변제하지 않으면 법 조치 등을 할 것을 명기한다.

독촉장(최고장)에 의해 독촉했을 때 채무자가 협상을 요청하면 그에 응하여 회수 활동을 한다. 그리고 일정한 기간까지 채무자의 반응이 없다면 독촉장(최고장)에 기재한 대로 가압류 등 법 조치를 한다. 가압류 등 보전조치를 했는데도 채무자의 반응이 없으면 민사소송 제기, 지급명령 신청 등을 통해 집행권원을 획득한다.

집행권원을 획득하였는데도 채무를 변제하지 않으면 경매 신청, 채권압류 및 추심명령이나 전부명령 등 강제집행의 절차를 밟는다. 그리고 필요에 따라 채무불이행자 명부 등재 신청과 재산명시 신청을 한다.

적기에 위와 같은 절차를 밟으면 채무자를 협상 테이블로 끌어낼 수 있고, 재산 도피 전에 강제회수 절차에 의해 채권 회수에 성공할 수 있을 것이다.

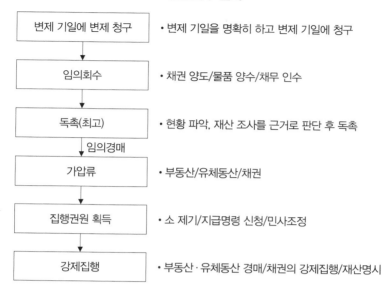

채권 회수 절차

변제 기일에 변제 청구	• 변제 기일을 명확히 하고 변제 기일에 청구
임의회수	• 채권 양도/물품 양수/채무 인수
독촉(최고)	• 현황 파악, 재산 조사를 근거로 판단 후 독촉
임의경매 가압류	• 부동산/유체동산/채권
집행권원 획득	• 소 제기/지급명령 신청/민사조정
강제집행	• 부동산 · 유체동산 경매/채권의 강제집행/재산명시

32

영업에 지장을 주지 않으면서
채권 회수를 잘하려면 어떻게 해야 하나요?

채권을 회수하다 보면 거래처에서 경쟁사와 비교하는 경우가 있습니다. 경쟁사는
변제 기일이 꽤 지나도 독촉하지 않는데, 왜 우리 회사는 보채느냐는 것이지요. 채
권 회수를 너무 강하게 하다 보면 영업에 지장을 줄 것 같아 걱정되는데, 영업도 잘
하고 채권 회수도 잘할 수 있으려면 어떻게 하면 될까요?

물품을 판매하는 경우에 거래처에 채권을 변제하라고 독촉하면
거래처의 감정이 상해서 거래처를 경쟁사에 빼앗길 수 있다고 생각
하기 쉽다. 그러나 그렇지 않다.

채권 회수를 소홀히 하면 거래처의 채권 규모는 늘어날 것이고
그것이 과다해지면 거래처에서는 물품이 필요해도 구매 요청을 하
기가 부담스럽다. 또 채권자 입장에서도 물품을 추가로 판매하기가
부담스러워진다. 그러면 부실채권은 증가하고 판매는 감소한다. 매
출채권 규모가 거래처에서 감당하기 어려울 정도로 과다하게 불어
나기라도 하면 거래처가 채무 변제와 거래 관계를 포기하는 사태에
이른다. 그러므로 채권 회수 활동을 잘하여 채권 규모를 적절히 유
지하면, 매출 확대와 우량 거래처를 유지하는 데도 도움이 된다.

채권 회수를 잘하려면 변제 기일을 명확히 정하는 것이 중요하다. 그리고 반드시 변제 기일에 채무 변제를 요청해야 한다. 이것이 채권을 회수할 때 가장 중요한 점이다. 변제 약정일이 지나고 며칠 후에 변제를 요청하면 채무를 이행하는 심리가 크게 달라진다. 상당 기간이 지난 후에 변제 요청을 하면 거래처의 채무 변제 의지를 이끌어내기 어렵다. 거래처가 약속한 사실 자체를 기억하지 못하는 경우도 있다.

거래처에서 1차 변제 기일에 변제 약속을 지키지 못하게 되었다면 채무자는 약속을 어겨서 미안하다며 변제 기일을 연기해달라고 요청할 것이다. 이때 연기 기간이 15일이 넘어서는 안 된다. 15일이 넘으면 약속을 지켜야겠다는 이행 의지가 희박해진다.

이렇게 2차 변제 약정일이 정해지면 1차 변제 약정일과 같이 변제 기일에 반드시 변제를 요구하여야 한다. 그런데 이때도 거래처가 지급할 수 없는 형편이라면 채무자는 1차 때보다 심리적 압박감이 더 클 것이고, 다음번에는 최우선적으로 변제하겠으니 연장해달라고 요청할 것이다. 최우선적으로 변제해주겠다는 것은 우리 회사가 받을 채권이 거래처의 채무 중에서 다른 채권자들의 채권보다 변제 순위에서 앞서 있다는 것을 의미한다. 그만큼 거래처의 변제 의지가 강하다는 뜻이다. 이렇게 3차 약정일이 정해지면 3차 변제 기일에도 동일한 방법으로 변제 요청을 한다.

이런 방법으로 회수하면 3회 연기되기 전까지는 회수가 가능하다. 즉, 변제 약정일로부터 1~2개월 내에는 회수가 완료된다. 거래처에서도 늦게 변제한 사실에 미안해 하며 사정을 봐주어서 고맙다고 여긴다. 이렇게 되면 거래처와 관계도 좋아지고 영업활동도 원만해진다.

수시로 독촉하면 질질 끌면서 회수 기일이 길어지는데, 길어질수록 채무 변제 의지가 희박해지고 채권자는 마음이 급해져서 시도 때도 없이 변제를 독촉하게 된다. 그러면 서로 감정이 상하는 일도 생긴다. 따라서 변제 기일에 체계적으로 회수 활동을 하는 것과 수시로 생각날 때마다 변제 독촉하는 것은 효과 면에서 차이가 크다.

33

채무자와 통화나 협상은 어떻게 하나요?

채권을 회수하면서 채무자와 통화나 협상을 하는데, 채무자와 다투면서 서로 감정만 상하는 경우가 흔합니다. 채무자와 마찰을 일으키지 않으면서 채권 회수를 위한 통화나 협상을 효과적으로 할 수 있는 방법은 무엇일까요?

채권 회수는 채무자가 지급할 의무를 인정하고 지불 의사를 갖는 데서 시작한다.

전화로 변제 요청하는 경우에는 합리적, 이성적으로 대해야 한다. 목소리를 키우기보다는 침착한 목소리가 더 설득력이 있을 수도 있다. 할 말과 하지 않을 말을 미리 생각하고 합리적으로 이야기한다. 통화 중에 절대 다투면 안 된다. 채권 회수는 논쟁의 대상이 아니다. 특별한 경우를 제외하고, 채권은 당연히 회수해야 하는 것이다. 그런데도 다투면 채무자의 반발심만 불러일으킬 수도 있다.

변제 독촉은 단도직입적으로 한다. 상대방이 지급할 형편이 안 된다고 말하기 전에 "어제 약속한 날인데 송금이 안 되어 전화드렸습니다. 오늘은 송금이 가능한지요?"라고 단도직입적으로 말한다. 우유부단하면 채권 회수 협상에서 결코 성공할 수 없다. 그 후 상대방이 사정을 얘기한다면 빨리 지급하는 것이 결국 이득임을 설득하고 변제 방법을 조언해줄 수도 있다. 회사 내부적으로도 매뉴얼이 정립되어 있다면 더욱 좋겠다.

통화 전에 할 말을 준비하고, 채무자의 의중을 예상해야 한다. 그러면 통화를 통한 회수 활동의 효과를 배가시킬 수 있다. 협상 내용은 기록해두고 관리하여야 한다. 채무 변제를 받거나 약속을 받는 것이 목표이므로, 채무를 변제받지 못한다면 채무 변제 약속이라도 받아야 한다.

채무 변제 협상을 할 때에는 합리적으로 한다. 채권자는 채권을 회수하려고 할 것이고, 채무자는 채무 유예를 받고자 할 것이다. 이럴 때 자신의 주장만 내세우면 협상이 어려워진다. 협상할 때는 채권자와 채무자 모두에게 득이 되는 방향으로 유연하게 협상하여야 한다. 채무자가 감당할 수 있고 채권자에게 크게 불리하지 않은 한도에서 협상되면, 이는 협상에 성공한 것이다.

채권자가 채권 회수에 관한 전문 지식이 있다고 채무자가 인식하면 채권자를 대하는 태도가 달라진다. 즉, 채권자에게 유리하도록 협상을 이끌 수 있다. 따라서 채권자는 채권 회수 관련 스킬이나 법규에 대하여 전문적 지식을 갖도록 부단히 노력하여야 한다. 말솜씨로 채권 회수에 성공하는 것은 한계가 있기 때문이다.

강압적인 태도보다는 채무자를 이해하고 동정하는 감정을 가질

때 의외로 성공한다. 채무자의 입장에서 생각하면 의외로 문제가 쉽게 해결되기도 한다.

채무자에게 채무 변제를 요청할 때는 논리적이어야 하며, 협상은 끈기 있고 집요하게 한다. 결코 포기하지 않는다는 것을 보여주는 것이 중요하다. 그래야 채무를 변제하고 재기를 모색하는 것이 자신에게 좋다는 것을 깨닫게 될 것이다.

협상할 때는 가능하면 직접 만나서 면담하는 것이 효과적이다. 그리고 협상하러 갈 때는 변제확약서 초안 등 관련 서면을 준비하는 것이 좋다. 그리고 질질 끌기보다 단판에 결과물을 얻어내겠다는 의지를 가지고 협상에 임해야 한다. 채권 회수를 못 하면 최소한 변제확약서라도 수령해야 한다.

34

내용증명으로 독촉하여
채권 회수를 하려면

채무 변제를 독촉할 때 보통 내용증명 우편으로 하고 있습니다. 독촉장을 내용증명 우편으로 작성하여 송달하는 방법과 일반우편으로 하는 것은 어떠한 차이가 있을까요? 독촉장을 보내도 전혀 반응이 없는 채무자들도 있는데, 독촉장을 보내는 방법으로 채권 회수에 성공하려면 어떻게 해야 할까요?

독촉장은 주로 내용증명 우편으로 송달하는데, 내용증명 우편이란 발송인이 수취인에게 어떤 내용의 문서를 언제 발송하였는지 우편 관서에서 공적으로 증명해주는 우편제도다. 그 내용과 일자에 대해 후일에 증거를 남길 필요가 있는 문서를 송달할 때 주로 이용한다. 실무에서는 당사자 간의 채권, 채무 관계의 증거를 남기거나 채무자에게 채무 변제를 독촉하기 위해서 주로 이용한다.

독촉장을 내용증명 우편으로 보낼 때 작성 방법과 발송 방법은 다음과 같다. 최고장 또는 독촉장이라는 문언을 위에 적고 일자를 상단이나 하단의 오른쪽에 기재한다. 내용문서 서두나 끝부분에 수신자와 발신자의 주소와 성명을 기재한다.

독촉장의 본문에는 채권의 변제기가 도래하였고 채권을 변제할 것을 수차례 독촉하였는데도 변제하지 않아 독촉장을 보내니, 요청한 일자까지 채권 금액과 연체 이자를 변제하라는 내용을 기재한다. 또 대리점 등과 같이 계속적인 거래인 경우에는 일정 기간 내에 채무를 이행하지 않으면 거래 관계가 종료되고 기한의 이익이 상실된다는 사실도 명기한다. 요청한 일자까지 변제하지 않으면 가압류, 민사소송, 강제집행 등 법 조치를 할 것도 알린다. 본문이 완성되면 맨 하단에 발신인의 성명을 쓰고 날인한다.

송달하려는 내용을 육하원칙에 따라 논리적으로 작성하고, 한글이나 한자로 명료하게 작성하며, 공공질서 또는 선량한 풍속에 반하는 내용을 기재하여서는 안 된다. 문자나 기호를 정정·삽입 또는 삭제할 때에는 정정·삽입 또는 삭제한 문자와 정정·삽입 또는 삭제한 글자 수를 행의 맨 앞부분이나 끝부분 빈 곳에 기재하고, 그곳에 발송인의 인장을 찍는다. 이때 정정이나 삭제된 문자나 기호는 알아볼 수 있도록 '＝'와 같이 줄을 그어 지운다.

내용문서는 3부(원본 1부, 등본 2부)를 작성하고 내용문서가 2매 이상인 경우에는 간인한다. 작성된 내용문서의 원본과 등본 2부(총3부)를 우체국 접수 창구에 제출하고, 제출된 내용문서 3부에 대하여 우체국의 소정의 증명 절차가 끝나면 원본을 수취인에게 발송한다. 수취인에게 보낼 원본은 내용문서에 기록된 발송인과 수취인의 주소, 성명을 동일하게 기재한 봉투에 넣고 이를 봉함하여 등기 접수하면 된다. 내용증명 우편은 인터넷 우체국을 통해서도 송달할 수 있다.

발송인은 증명 절차가 완료된 내용증명 1부를 교부받고 1부는 우체국에 3년간 보관한다.

독촉장을 보내는 최종적인 목적은 채권을 회수하기 위해서다. 독촉장을 보내고 채무자가 지불 의사를 갖고 협상을 요청하면 협상을 거쳐 채권을 회수하면 된다. 독촉장을 보냈는데도 정해진 기간 내에 채무자의 반응이 없다면 독촉장에 명기한 대로 가압류 등 법 조치를 하여야 한다. 만약 채무자의 반응이 없는데도 방치하면 독촉장을 보낸 의미가 없다. 독촉장에 명기한 대로 법 조치를 하여야 채무자도 채권자가 회수를 포기하지 않을 것임을 알게 된다.

독촉장을 보내는 목적은 채무자가 채무를 변제하지 않으면 안 된다고 깨닫게 하고 변제 의지를 갖도록 하는 것이다.

| 판례 |
최고의 의사 표시가 기재된 내용증명 우편물이 발송되고 반송되지 아니하였다면 특별한 사정이 없는 한 그 무렵에 송달되었다고 볼 것이다. (1997. 2. 25. 96다38322)

독촉장

수신 : 경기도 ○○시 ○○동 ○○○번지
　　　○○주식회사 대표이사 ○○○ 귀하
발신 : 서울시 ○○구 ○○동 ○○번지
　　　○○주식회사 대표이사 ○○○

제목 : 채무 이행의 독촉

　1. 당사에서 _____년 __월 __일 귀사에 납품한 컴퓨터 대금 12,000,000원과 이에 대한 연체이자 ___%가 변제되지 않아 당사에서는 귀사에 수차례 변제 청구한 바 있습니다.
　2. 그럼에도 불구하고 변제 기일로부터 3개월이 지난 현재까지 변제되지 않고 있음을 유감으로 생각합니다.
　3. 상기 1의 컴퓨터 대금을 _____년 __월 __일까지 변제하여주시기 바라며 만약 위 기간 내 변제가 되지 않을 경우에는 당사에서는 부득이 귀사를 상대로 가압류, 민사소송, 지급명령 신청, 강제집행 등 법적인 조치를 취할 것이오니 양지하시기 바랍니다.

_____년 __월 __일

발신인 : ○○주식회사 대표이사 ○○○ (인)

35

채권을 양도받는 방법과 주의할 점은?

채권을 회수하는 데 채무자가 받을 채권을 양도받는 것이 효과적이라고 알고 있습니다. 그런데 채권양도 계약서를 작성하고 채권을 양도받은 경우에도 요건을 갖추지 못하여 문제가 되는 경우가 있습니다. 채권양도는 어떻게 받으며, 이때 주의할 점은 무엇인지를 알고 싶습니다.

채무자가 부실화 징후를 보인다든지 채무자의 변제 자력이 부족한 경우, 채무자가 변제 자력이 비교적 괜찮은 제3채무자에게서 받을 채권을 양도받으면 담보를 하나 더 확보하는 효과가 있다. 채무 변제를 위하여 채무자가 채권을 양도한 경우에 채권자는 채무자와 제3채무자 중에 누구로부터도 채권을 회수할 수 있기 때문이다.

채권양도는 가능한 한 신속하게 받는 것이 유리하다. 이미 제3채무자에 대한 채권에 다른 채권자의 압류나 가압류가 되어 있는 경우에는 그 압류권자나 가압류권자에게는 채권양도를 가지고 대항할 수 없기 때문이다.

채권양도를 받는 방법은 양수인(채권자)과 양도인(채무자) 간에 채권양도 계약을 체결하고 제3채무자가 이를 승낙하는 것, 양수인(채

권자)과 양도인(채무자) 간에 채권양도 계약을 체결하고 채무자가 제
3채무자에게 채권양도 통지를 하는 것이 있다(민법의 채권양도 규정에서
는 제3채무자가 채무자로 되어 있다. 여기서는 편의상 제3채무자로 한다).

이때 채권양도 승낙이나 채권양도 통지는 확정일자 있는 문서로
하여야 제3자에게 대항할 수 있으므로, 실무에서는 채권양도 승낙
이나 채권양도 통지는 확정일자 있는 문서로 하여야 한다.

채권양도 승낙은 공증사무소(공증인가 받은 합동법률사무소, 법무법인 포
함) 또는 법원에서 확정일자를 부여받으며, 채권양도 통지는 양도인
(채무자)이 내용증명 우편으로 통지하면 된다.

확정일자 있는 문서로 제3채무자에게서 채권양도 승낙을 받는 것
이 확정일자 있는 문서로 제3채무자에게 채권양도를 통지하는 것
보다 유리하다. 채권양도 통지에 의해 채권을 양도받는 경우에는

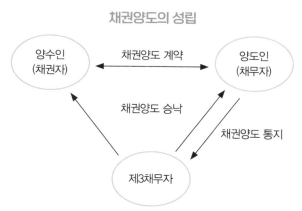

채권양도의 성립

양수인
(채권자)

채권양도 계약

양도인
(채무자)

채권양도 승낙

채권양도 통지

제3채무자

• 채권양도 계약 + 채권양도 승낙(확정일자 있는 문서)
• 채권양도 계약 + 채권양도 통지(확정일자 있는 문서)

제3채무자가 채권의 불성립, 채권 미존속, 변제 완료, 상계 등을 주장하는 경우가 발생할 수 있기 때문이다.

채권양도를 받을 때에는 세금계산서, 거래명세표 등 채무자와 제3채무자와의 채권 발생을 입증할 수 있는 증빙을 확보하여야 한다. 그래야 차후에 제3채무자가 채권의 불성립, 채권 미존속 등을 주장하는 경우에 증거로 삼을 수 있다.

채권양도를 받았더라도 제3채무자에게도 채무자로부터 받을 상계할 수 있는 반대채권(채무자의 수동채권)이 있어 제3채무자가 채권을 상계하면 채권양도를 받은 의미가 없다.

제3채무자가 양도인(채무자)으로부터 받을 채권의 변제기가 먼저이고 채권양도 통지일이나 채권양도 승낙일보다 제3채무자와 양도인(채무자)의 채권이 먼저 발생한 경우에는 상계가 가능하다. 실무에서는 보통 양도인(채무자)과 제3채무자로부터 상계가 가능한 채권이 없다는 확인을 받는다.

채무자가 여러 채권자에게 채권을 2중으로 채권을 양도하는 경우가 있는데, 이때는 확정일자 있는 문서에 의한 채권양도 승낙일이나 확정일자 있는 문서를 제3채무자가 송달받은 날의 선후에 의해 우선순위가 정해진다. 즉, 채권양도의 우선순위는 채권양도 계약일이 아니라 확정일자 있는 문서에 의한 채권양도 승낙일이나 확정일자 있는 문서에 의한 채권양도 사실을 제3채무자가 송달받은 날에 의해 정해지는 것이다.

따라서 실무에서는 제3채무자의 확정일자 있는 문서에 의해 채권양도 승낙을 받는 방법으로 채권양도를 받도록 추진하고, 여의치 않다면 확정일자 있는 문서에 의한 양도인 명의의 채권양도통지를 양수인이 할 수 있도록 양수인(채권자)이 양도인(채무자)으로부터 위임받는 방법으로 채권양도를 받는다.

채권양도 계약서에는 "대금의 지급에 갈음하여"나 "대금 지급에 대신하여"라는 문구를 넣어서 채권양도 계약을 하여서는 안 된다. 이러한 조건으로 채권양도를 받으면 채무자에 대한 원래 채무가 소멸하기 때문이다. 대신 "대금의 지급을 위하여"라는 문구를 넣어서 채권양도 계약을 하면 채무자와 제3채무자 모두에게 청구가 가능하다. 위와 같은 문구가 없으면, 판례는 "대금의 지급을 위하여" 채권양도를 받은 것으로 보고 있다.

다만 다른 채권자의 사해행위 취소의 소송이 우려되는 경우에는 "대금의 지급에 갈음하여" 받는 것으로 한다. 판례에서는 채무자와 다른 채권자를 해할 의사로 통모함이 없이 정당하게 "대금의 지급에 갈음하여" 받은 경우에는 사해행위에 해당하지 않는다고 보기 때문이다.

| 판례 |

채권양도에 있어 사회 통념상 양도 목적 채권을 다른 채권과 구별하여 그 동일성을 인식할 수 있을 정도이면 그 채권은 특정된 것으로 보아야 할 것이고, 채권양도 당시 양도 목적 채권의 채권액이 확정되어 있지 아니하였다 하더라도 채무의 이행기까지 이를 확정할 수 있는 기준이 설정되어 있다면 그 채권의 양도는 유효한 것으로 보아야 한다. (1997. 7. 25. 95다21624)

| 판례 |

지명채권의 양도는 양도인이 채무자(제3채무자)에게 통지하거나 채무자(제3채무자)가 승낙하지 않으면 채무자(제3채무자)에게 대항하지 못한다(민법 제450조 제1항). 채무자(제3채무자)가 양도 통지를 받은 경우 채무자(제3채무자)는 그때까지 양도인에 대하여 생긴 사유로써 대항할 수 있고(민법 제450조 제2항), 당시 이미 상계할 수 있는 원인이 있었던 경우에는 아직 상계적상에 있지 않더라도 그 후에 상계적상에 이르면 채무자(제3채무자)는 양수인을 상대로 대항할 수 있다. (2019. 6. 27. 2017다222962)

채권양도 계약서

양수인(채권자) ○○○와 양도인(채무자) ○○○은 다음과 같이 채권양도 계약을 체결한다.

제1조(양도채권)
양도인(채무자)이 20__년 __월 __일자 _____물품 매매 계약에 의하여 제3채무자 ○○○에게 가지고 있는 물품 대금 채권 중 금 20,000,000원

제2조(채권양도)
양도인(채무자)이 양수인(채권자)에 대하여 현재 부담하고 있는 채무 금 20,000,000원의 변제를 위하여 위 제1조에 표시된 채권을 양도인(채무자)은 양수인(채권자)에게 양도한다.

제3조(양도 승낙)
양도인(채무자)은 즉시 제3채무자로부터 확정일자 있는 증서로 채권양도 승낙을 받아야 한다.

제4조(담보 책임)
1. 양도인(채무자)은 제3채무자가 채권의 불성립, 채권 미존속, 변제 완료 등으로 채무자에게 대항할 사유가 없음을 보증한다.
2. 양도인(채무자)은 제3채무자에 대한 채권이 제3자에게 양도되거나 담보로 제공되지 않았고 가압류, 압류 등 권리의 하자가 없음을 보증한다.
3. 양도인(채무자)은 제3채무자가 채무자에 대해 상계할 수 있는 반대 채권을 가지고 있지 않음을 보증한다.

제5조(변제 충당)
양도인(채무자)은 양수인(채권자)이 제3채무자로부터 채권을 추심하여 추심에 소요된 비용, 연체이자 등을 제한 후 채무 변제에 충당하여도 이의를 제기하지 않는다.

제6조(채권 반환)
양도인(채무자)은 양수인(채권자)에게 채무 전액의 변제를 완료한 후 제1조에 표시된 채권의 재양도를 문서로 청구할 수 있다. 이때는 이 채권양도 계약과 동일한 조건으로 양수인(채권자)을 양도인으로, 양도인(채무자)을 양수인으로

하여 채권양도 계약이 성립하는 것으로 한다.

  단, 제3조 대신에 양수인(채권자)은 제3채무자에게 확정일자 있는 증서로 양도인(채무자) 명의의 채권양도 통지를 할 수 있다.

20＿년＿월＿일

  양도인 : 서울시 ○○구 ○○동
          ○○○○ (주)대표이사 ○○○ (인)
  양수인 : 서울시 ○○구 ○○동
          ○○○○ (주)대표이사 ○○○ (인)

위 채권양도를 이의 없이 승낙함.

  제3채무자 : 서울시 ○○구 ○○동
            ○○○○ (주)대표이사 ○○○○ (인)

채권양도 통지

  당사가 귀사에 20＿년＿월＿일자 컴퓨터 공급 계약에 의하여 20＿년＿월＿일 납품 완료한 컴퓨터 대금 중 금 20,000,000원의 청구 채권을 서울시 ○○구 ○○동 ○○번지 ○○○○ 주식회사 대표이사 ○○○에게 양도하였음을 통지하오니 양수인인 ○○○○주식회사에 대금을 지급하여주시기 바랍니다.

20＿년＿월＿일

  수신인 : 경기도 ○○시 ○○동 ○○번지
          ○○○○ (주) 대표이사 ○○○ (인)
  발신인 : 서울시 ○○구 ○○동 ○○번지
          ○○○○ (주) 대표이사 ○○○ (인)

36

채무자가 소유하고 있는 물품을 양도받는 방법은?

채무자가 차일피일 미루며 채무를 변제하지 않고 있습니다. 그런데 채무자는 당사가 납품한 물품 등 값나가는 물품들을 상당량 소유하고 있습니다. 그 물품이라도 가져오고 싶은데 임의로 가져왔다가는 형사범이 된다고 합니다. 어떻게 하면 민·형사상의 문제 없이 그 물품을 양도받을 수 있을까요?

채무자가 부실화되는 등 채권 회수가 여의치 않을 때에는 물품으로 양도받는 방법도 고려해야 한다. 실제로 채무자의 자력이 부실화되는 경우, 채권양도와 함께 임의회수의 수단으로 채무자가 소유하고 있는 물품을 양수하여 채권 변제에 충당한다.

채권을 변제받기 위하여 양도받을 수 있는 물품으로는 채권자가 납품한 제품뿐 아니라 컴퓨터, 기계장치 등 다양하다. 채무자의 재산에 경매 등 강제집행 절차를 통하여 채권을 회수하는 경우에는 배당을 받아 채권 회수를 해야 하는데 그 회수액이 크지 않을뿐더러 절차 또한 복잡하다. 그런데 채권양도나 물품을 양도받으면 환가한 전 금액을 채권 변제에 충당할 수 있다.

물품을 양도받을 때는 무엇보다도 신속성이 중요하다. 가능하면 거래처가 유지되고 있을 때, 채무자를 만날 수 있을 때 양도받는다. 그리고 다른 채권자가 가압류, 압류, 가처분 등을 하기 전에, 거래처의 종업원들이 점유하기 전에 양도받아야 한다.

그러나 급한 마음에 채무자나 점유자의 동의를 얻지 않고 채무자 소유 및 점유의 물품을 무단으로 회수하면 채무자나 점유자의 형사고소로 애를 먹기도 한다. 악덕 채무자라면 이렇게 물품을 회수하는 것을 묵인하다가 나중에 채권자의 약점을 잡아서 형사고소를 하고, 형사고소 취하를 조건으로 채무를 면제받으려는 경우도 있다. 채권자 입장에서는 이런 문제로 약점을 잡히지 않도록 하여야 한다. 채권을 회수하려다 더 큰 어려움에 처할 수 있기 때문이다.

채무자 소유의 물품을 무단으로 회수하면 절도 또는 강도가 되며, 무단으로 주거를 침입하게 되면 주거침입죄가 된다. 소유권 유보 조항이 있거나 계약이 해제되어 소유권이 채권자에게 있더라도 채무자의 동의를 받거나 법적 절차를 밟지 않고 무단으로 가져오면 주거침입죄, 권리행사방해, 점유강취가 될 수 있다.

물품을 양도받는 가장 확실한 방법은 채권자와 채무자가 물품양도 계약서를 작성하고 그 계약에 의해 양도받는 방법이다. 이때 채권양도 계약서에는 양도받는 물품의 품명, 규격, 수량과 환가 금액, 환가 방법, 환가 시기를 명확히 기재하여야 한다.

채권자는 A물품 20개를 가져왔는데 채무자는 A물품 120개를 양도해주었다고 주장하거나, 채권자는 양도받은 물품이 중고이고 가치가 없다고 주장하는 반면에 채무자는 포장도 뜯지 아니한 상태로 보관하였던 정상품이었다고 주장한다면, 얼마만큼 변제된 것으로 보아야 하는지 이해가 상충할 것이다. 따라서 채권양도 계약서에는 양도받는 물품의 품명, 규격, 수량 등의 목록과 환가 금액, 환가 방법, 환가 시기를 명확히 한다. 채무 변제에 충당할 환가 금액, 환가 방법, 환가 시기는 보통 채권자가 임의 처분하여 환가하고 환가된 금액에 한하여 변제 충당한다는 내용으로 계약서에 명기하면 무난하다.

민법에 대물 변제는 채무의 변제에 갈음하여 물품을 채권자에게 양도하는 것으로 되어 있다. 따라서 물품양수도 계약서에 채권 금액 전액을 명기하지 않도록 주의하여야 한다. "채무자가 변제할 채무 중 금 _____원의 변제에 대신하여" 등 채무 중 얼마인지 명기하는 것이 좋다.

물품양수도 계약서

제1조 양도인 ○○○은 양도인이 양수인에 대하여 현재 부담하고 있는 채무 중 본 계약 제2조에 의하여 환가한 금액의 변제에 대신하여 다음의 물품을 양수인 ○○○에게 양도한다.

품명	규격	수량	비고

제2조 양도받은 물품은 채권자가 임의 처분하여 환가하고 환가된 금액만큼만 변제에 충당된 것으로 한다.

제3조 양수인은 제2조의 환가한 금액에 대한 증빙 사본을 환가일로부터 7일 이내에 양도인에게 교부하는 것으로 한다.

_____년 __월 __일

양도인 : 서울시 ○○구 ○○동
                      ○○○ (인)
양수인 : 서울시 ○○구 ○○동
                      ○○○ (인)

37

채무자의 자력이 부족하여
제3자에게 채무를 인수하게 하려는데

당사의 대리점의 대표자가 바뀌었습니다. 전 대리점주가 자금이 달려 당사의 승인을 받고 다른 사람에게 대리점을 넘긴 것입니다. 당사에서는 전 대리점주로부터 받을 물품 대금이 있는데 전 대리점주의 자력이 부족하여 새로운 대리점주에게 이 채무를 인수받게 하려고 합니다(물론 새로운 대리점주는 전 대리점주에게 줄 대리점 양도 금액에서 그 금액만큼을 정산하겠지요). 채무인수 방법과 주의할 점에 대하여 알고 싶습니다.

　채무인수는 채무인수 계약에 의하여 이루어진다. 채무인수 계약에는 면책적 채무인수 계약과 중첩적(병존적) 채무인수 계약이 있다.

　면책적 채무인수 계약이란 채무를 채무인수인에게 이전하는 계약으로, 채무인수인만이 채무 변제의 책임을 진다. 계약 당사자가 채권자, 채무자, 인수인인 경우에는 3자가 계약에 참여하므로 계약을 체결할 수 있지만, 채권자와 인수인뿐이라면 채무자의 의사에 반하는 면책적 채무인수 계약을 체결하지 못한다. 계약 당사자가 채무자와 인수인인 경우에는 채권자의 승낙을 얻은 경우에 한하여 면책적 채무인수가 가능하다. 이때 채권자의 승낙 없이도 채무인수가 가능하다면 인수인의 변제 자력이 원채무자보다도 취약한 경우 채권자는 불의의 손해를 감수해야 하기 때문이다.

면책적 채무인수가 결정되면 채무가 채무자로부터 채무인수인에게 이전되므로, 채무자는 채무 변제의 책임을 면하고 인수인이 책임을 진다. 따라서 채권자는 인수인에게서 채권을 회수해야 한다.

중첩적 채무인수 계약은 인수인이 원채무자와 동일한 내용의 채무를 부담하는 것을 내용으로 하는 계약으로, 인수인과 원채무자가 모두 채무 변제의 책임을 지게 된다. 채권자, 채무자, 인수인이 계약 당사자인 3자 계약이지만, 채권자와 인수인, 채무자와 인수인 사이의 계약이 모두 가능하다. 이는 원채무자와 인수인이 모두 채무를 부담하므로 채권자에게 불리할 것이 없기 때문이다.

면책적 채무인수의 경우에는 채무의 종류가 이전이 금지되거나 제한되는 채무인지 확인하여야 한다. 채무자 변경에 의해 급부의 내용이 현저히 달라지는 채무, 고용, 임치, 위임과 같이 당사자 상호 신뢰를 기초로 성립된 채무, 특정한 당사자와의 사이에서 이행되어야 할 특별 채무 등은 채무의 이전이 금지되거나 제한되는 채무이기 때문에 채무인수의 효력에 문제 생길 수 있기 때문이다.

면책적 채무인수는 인수인이 원채무자에 비하여 변제 자력과 신용 상태가 양호하여야 하며, 비슷한 수준이거나 낮을 때에는 채권 회수에 문제점만 생길 수도 있다. 따라서 면책적 채무인수의 경우에는 인수인의 변제 자력과 신용 상태를 파악하고 채무인수를 하여야 한다. 가능한 한 원채무자와 인수인이 모두 변제의 책임을 지는 중첩적 채무인수로 하여야 한다.

| 판례 |

채무인수의 효력이 생기기 위하여 채권자의 승낙을 요하는 것은 면책적 채무인수의 경우에 한하고, 채무인수가 면책적인가 중첩적인가 하는 것은 채무인수 계약에 나타난 당사자 의사의 해석에 관한 문제다.

채권자의 승낙에 의하여 채무인수의 효력이 생기는 경우, 채권자가 승낙을 거절하면 그 이후에는 채권자가 다시 승낙을 하여도 채무인수로서의 효력이 생기지 않는다. (1998. 11. 24. 98다33765)

면책적 채무인수 계약서

채권자를 갑으로, 채무자를 을로, 채무인수인을 병으로 하여 다음과 같이 면책적 채무인수 계약을 체결한다.

제1조 병은 을이 갑에 대하여 _____년 __월 __일 현재 부담하고 있는 아래 채무를 인수받아 변제할 것을 확약하고 갑과 을은 이를 승낙한다.

〈아래〉

갑이 을에게 _____년 __월 __일에 변제기 _____년 __월 __일, 지연 이자 연 10%로 하여 공급한 컴퓨터 대금 원금 5,000,000원과 지연 이자

제2조 본 계약으로 병은 제1조 아래에 명기된 채무를 부담하며 을은 채무를 면한다.

_____년 __월 __일

갑(채권자) : 서울시 ○○구 ○○동 ○○번지
          ○○ 주식회사 대표이사 ○○○ (인)
을(채무자) : 서울시 ○○구 ○○동 ○○번지
          ○○ 주식회사 대표이사 ○○○ (인)
병(채무인수인) : 서울시 ○○구 ○○동 ○○번지
          ○○○ (인)

중첩적 채무인수 계약서

채권자를 갑으로, 채무자를 을로, 채무인수인을 병으로 하여 갑, 을, 병은 다음과 같이 채무인수 계약을 체결한다.

제1조 병은 을이 갑에 대하여 _____년 __월 __일 현재 부담하고 있는 아래 채무를 인수받아 을과 연대하여 이행할 것을 약속하고, 갑은 이를 승낙한다.

〈아래〉

갑이 을에게 _____년 __월 __일에 변제기 _____년 __월 __일, 지연 이자 연 10%로 하여 공급한 의류 대금 원금 6,000,000원과 지연 이자

제2조 갑은 제1조의 채권에 대하여 을과 병에 대하여 동시에 또는 순차적으로 변제를 청구할 수 있다.

제3조 아래의 을, 병은 연대하여 상기 제1조에 의한 채무를 변제할 의무를 갖는다.

_____년 __월 __일

갑(채권자) : 서울시 ○○구 ○○동 ○○번지
　　　　　　 ○○ 주식회사 대표이사 ○○○ (인)
을(채무자) : 서울시 ○○구 ○○동 ○○번지
　　　　　　 ○○ 주식회사 대표이사 ○○○ (인)
병(채무인수인) : 서울시 ○○구 ○○동 ○○번지
　　　　　　　　 ○○○ (인)

38

법인이 부도가 나고 폐업하였을 경우 이사나 주주에게 채권 변제 청구가 가능한가요?

주로 주식회사와 거래하는데, 거래처가 폐업하면 중소업체의 경우 재산이 거의 없는 경우가 대부분입니다. 그래서 대표이사 등 개인에게 청구하려고 하는데, 주변에서는 법인의 채무에 대하여는 개인에게 청구가 안 된다고 합니다. 이사나 주주 개인에게 청구할 수 있는 방법은 없나요?

회사 형태의 영리법인은 합명회사, 합자회사, 유한회사, 주식회사가 있다. 합명회사와 합자회사에는 무한책임사원(주주)이 있는데, 이들은 회사 채무에 대하여 무한책임을 진다. 그 외에는 법인의 채무에 대하여는 개인이 보증을 서지 않는 한 법인만이 책임이 있으며 주주, 이사는 책임이 없다. 여기에서는 주식회사를 중심으로 설명하고자 한다.

주식회사의 주주, 이사, 감사에게 책임을 물으려면 법인격 부인과 상법 제401조(이사의 제3자에 대한 책임), 상법 제414조(감사의 제3자에 대한 책임)에 의한 방법을 고려해볼 수 있다. 상법 제401조와 제414조에 의하여 이사나 감사의 개인 책임을 묻는 것은 이사나 감사의 악의나 중대한 과실로 인하여 그 임무를 해태하여 손해를 입은 것을 입증해야 하는데, 실제 사례는 많지 않다.

그나마 실무에서 활용되는 방법으로 이사에 대한 책임을 묻는 경우를 살펴보자. 이사의 악의 또는 중대한 과실로 인하여 그 임무를 해태하여 제3자에게 손해가 생겼을 때 책임을 물을 수 있다. 이러한 책임의 원인으로 인정될 수 있는 경우는 대표이사가 업무 일체를 다른 이사에게 위임하고 대표이사로서 직무를 집행하지 않은 경우, 재무제표 기타의 부속 서류에 허위로 기재하거나 허위로 등기 또는 공고한 경우, 무리한 회사 사업의 확대, 지급 능력을 외면한 어음 행위, 회사 재산의 횡령, 착복, 대표이사 및 이사의 상호 감시 의무의 해태 등이 해당된다. 이러한 사유가 있다면 이를 입증하여 대표이사와 이사에게도 손해배상 책임을 물을 수 있을 것이다.

악의 또는 중대한 과실로 업무를 해태한 이사가 책임을 지는데, 그 행위가 이사회의 결의에 의한 때에는 그 결의에 찬성한 이사도 책임을 진다. 이때 이사회 의사록에 이의를 제기했다는 기록이 없을 때는 찬성으로 추정한다. 악의나 중대한 과실로 업무를 해태한 이사뿐 아니라 이사 간의 상호 감시 의무를 해태한 이사도 책임을 진다. 그리고 등기된 이사뿐 아니라 집행이사도 여기에 해당된다면 책임을 져야 한다.

이때 이사의 악의 또는 중대한 과실로 인하여 그 임무를 해태하여 손해를 입었다는 것에 대한 입증 책임은 손해배상을 청구하는 사람에게 있다.

법인격 부인에 의하여 법인의 대표이사에게 책임을 물을 수도 있는데, 대표이사가 회사의 운영 재산이나 처분에 있어서 주식회사 운영 법칙을 무시하고 위법 부당한 절차를 거치는 등 외형상 회사 형태를 유지하는 데 불과하다는 것을 입증하여야 한다. 그러나 그 입증이 어렵다.

이렇듯 개인에게 책임을 묻는 것은 실제로 어려움이 따르기 때문에 신용이 취약한 법인과 거래할 때는 대표이사 등의 연대보증을 받는 것이 책임을 물을 수 있는 확실한 방법이다.

| 판례 |

이른바 법인 형해론의 입장에서 회사의 법인격이 부인되기에 이르렀다고 보려면 회사의 대표이사가 회사의 운영이나 기본 재산의 처분에 있어서 주식회사의 운영에 관한 법적 절차를 무시하고 위법 부당한 절차에 의하여 외형상 회사 형태를 유지하는 데 불과한 경우를 말한다. (1977. 9. 13. 74다954)

| 판례 |

상법 제401조 제1항에 규정된 주식회사의 이사의 제3자에 대한 손해배상 책임은 이사가 악의 또는 중대한 과실로 인하여 그 임무를 해태한 것을 요건으로 하는 것이어서 단순히 통상의 거래 행위로 인하여 부담하는 회사의 채무를 이행하지 않는 것만으로는 악의 또는 중대한 과실로 그 임무를 해태한 것이라고 할 수 없지만, 이사의 직무상 충실 및 선관 의무 위반의 행위로서 위법성이 있는 경우에는 악의 또는 중대한 과실로 그 임무를 해태한 경우에 해당한다.

대표이사가 대표이사로서의 업무 일체를 다른 이사 등에게 위임하고, 그 대표이사로서의 직무를 전혀 집행하지 않은 것은 그 자체가 이사의 직무상의 충실 및 선관 의무를 위반하는 행위에 해당한다. (2003. 4. 11. 2002다70044)

39

하도급 대금을 수급사업자로서
발주자에게 직접 청구할 수 있나요?

우리 회사는 수급사업자로서, 원사업자가 부도를 내거나 폐업하여 어려움을 겪곤 합니다. 이럴 때 답답한 마음에 발주자를 찾아가 청구해볼까도 생각하는데, 발주자는 직접적인 계약 당사자가 아니라 망설이게 됩니다. 거래선인 원사업자에 대한 채권을 발주자에게 직접 청구하는 방법이 있을까요?

원사업자와 수급사업자의 거래가 하도급법(하도급 거래 공정화에 관한 법률)의 적용을 받는 경우, 하도급법에서 정한 일정한 사유에 해당하면 수급사업자가 발주자에게 대금을 직접 청구할 수 있다.

수급사업자가 제조, 수리 또는 시공한 부분에 상당하는 하도급 대금을 직접 지급할 것을 요청하면 발주자는 이를 직접 지급하여야 한다.

수급사업자가 발주자에게 직접 청구가 가능한 사유는 다음과 같다.

1. 원사업자의 지급 정지, 파산, 그 밖에 이와 유사한 사유가 있거나 사업에 대한 허가, 인가, 면허, 등록 등이 취소되어 원사업자가 하도급 대금을 지급할 수 없게 된 경우

2. 발주자가 하도급 대금을 직접 수급사업자에게 지급하기로 발주자, 원사업자, 수급사업자가 합의한 경우

3. 원사업자가 지급하여야 하는 하도급 대금의 2회분 이상을 해당 수급사업자에게 지급하지 아니한 경우

4. 원사업자가 법에 정하여진 하도급대금 보증 의무를 이행하지 아니한 경우

이상의 사유가 발생한 경우라면 수급사업자는 이를 입증하여 발주자에게 직접 청구할 수 있다.

수급사업자가 발주자로부터 하도급 대금을 직접 지급받으면 발주자의 원사업자에 대한 대금 지급 의무와 원사업자의 수급사업자에 대한 하도급 대금 지급 채무는 그 금액 한도 내에서 소멸된 것으로 본다.

원사업자가 발주자에게 수급사업자가 임금, 자재 대금 등의 지급을 지체한 사실 입증 서류를 첨부하여 수급사업자에게 직접 지급 중지하도록 요청한 경우에는 직접 지급하지 않을 수 있다.

40

변제공탁이란 무엇이고, 이 경우 채권자는
어떻게 공탁금을 찾아올 수 있나요?

제가 장기 출장을 갔다 온 사이에 채무자가 변제공탁을 하였다고 합니다. 변제공탁
이란 어느 경우에, 어떻게 하는 것이며, 그 공탁금을 어떻게 찾아와야 하나요?

변제공탁은 채무자가 변제하려고 해도 채권자가 변제를 받지 않
거나 변제받을 수 없는 경우, 혹은 과실 없이 채권자가 누구인지 알
수 없는 경우에 채무자가 채무 이행에 갈음하여 법원 공탁소에 공
탁함으로써 채무를 면하는 것이다.

공탁하려는 경우에는 2통의 공탁서를 작성하여 공탁 공무원에
게 제출해야 한다. 공탁자의 주소, 성명 및 주민등록번호, 공탁 목
적물, 공탁 원인 사실, 공탁하게 된 관계 법령 조항, 공탁물의 수령
자(피공탁자), 공탁으로 인하여 소멸하는 담보권 등을 명기하며, 반
대급부를 받아야 할 경우에는 그 내용을 기재한다. 재판상의 절차
에 관한 공탁은 법원의 명칭과 사건명, 공탁 법원의 표시, 공탁 신
청 연월일을 기재하여야 한다.

공탁서에 첨부할 첨부 서류는 공탁자가 법인 등인 경우 법인등기부등본, 대리인이 공탁하는 경우에는 위임장 또는 법정대리인의 가족관계등록부, 피공탁자의 주소를 소명하는 피공탁자의 주민등록초본이다. 피공탁자의 주소가 불명인 경우에는 그 사유를 소명하는 서면을 제출한다.

대한민국법원-전자공탁에서 전자적으로 신청할 수도 있다. 공탁공무원이 공탁 서류를 접수하여 심사한 후 적법한 공탁으로 인정하여 공탁을 수리한 때에는 지정한 납입 기일까지 공탁물 보관자(은행 등)에게 공탁물을 납입한다. 공탁물이 현금인 경우, 계좌 이체의 방법으로도 납입이 가능하다.

공탁물 보관자가 공탁물을 납입받으면 공탁서에 공탁물을 납입받았다는 취지를 기재하여 공탁자에게 교부하는데, 공탁물 보관자로부터 교부받은 공탁서는 공탁물의 회수를 위하여 필요할 뿐 아니라 공탁을 증명하는 서면으로서 재판 절차 등에도 필요하므로 잘 보관하여야 한다. 이때 법원에서는 피공탁자(채권자)에게 공탁 통지를 하는데, 채권자는 공탁 통지를 받아 그 공탁이 이유가 있다고 인정하는 경우에는 공탁을 수락하고 공탁물을 출급받으면 된다.

인정하지 않으면 공탁물출급청구서 해당란에 이의유보를 기재하며, 이 경우에는 다른 민사소송 등의 방법으로 유보한 권리를 주장할 수 있다.

채권자가 공탁금을 출급받는 경우에는 공탁금출급청구서 2통을 작성하여 법원 공탁소에 제출하고 수리 결정을 받아야 한다. 공탁물 출급청구서에는 공탁 번호, 공탁 법원, 공탁 금액, 공탁자 및 피공탁자의 성명과 주소, 청구 연월일, 청구 내역 및 이의유보 등을 기재한다.

청구자가 기명날인하며, 대표자, 관리인, 대리인에 의해 공탁을 청구할 때에는 그 사람의 주소를 기재하고 기명날인하여야 한다.

공탁통지서, 반대급부의 이행증명서, 공탁물출급청구권자가 법인인 경우에는 법인등기부등·초본, 법인 아닌 사단 또는 재단인 경우에는 정관 또는 규약과 대표자 선임 결의서 등 자격을 증명하는 서면, 대리인이 청구하는 경우에는 가족관계등록부(법정대리인), 위임장(임의대리인), 인감증명서를 첨부하여 제출하여야 한다.

공탁소에서 공탁금 출급 수리를 받은 후 공탁금 보관자(은행 등)에게서 공탁금을 받으면 된다.

| 판례 |

변제공탁이 적법한 경우에는 채권자가 공탁물 출급 청구를 하였는지 여부와는 관계없이 공탁을 한 때에 변제의 효력이 발생하나, 피공탁자를 포함한 제3자가 공탁자에 대하여 가지는 별도 채권의 집행권원으로써 공탁자의 공탁물회수청구권에 대하여 압류 및 추심명령을 받아 그 집행으로 공탁물을 회수한 경우 채권소멸의 효력은 소급하여 없어진다. (2020. 5. 22. 2018마5697)

5장

채권보전 편

이 장에서는 채무자 추적, 형사고소, 소멸시효, 채권자취소권, 대위권,

재산 조사, 가압류, 가처분의 법적 조치를 직접 하는 방법 등을 알아본다.

41

채무자가 행방불명이 되었는데
채무자를 어떻게 찾을 수 있나요?

채무를 변제하지 않고 차일피일 미루던 채무자에게 전화를 했더니 통화가 되지 않아 채무자의 집에 방문하였습니다. 그런데 이미 채무자는 이사를 가고 행방불명이 되었습니다. 채무자를 찾아야 할 텐데, 채무자를 어떻게 찾을 수 있을까요?

채무를 갚지 않거나 다른 사람의 돈을 횡령하고 행방불명되는 사례를 종종 보게 된다. 채무자를 찾는 것은 그리 쉽지 않아서, 체계적으로 치밀하게 접근해야 채무자를 찾아 채권을 회수할 수 있다.

채무자를 추적하는 방법은 연고지나 연고자를 통하는 방법, 주민등록초본으로 추적하는 방법, 사실조회 신청을 활용하는 방법 등 3가지가 있다.

① 연고지·연고자 추적

외국으로 잠적하는 경우도 있으나 연고가 있는 본적지나 지역으로 잠적하는 경우가 많다. 연고지에 가서 음식점이나 커피숍, 부동산 중개소 등을 수소문해보면 추적할 수 있다. 특히 나이가 어린 사람이나 고령자에게 채무자의 거주 여부를 확인하면 비교적 정확한 정보를 얻는 경우가 많다.

채무자의 동종 업체나, 평상시 채무자와 알고 지내던 사람 등 연고자를 통해 채무자의 거주지를 추적할 수도 있다.

② 주민등록초본을 통한 추적

주민등록초본을 통해 잠적한 채무자를 추적하는 방법을 활용하면 추적이 가능하다.

주민등록초본에는 신상과 주소의 변동 사항이 기재되므로 주민등록초본을 보면 현재 사는 최종 주민등록지를 알 수 있다.

채무로 얽힌 이해관계인은 채무자의 주민등록초본을 열람하거나 발급할 수 있다. 이해관계인(채권자)으로서 채무자의 주민등록초본을 신청하려면 주민등록법시행규칙의 서식 7호 서식에 채권·채무 관계가 있는 이해관계인이라는 것을 입증하는 서류를 첨부해야 한다. 변제확약서, 확정 판결문, 확정된 지급명령, 주소보정명령서 등이 있다. 그리고 주민등록법시행규칙의 서식 11호나 서식 10호(금융기관)에 변호사나 법무사, 행정사(금융기관은 기관장)에게서 이해관계 사실 증명을 받아 채무자 주민등록초본을 열람하거나 발급받을 수도 있다. 이때 반송된 내용증명을 첨부해야 한다.

그런데 잠적하는 채무자는 바로 주민등록을 이전하지 않는다. 이런 경우는 1~3개월 정도의 기간을 두고 계속 주민등록초본을 열람

한다. 보통 6개월 정도가 지나면 채무자의 실제 거주지로 주민등록을 옮기는 경우가 많다. 주민등록을 이전하지 않아 주민등록이 말소되면 경제활동이나 일상생활이 불편하기 때문이다. 채무자가 실제 거주지로 주민등록을 옮긴 것이 확인되면 그 주소지로 방문하여 채무자를 만날 수 있을 것이다.

③ 사실조회 신청을 활용하는 방법

채무자의 주민등록초본을 열람이나 발급을 받으려면 주민등록번호나 채무자의 과거 주소지를 알아야 하는데 그렇지 못한 경우도 흔하다. 그런 경우에는 소송 절차에서 증거 신청 방법으로 사실조회를 신청하여 채무자의 주소, 주민등록번호 등 신상정보를 알아볼 수 있다. 사실조회는 채무자의 휴대폰 번호, 차량 번호, 사업자등록번호, 계좌 번호 중 하나라도 알면 신청할 수 있다.

42

개인사업자의 상호는 동일한데 대표자가 변경되면 채권을 청구할 수 있는 대상자는?

거래처가 다른 사람에게 양도되어 대표자가 바뀌었으나 상호를 그대로 사용하고 있습니다. 양도인인 전대표자에게서 받을 채권이 있는데 채무를 변제할 능력이 부족한 것으로 보입니다. 이런 경우 전대표자의 채무를 전대표자에게만 청구할 수 있나요? 양수인인 신대표자에게도 청구가 가능한가요?

영업양도란 영업양수도 계약에 의해 기업의 동일성을 유지하면서 기업의 소유와 경영의 법적 관계를 양도하는 것으로, 양도인이 영업 재산을 일괄하여 양수인에게 양도하는 것이다.

양수인이 양도인의 상호를 계속 사용하는 경우, 상법에서는 양도인의 영업 관련 채무에 대하여 양수인도 변제 책임이 있는 것으로 규정하고 있다. 상법에서는 양수인이 동일한 상호를 계속 사용하는 경우, 양도인의 채무가 중첩적 채무인수가 된 것으로 본다. 채무자가 개인사업자이든 법인사업자이든 모두 적용된다. 영업상의 채권자는 영업양수도 사실을 알지 못하거나, 양도 사실을 알더라도 양수인에 의하여 영업상 채무가 인수되었다고 생각하기 때문이다.

양수인이 상호를 계속 사용하는 경우 중첩적 채무인수가 된 것으로 보지만, 양도인은 2년이 지나면 책임이 면제된다. 물론 양수인은 채권소멸시효가 완성되기 전까지는 채무 변제 책임을 진다.

이때 양수인이 양도인의 채무에 대하여 책임을 지지 않으려면 양수인이 양도인의 채무에 대하여 책임 없음을 상업등기상에 등기하거나, 양수인과 양도인이 영업양도 후 지체 없이 채무인수 사실이 없음을 채권자에게 통지해야 한다.

양수인이 양도인의 채무에 대하여 책임 없음을 상업등기상에 등기하거나 양수인과 양도인이 영업양도 후 지체 없이 채무인수 사실이 없음을 채권자에게 통지한 경우가 아니라면, 채권자는 전대표자와 신대표자 모두에게 청구할 수 있다.

참고로 양수인이 양도인의 상호를 계속 사용하지 않으면, 원칙적으로 양수인은 양도인의 채무에 대하여 변제 책임이 없다. 이때 채권자가 양도인의 채무를 양수인에게도 청구하려면 양수인이 양도인의 채무를 중첩적으로 인수하도록 조치해야 한다.

| 판례 |

상호를 속용하는 영업 양수인의 책임은 어디까지나 채무인수가 없는 영업양도에 의하여 채권 추구의 기회를 빼앗긴 채권자를 보호하기 위한 것이므로, 영업양도에도 불구하고 채무인수 사실이 없다는 것을 알고 있는 악의의 채권자에 대해서는 상법 제42조의 제1항에 따른 책임이 발생하지 않고, 채권자가 악의라는 점에 대한 주장·증명 책임은 그 책임을 면하려는 영업 양수인에게 있다. (2022. 4. 28. 2021다305659)

영업을 출자하여 주식회사를 설립하고 그 상호를 계속 사용하는 경우에는, 영업의 양도는 아니지만 출자의 목적이 된 영업의 개념이 동일하고 법률행위에 의한 영업의 이전이란 점에서 영업의 양도와 유사하며 채권자의 입장에서 볼 때는 외형상의 양도와 출자를 구분하기 어려우므로, 새로 설립된 법인은 출자자의 채무를 변제할 책임이 있다. (1995. 8. 22. 95다12231)

43

채무자 회사의 합병 여부를 어떻게 알아보는지, 합병한 회사에 채권 변제를 청구할 수 있는지 알고 싶습니다

당사의 거래처가 다른 회사에 흡수합병이 되었다고 하는데, 흡수합병이란 무엇이고 합병되었는지 여부는 어떻게 알아볼 수 있나요? 합병되었다면 이미 발생한 거래처의 채권을 합병한 회사에 청구할 수 있을까요? 그리고 영업 양수도와 합병은 어떤 차이가 있나요?

흡수합병이란 두 회사 중 한쪽이 존속하고 한쪽을 흡수하는 형태의 합병을 말하는데, 해산하는 회사는 채무 초과 상태가 아니어야 한다.

회사의 합병에는 흡수합병, 신설합병, 분할합병이 있다. 신설합병은 두 회사 모두 소멸하고 새로운 회사를 설립하는 것이며, 분할합병은 분할에 의해 하나 또는 여러 곳의 회사를 설립하여 합병하는 것이다.

요즈음 들어 기업의 규모를 키우고 두 회사의 기술이나 설비의 시너지를 높이기 위해 합병을 하는 경우가 많다. 따라서 채권자 입장에서는 합병 여부를 어떻게 확인하는지, 합병된 경우 채권은 누구에게 청구할 수 있는지 확실히 알아두어야 한다.

합병은 존속 회사 또는 신설 회사가 그 본점 소재지에 합병등기를 하여야 효력이 발생하므로 법인등기부등본을 발급받거나 열람하면 합병 여부를 알 수 있다. 법인등기부등본은 대한민국법원 홈페이지 인터넷 등기소에서도 열람하거나 발급받을 수 있다.

법인이 합병된 경우에는 소멸법인의 권리 의무가 포괄적으로 합병 후 존속한 법인 또는 합병으로 인해 설립된 신설 법인으로 포괄 승계된다. 따라서 이미 발생한 소멸 법인의 채권은 합병한 법인에 청구하여 회수할 수 있다.

영업 양수도와 합병의 차이점을 정리하면 다음과 같다.

- 영업 양수도는 영업 재산을 이전하기 위해서 소유권이전등기, 채권양도 승낙 또는 통지 등 별도의 법률행위를 하여야 한다. 그러나 합병의 경우에는 합병 그 자체로 모든 권리 의무가 포괄적으로 승계된다.
- 영업 양수도의 경우에는 그 자체로 등기가 없지만, 합병의 경우에는 합병 등기를 하여야 하고 이에 의하여 합병의 효력이 발생한다.
- 영업 양수도의 경우에는 양도 회사의 법인격이 소멸하지 않지만, 합병의 경우에는 합병되는 회사의 법인격이 소멸한다.
- 영업 양수도의 경우에는 명시적인 채권자 보호 절차를 요하지 않지만, 합병의 경우에는 상법의 규정에 의한 명시적 채권자 보호 절차를 요한다.

44

채무자가 사망하면
채권을 어떻게 회수하여야 하나요?

채무자가 사망했을 때 채권을 어떻게 회수해야 할지 당황스럽습니다. 채무자가 사망하면 상속은 어떻게 이루어지며, 어떤 경우에 상속인에게도 채권 청구가 가능한지, 또 상속인에게 청구가 안 되는 경우가 있는지 알고 싶습니다. 상황에 따라 채권자는 어떻게 대처하여야 할까요?

상속은 상속인이 피상속인의 권리 및 의무를 포괄적으로 승계받는 것이다. 즉, 재산이나 채권뿐 아니라 외상 매입 채무나 차입금 등의 채무도 상속인에게 이전된다.

상속인은 단순승인, 한정승인에 의해 상속하거나 상속 포기를 할 수 있다. 상속 포기나 한정승인은 사망 사실을 안 날로부터 3개월 내에 하여야 한다. 다만 상속인이 3개월의 기간 내에 고의나 중대한 과실 없이 피상속인의 채무가 적극재산(상속재산)보다 많은 사실을 몰랐던 경우라면 그 사실을 안 날로부터 3개월 내에 한정승인을 할 수 있다.

상속을 단순승인하면 상속인은 피상속인의 권리 의무를 모두 상속받는다. 이 경우에는 피상속인의 재산에 대한 권리 및 의무를 포괄적으로 승계받는다. 상속인이 정해진 기간 내에 상속 포기나 한정승인을 하지 않게 되면 단순승인을 한 것으로 본다.

상속이 공동상속인 경우, 판례는 금전 채무의 당연 분할설을 취하므로 상속 개시와 동시에 채무는 법정상속분에 따라 각 공동상속인에게 분할 승계된다.

한정승인은 상속인이 상속으로 인해 취득할 재산의 한도 내에서 피상속인의 채무를 변제할 것을 조건으로 하는 상속으로, 사망 사실을 안 날로부터 3개월 내에 상속 재산 목록을 첨부하여 가정법원에 신고하면 된다.

상속 포기도 사망 사실을 안 날로부터 3월 이내에 가정법원에 신고할 수 있다. 가정법원에서 상속 포기 의사를 심사하고 신고서가 수리되면 상속 포기가 성립된다. 상속 포기가 성립되면 상속 재산에 대한 모든 권리 및 의무의 승계가 부인되며, 상속인은 처음부터 상속인이 아니었던 것과 같은 효력을 갖는다.

상속인이 존재하지 않는 경우, 상속 재산 관리인을 가정법원에 청구하여 그 관리인을 상대로 회수하여야 한다. 상속 재산 관리인의 선임을 청구할 수 있는 사람은 친족, 이해관계인, 검사다. 채권자는 이해관계인에 해당하므로 채권자도 상속 재산 관리인을 선임할 수 있다. 이때 상속 재산 관리인 선임 공고가 있으면 관리인은 2개월 이상의 일정한 기간 내에 채권을 신고할 것을 공고하는데, 채권자는 그 기간 내에 신고하여야 한다.

채권자는 피상속인의 적극적 재산이 소극적 재산(채무)보다 큰 경우, 상속인의 고유 재산과 분리 신청을 하는 것이 좋다. 피상속인의 재산과 상속인의 재산이 혼재할 수 있기 때문이다. 그리고 상속인들의 한정승인이나 상속 포기 여부를 확인한 후, 한정승인이나 상속 포기를 하지 않은 경우 상속인들에게 채권을 청구한다.

| 판례 |

법원이 한정승인 신고를 수리하게 되면 피상속인의 채무에 대한 상속인의 책임은 상속재산으로 한정되고, 그 결과 상속채권자는 특별한 사정이 없는 한 상속인의 고유재산에 대하여 강제집행을 할 수 없다. (2010. 3. 18. 2007다77781)

45

채무자가 채무를 갚지 않을 경우 사기죄로 고소가 가능한가요?

주로 신용 판매를 하고 있습니다. 대부분 신용거래 대금을 잘 변제하는데, 일부 거래처는 변제를 지연하고 심한 경우는 변제할 생각이 없는 경우도 있습니다. 그렇다고 변제 의사가 없는 거래처에 집행할 만한 변변한 재산이 있는 것도 아닙니다. 이러한 채무자를 형사고소하려 하는데, 사기죄로 고소가 가능할까요?

사기죄란 사람을 기망하여 사위의 방법으로 재물을 교부받거나 재산상의 이득을 취한 범죄나 이와 같은 방법으로 제3자로 하여금 재물을 교부받게 하거나 재산상 이득을 취득하게 한 범죄를 말한다(형법 제347조).

여기서 교부받은 재물이나 재산상의 이득을 취한 금액이 5억 원 이상이면 특정경제범죄가중처벌 등에 관한 법률에 의하여 가중처벌이 된다(특정경제범죄가중처벌 등에 관한 법률 제3조).

재물은 금전은 물론 동산, 부동산, 증권 등을 불문하며 재산상의 이익은 채무 면제, 담보 제공, 무임승차 등의 이익을 말한다.

형사범죄가 구성되려면 고의가 있어야 하는데, 피의자(사기를 친 사람)가 자신의 행위가 타인에게 손해를 줄 것을 알면서 일부러 행한 경우 사기죄가 구성된다. 기망 행위는 상대방(사기당하는 사람)이 착오에 빠지도록 하는 모든 행위를 말하는데, 일반적인 거래 관행을 떠나 신의칙을 위반하는 행위로 작위이건 부작위이건 상대방을 착오에 빠지게 하는 모든 행위가 해당된다. 또 상대방에게 직접 한 행위뿐 아니라 법원이나 집행관 등을 속여서 상대방에게 재물을 교부하게 하는 소송사기도 사기죄가 된다.

사기죄가 구성되려면 위의 내용 외에도 상대방의 착오와 재물 또는 재산상의 이득과 인과관계가 있어야 한다. 상대방의 착오란 상대방(피해자)이 진위와 다름을 알지 못하고 한 의사 표시를 말하며, 민법에서 중요 부분의 착오뿐 아니라 사실과 가치판단에 관한 착오 등이 포함된다.

사기범은 10년 이하의 징역 또는 2,000만 원 이하의 벌금에 처해지며, 5억 원 이상 50억 원 미만인 경우에는 3년 이상의 징역, 50억 원 이상인 경우에는 무기 또는 5년 이상의 징역에 처해진다. 그리고 이때 징역과 벌금이 병과될 수 있다.

피해자나 그와 일정한 관계에 있는 피해자의 배우자, 친족 등 고소권자가 고소장을 작성하여 수사기관(피고소인의 주소지 관할 경찰 등)에 고소한다.

고소장에는 고소인과 피고소인의 성명, 주소, 주민등록번호, 전화번호 등 인적사항, 피해를 입은 내용, 처벌을 바란다는 내용, 제출처를 기재한다.

실무에서는 지급 능력이나 지급 의사 없이 어음을 발행 교부하고 물품을 가져가거나 금전을 차용하는 행위를 하였을 경우에 그 행위자(채무자)를 사기죄로 고소하는 경우가 많다. 채무를 변제하지 않는다고 해서 무조건 사기죄가 되는 것이 아니라, 행위 당시에 채무를 변제할 의사나 능력 없이 돈을 빌려 가거나 물품을 구입한 후 변제하지 않을 때 사기죄가 성립한다.

그러므로 채무를 변제하지 않는 거래처에 사기죄가 성립되려면 물품을 구입할 당시에 지불 의사나 능력이 없었다는 것을 입증해야 한다.

▌판례▐

거래 물품의 편취에 의한 사기죄의 성립 여부는 거래 당시를 기준으로 피고인에게 납품 대금을 변제할 의사나 능력이 없음에도 피해자에게 납품 대금을 변제할 것처럼 거짓말을 하여 피해자로부터 물품을 편취할 고의가 있었는지의 여부에 의하여 판단하여야 하므로 납품 후 경제 사정 등의 변화로 납품 대금을 일시 변제할 수 없게 되었다고 하여 사기죄에 해당한다고 볼 수 없다.

계속적인 물품 거래 도중 일시적인 자금 압박으로 물품 대금을 지급하지 못한 것에 불과한 피고인에게 거래 당시부터 편취 범의가 있었다고 볼 수 없다. (2003. 1. 24. 2002도5265)

고소장

1. 고소인
주식회사 ○○○○ 대표이사 ○○○ (법인등록번호 :   )
서울시 ○○구 ○○동 ○○번지
전화번호 :   이메일 :

2. 피고소인
○○○ (주민등록번호 :   )
서울시 ○○구 ○○동 ○○번지
전화번호 :

3. 고소 취지
고소인은 피고소인을 사기죄로 고소하오니 처벌하여주시기 바랍니다.

4. 범죄 사실
- 피고소인은 고소인과 거래 관계에 있던 자입니다.
- 피고소인은 고소인과 거래하면서 고소인을 기망하여 외상으로 3,000만 원의 물품을 구입하고 대금을 갚지 않고 착복하였습니다.

5. 고소 이유
- 고소인은 ○○사업을 하면서 거래 관계로 피고소인을 알게 되었습니다.
- 그런데 피고소인은 _____년 __월 __일 고소인으로부터 실제 지불 의사도 없으면서 대금을 곧 갚겠다고 고소인을 기망하여 외상으로 3,000만 원의 물품을 구입하고 물품 구입 3일 정도 후에 잠적을 하였습니다.
- 이로 인하여 고소인은 상당한 피해를 보았고 피고소인을 상대로 위의 사실을 고소하기에 이르렀습니다.

6. 증거 자료
별첨하였습니다.

7. 관련 사건의 수사 및 재판 여부
- 중복 고소 사실은 없습니다.
- 관련 형사사건 : 수사 중에 있지 않습니다.
- 관련 민사소송 유무 : 민사소송 중에 있지 않습니다.

본 고소장에 기재한 내용은 고소인이 알고 있는 지식과 경험을 바탕으로 모두 사실대로 작성하였으며, 만일 허위 사실을 고소하였을 때에는 형법 제156조 무고죄로 처벌받을 것임을 서약합니다.

_____년 __월 __일

주식회사 ○○○○　대표이사 ○○○ (인)

○○경찰서 귀중

46

형사사건에서 배상명령의 활용 방법은?

사기죄로 고소하는 경우, 형사사건 절차에서 배상명령을 받으면 별도로 민사소송 등을 하지 않고도 간편하게 집행권원을 얻을 수 있다는 말을 들었습니다. 배상명령 이란 무엇이며, 어떠한 절차를 거쳐 배상명령을 받을 수 있는지 알고 싶습니다.

배상명령제도란 법원이 유죄판결을 선고할 경우, 그 판결과 동시에 범죄 행위로 인하여 발생한 손해의 배상을 명하거나 당사자(피고인과 피해자) 간에 합의된 손해배상액에 관하여 배상을 명하는 제도다. 배상명령이 기재된 유죄판결문은 집행권원이 된다. 형사사건의 피해자가 범인의 형사재판 과정에서 민사적인 손해배상까지 받아낼 수 있다.

신청이 가능한 경우는 상해를 당했을 때, 상해를 당하여 상처를 입거나 죽었을 때, 폭행을 당하여 상처를 입거나 죽었을 때, 과실 또는 업무상 과실로 상처를 입거나 죽었을 때, 절도나 강도를 당했을 때, 사기나 공갈을 당했을 때, 횡령이나 배임의 피해자일 때, 재물을 손괴당했을 때이며, 기타 죄의 경우에는 당사자 간에 합의가 이루어진 경우에 받을 수 있다.

배상명령 신청은 신청서에 기재할 사항을 기재하고 상대방의 수만큼 부본과 증거 서류를 첨부하여 제1심 또는 항소심 법원에 신청할 수 있다. 피해자와 피해자의 상속인만이 신청할 수 있으며, 2심 변론이 종결되기 전까지 할 수 있다.

배상명령 신청에는 별도로 인지는 붙일 필요가 없고, 신청 범위는 범죄로 인하여 발생한 직접적인 물적 피해와 치료비다.

배상명령이 확정되면 배상명령은 민사판결정본과 동일한 효력을 갖는다.

당사자(피고인과 피해자) 사이에 합의한 경우에 그 합의 내용을 공판조서에 기재할 것을 신청할 수 있고, 이 경우 민사소송법상 화해와 동일한 효력을 갖는다.

배상명령 신청서

사건   20__고단___사기

신청인 : (주)○○○○ 대표이사 ○○○ (전화번호 :   )
        서울시 ○○구 ○○동 ○○번지
피고인 : ○○○
        서울시 ○○구 ○○동 ○○번지
        (현재 ○○구치소 재감 중)

배상을 청구하는 금액
금 12,000,000원

배상의 대상과 그 내용
  피고인은 20__년 __월 __일 위 신청인을 속여 신청인에게서 물품 12,000,000원을 편취한 혐의로 현재 귀원에서 공판 계속 중에 있습니다.
  따라서 신청인은 위 피해금 12,000,000원에 대해 배상을 구하여 이 배상명령을 신청합니다.

첨부 서류
1. 채무확인서 사본   1통
1. 세금계산서 사본   1통

_____년 __월 __일

위 신청인 (주)○○○○ 대표이사 ○○○ (인)

○○○○법원 귀중

47

채권의 소멸시효란 무엇이며
소멸시효를 연장하는 방법은?

회사에는 납품하고 오랫동안 받지 못하는 채권이 있습니다. 채권도 일정 기간 회수
하지 않으면 소멸된다고 하는데, 소멸시효란 무엇이며 기간은 어떻게 되나요? 소멸
시효는 연장할 수 있다고 하던데 소멸시효를 연장하는 방법도 알고 싶습니다.

채권자가 권리를 행사할 수 있는데도 일정한 기간 동안 행사하지
않으면 소멸한다. 그 기간을 소멸시효라고 하는데, 채권의 소멸시효
는 상법과 민법 등에 규정되어 있다. 모든 채권은 시효 기산일로부
터 법률에 정해진 기간 동안 행사하지 않으면 소멸시효가 완성되어
소멸된다.

일반채권의 소멸시효는 10년이며, 상행위로 인한 채권의 소멸시
효는 5년이다. 단, 상사채권의 경우 상법 외의 다른 법률에 단기 소
멸시효의 규정이 있는 경우에는 그에 의한다.

판결에 의하여 확정된 채권은 소멸시효가 10년이며, 채권 및 소
유권 이외의 재산권의 소멸시효는 20년이다.

상법과 민법, 어음·수표법에서 정한 주요 채권의 소멸시효 기간

은 다음과 같다.

채권의 소멸시효 기간

채권의 종류	소멸시효의 기산점	소멸시효 기간
일반민사채권 판결 등에 의하여 확정된 채권	지급 기일 또는 채권 발생 다음 날 확정일의 다음 날	10년
일반상사채권	지급 기일 또는 채권 발생 다음날	5년
외상매출채권 어음채권(발행인, 보증인) 임금채권	지급 기일 또는 채권 발생 다음 날 지급 기일 다음 날 지급기일 또는 채권 발생 다음 날	3년
일람출금어음 어음채권(배서인) 음식대·숙박료·운송료	제시일 또는 지급 제시 기간 경과한 다음 날 지급 기일 다음 날 지급 기일 또는 채권 발생 다음 날	1년
어음의 배서인 간의 채권 수표채권	대지급을 하고 어음을 받은 날 지급 제시 기간 경과한 다음 날	6개월

소멸시효 기간의 진행 중에 시효의 기초가 되는 사실과 상반되는 것이 발생하면 소멸시효의 진행은 중단되고 이미 진행한 시효의 효력은 상실되는데, 이를 소멸시효의 중단이라고 한다. 소멸시효가 중단되면 그때까지 진행된 소멸시효 기간은 산입하지 않고, 그때부터 다시 소멸시효 기간이 진행된다.

따라서 채무자가 현재 재산이 없어 지불 능력이 없더라도 차후에 재기한다든지 하여 재산이 생길 가능성이 있다면 소멸시효를 중단하는 것이 유리하다. 소멸시효를 중단하는 사유는 민법에 규정되어 있는데 그 방법은 다음과 같다.

- 재판상의 청구: 민사소송을 제기하거나 지급명령을 신청하게 되면 소멸시효가 중단된다.
- 파산 절차 참가, 화해를 위한 소환을 하게 되면 소멸시효가 중단된다.
- 압류, 가압류, 가처분: 압류, 가압류, 가처분을 신청하게 되면 소멸시효가 중단된다.
- 임의경매 신청을 하게 되면 소멸시효는 중단된다.
- 승인: 승인은 시효가 진행하는 도중에 시효의 이익을 받을 자가 상대방에 대하여 그 권리의 존재를 시인하는 행위로 처분 능력이나 권한을 요하지 않는다. 채무자가 변제할 채무가 있음을 인정하게 되면 소멸시효는 중단된다. 승인을 받는 방법으로는 변제 계획서 수령, 채무의 일부 변제, 채무 확인서, 채무변제 확약서 등이 있으며 어떠한 방법으로든 채무자가 자기의 채무를 인정하기만 하면 되므로 이러한 서류를 받아놓으면 된다.
- 재판 외의 청구: 채무자에게 채무를 변제하라고 청구하게 되면 소멸시효가 중단되는데, 이때 청구한 증거를 확실히 하기 위하여 내용증명으로 송달하는 것이 좋다. 재판 외의 청구에 의하여 소멸시효를 중단시킨 경우에는 청구일로부터 6개월 내에 재판상의 청구를 하거나 압류, 가압류, 가처분, 파산 절차 참가, 화해를 위한 소환 등 법 조치를 취하지 않으면 시효 중단의 효력이 없어지게 된다. 따라서 재판 외의 청구 시에는 6개월 내에 재판상 청구, 압류, 가압류, 가처분 등의 조치를 취하여야 한다.

채권자 입장에서는 소멸시효를 중단하여 소멸시효가 완성되지 않도록 잘 관리하여야 한다.

| 판례 |

하나의 채권 중 일부에 관하여만 판결을 구한다는 취지를 명백히 하여 소송을 제기한 경우에는 소 제기에 의한 소멸시효 중단의 효력이 그 일부에 관하여만 발생하고, 나머지 부분은 발생하지 않는다. (2022. 5. 26. 2020다206625)

| 판례 |

채권 시효 중단 사유로서의 승인은 시효 이익을 받을 당사자인 채무자가 그 시효의 완성으로 권리를 상실하게 될 자 또는 그 대리인에 대하여 그 권리가 존재함을 인식하고 있다는 뜻을 표시함으로써 성립한다고 할 것이며, 이때 그 표시의 방법은 아무런 형식을 요구하지 아니하고, 또한 명시적이건 묵시적이건 불문한다 할 것이나, 승인으로 인한 시효 중단의 효력은 그 승인의 통지가 상대방에게 도달하는 때에 발생한다. (1995. 9. 29. 95다30178)

48

채무자가 재산을 제3자 명의로 돌려놓았을 때 사해행위 취소를 할 수 있을까요?

채권을 회수하다 보면 채무자가 재산을 이미 제3자 명의로 돌려놓아 채권 회수에 실패하는 경우가 많습니다. 이 경우 사해행위 취소의 소를 제기하여 빼돌린 재산을 다시 채무자 명의로 회복하여 그 재산에서 채권을 회수할 수 있다고 합니다. 사해행 위 취소는 어느 경우에 할 수 있는 것이며, 어떻게 하는 것인지 알고 싶습니다.

사해행위의 취소는 채무자가 채무를 면탈할 목적으로 재산을 제 3자에게 돌려놓은 경우에 이 재산을 다시 채무자 명의로 회복하여 그 재산으로부터 채권을 회수하기 위해서 하는 것이다.

사해행위가 성립되려면 객관적 요건과 주관적 요건을 충족하여 야 한다.

객관적 요건은 채무자의 양도 등 재산 처분 행위로 채무자의 적 극재산 총액(양도한 재산 외의 잔여 재산)이 소극재산 총액(채무액)보다 적 어야 하며, 처분한 재산을 무상이나 부당한 염가로 처분했어야 한 다. 즉, 채무자의 갚을 채무가 재산보다 큰데도 재산을 제3자에게 처분하면서 무상이나 부당한 염가로 처분하였다면 이는 채무 변제 를 피하기 위하여 한 사해행위로 보는 것이다.

사해행위의 주관적 요건은 채무자, 수익자(채무자로부터의 재산 양수인), 전득자(수익자로부터 다시 재산을 양수한 양수인)가 채권자를 해함을 알고 있었어야 사해행위가 성립한다. 즉, 사해행위 취소가 성립하기 위해서는 채무자가 채권자의 집행을 피할 목적으로 고의로 그 재산을 양도하고, 수익자와 전득자가 채무자의 그러한 의도를 알고 양수했어야 한다. 채무자의 고의에 의해 재산 양도가 이루어졌더라도 양수인(수익자, 전득자)이 선의인 경우에는 사해행위가 성립되지 않는다.

관건은 채권자를 해한다는 것을 알고 양도·양수를 하였는지에 대한 입증 책임이 누구에게 있느냐는 것이다. 채무자가 채권자를 해함을 알고 있었다는 입증 책임은 채권자에게 있다. 채무자의 악의가 입증되면 수익자와 전득자는 자신의 선의를 입증하여야 한다. 부동산매매계약서, 영수증, 자금 출처 등으로 자신들의 선의를 입증하여야 하며, 이를 입증하지 못하면 사해행위 취소가 성립된다.

사해행위의 취소권은 소송에 의해서만 행사할 수 있는데, 원고를 채권자로, 피고를 수익자, 전득자로 하여 사해행위 취소의 소장을 작성하여 소송을 제기함으로써 행사한다.

수익자나 전득자가 다시 그 재산을 제3자에게 이전하거나 제3권리자에게 담보권을 설정해놓으면 사해행위 취소의 소송에서 승소하더라도 문제가 되므로, 이를 방지하기 위해 사해행위 취소의 소제기 전에 대상 목적물에 대해 처분 금지 가처분을 해야 한다.

그리고 사해행위 취소권은 정하여진 기간 안에 행사하여야 하는데, 채권자가 취소의 원인을 안 날로부터 1년, 법률행위가 있은 날로부터 5년 내에 행사하여야 한다.

사해행위인 경우에는 계약서는 부동산 중개소를 거치지 않고 작성하는 경우가 많으며, 양도인과 양수인의 관계가 친인척 등 가까운 사이일 가능성이 높다. 이런 경우라면 소송 과정에서 준비서면에 거래 행태가 일반적인 상관례와 다르고, 채무자와 수익자의 관계가 친인척인 것을 가지고 사해행위를 주장한다. 채권자(원고)의 입장에서는 사해행위 취소의 소송 진행 중에 수익자, 전득자에게 계약서, 영수증, 자금 출처 등을 제출하게 한다. 만약 수익자와 전득자가 양수 자체를 허위로 받은 것이라면 증거 제출이 어려울 것이다. 이를 잘 활용하면 승소할 수 있다.

사해행위 취소가 판결에 의하여 확정되면 대상 재산이 수익자, 전득자 명의에서 채무자 명의로 회복된다. 이때 채무자 명의로 회복된 재산은 총채권자의 공동집행 대상이 되며, 취소 채권자만의 권리인 것은 아니다. 따라서 취소 채권자가 그 재산에서 채권을 회수하려면 다시 집행권원을 얻어 강제집행 절차를 거쳐야 한다.

| 판례 |

채권자가 채권자취소권을 행사하려면 사해행위로 인하여 이익을 받은 자나 전득한 자를 상대로 그 법률행위의 취소를 청구하는 소송을 제기하여야 되는 것으로서 채무자를 상대로 그 소송을 제기할 수는 없다.

채권자가 전득자를 상대로 하여 사해행위의 취소와 함께 책임 재산의 회복을 구하는 사해행위 취소의 소를 제기한 경우에 그 취소의 효과는 채권자와 전득자 사이의 상대적인 관계에서만 생기는 것이고 채무자 또는 채무자와 수익자 사이의 법률관계에는 미치지 않는 것이므로, 이 경우 취소의 대상이 되는 사해행위는 채무자와 수익자 사이에서 행하여진 법률행위에 국한되고, 수익자와 전득자 사이의 법률행위는 취소의 대상이 되지 않는다. (2004. 8. 30. 2004다21923)

| 판례 |

채권자의 사해행위 취소 및 원상회복청구가 인정되면, 수익자는 원상회복으로써 사해행위의 목적물을 채무자에게 반환할 의무를 진다. 만일 원물 반환이 불가능하거나 현저히 곤란한 경우에는 원상회복 의무 이행으로써 사해행위 목적물 가액 상당을 배상하여야 한다. (2018. 12. 28. 2017다265815)

소장

원고 : (주)○○ 대표이사 ○○○ (전화번호 :   )
　　　 서울시 ○○구 ○○동 ○○번지 ○○빌딩 5층
피고 : ○○○
　　　 경기도 ○○시 ○○구 ○○동 ○○아파트 ○○동 ○○호

사해행위 취소 등 청구의 소

청구 취지

1. 별지 목록 기재 부동산에 관한 소외인 ○○○의 피고에 대한 ＿＿＿년 ＿월 ＿일의 증여 계약과 ＿＿＿＿년 ＿월 ＿일의 소유권 이전을 취소한다.

2. 피고는 원고에게 위 부동산에 관하여 ○○지방법원 ＿＿＿＿＿년 ＿월 ＿일, 접수 ○○호로 증여 계약을 원인으로 마친 소유권이전등기의 말소등기 절차를 이행하라.

3. 소송 비용은 피고의 부담으로 한다라는 판결을 구합니다.

청구 원인

1. 원고는 소외인이 대표이사로 있는 (주)○○에게 ＿＿＿＿＿년 ＿월 ＿일에 금 16,080,000원 컴퓨터를 각각 납품하였습니다.

2. 그런데 소외인은 위의 납품금액 중 5,000,000원만 변제하고 나머지 11,080,000원은 수차례의 독촉에도 불구하고, 지금까지 변제하지 않고 있습니다.

3. 한편, 소외 ○○○은 그 이후 채무액이 많음에도 ＿＿＿＿＿년 ＿월 ＿일에 거의 유일한 자신의 재산인 별지 목록 기재 부동산을 처남인 피고 ○○○에게 증여하고 ＿＿＿＿＿년 ＿월 ＿일에 피고의 명의로 소유권이전등기를 마쳤습니다.

4. 채무자인 소외 ○○○의 위와 같은 증여는 채권자인 원고를 해함을 알고서 한 법률행위로서 사해행위에 해당함이 명백하다고 할 것이고, 피고도 소외 ○○○의 처남으로 위와 같은 사해행위임을 알고 있었음이 명백하다고 할 것입니다.

5. 따라서 원고는 사해행위인 피고와 소외 ○○○과의 위 부동산에 관한 증여 계약을 취소하고, 사해행위 결과에 따라 위 부동산에 관하여 피고와 소외인 ○○○과의 증여 계약을 원인으로 마친 소유권이전등기의 말소등기 절차의 이행을 구하기 위하여 이 사건 소를 제기합니다.

입증 방법

1. 갑 제1호증 세금 계산서   1통
1. 갑 제2호증 부동산등기부등본   1통

첨부 서류

1. 소장 부본   2통
1. 법인등기부등본   1통
1. 부동산 목록   5통
1. 소송대리 허가신청 및 소송위임장   1통
1. 법인인감증명서   1통

_____년 ___월 ___일

(주)○○ 대표이사 ○○○ (인)

○○지방법원 귀중

49

채무자를 강제집행면탈죄로
고소할 수 있는 경우와 방법은?

거래처 중에 거래 대금 변제를 지연하다가 재산을 다른 사람 명의로 돌려놓고 강제
집행 절차를 회피하려는 경우가 있습니다. 이럴 때 강제집행면탈죄로 고소하는 방
법이 있다고 하는데, 강제집행면탈죄로 고소할 수 있는 경우와 방법에 대해 알고 싶
습니다.

강제집행면탈죄란 강제집행을 면할 목적으로 재산을 은닉, 손괴,
허위양도 또는 허위의 채무를 부담하여 채권자를 해하는 행위다.
채권자가 본안소송, 강제집행, 가압류, 가처분을 집행할 태세를 보
이고 있는 상태에서 범의를 가지고 재산을 은닉, 손괴, 허위양도 또
는 허위의 채무를 부담하는 행위를 하였다면 성립한다. 실무상으로
는 재산의 허위양도, 허위의 채무 부담 행위 등에 적용된다.

강제집행면탈죄로 고소하려면 채무자가 채권자의 본안소송, 강제
집행, 가압류, 가처분을 할 낌새를 알고 있었다는 것, 이를 면할 목
적으로 재산을 은닉, 손괴, 허위양도 또는 허위의 채무를 부담하였
다는 것을 입증하여야 한다. 그러므로 내용증명(독촉장)에 "~까지 변
제하지 않으면 본안소송, 강제집행, 가압류할 것임을 양지하시기 바

랍니다"고 명기하여 보내는 것이 좋다.

채무자가 위와 같은 내용증명 우편을 수령하였다면 채무자는 채권자가 본안소송, 강제집행, 가압류할 것을 알게 되기 때문이다.

강제집행을 면할 목적으로 재산을 은닉, 손괴, 허위양도 또는 허위의 채무를 부담하였다는 것은, 사해행위 취소 소송 절차에서 문서 제출 명령, 문서송부 촉탁(사실조회 신청)을 잘 활용하여 입증할 수 있다.

채무자뿐 아니라 재산을 허위로 양도받은 사람 등 강제집행면탈에 동참한 사람도 공범으로 고소할 수 있다. 강제집행 면탈죄가 성립하면 3년 이상의 징역 또는 1천만 원 이하의 벌금에 처해진다.

피해자나 피해자와 일정한 관계에 있는 배우자, 친족 등 고소권자가 고소장을 작성하여 수사기관(피고소인의 주소지 관할 경찰 등)에 고소한다. 고소장에는 고소인과 피고소인의 성명, 주소, 주민등록번호, 전화번호 등 인적사항, 피해를 입은 내용, 처벌을 바란다는 내용, 제출처를 기재한다.

| 판례 |

강제집행면탈죄는 채권자가 본안 또는 보전소송을 제기하거나 제기할 태세를 보이고 있는 상태에서 주관적으로 강제집행을 면탈하려는 목적으로 재산을 은닉, 손괴, 허위양도하거나 허위의 채무를 부담하여 채권자를 해칠 위험이 있으면 성립한다. 허위의 채무를 부담하는 내용의 채무변제 계약 공정증서를 작성하고 이에 터 잡아 채권압류 및 추심명령을 받은 경우에는 강제집행면탈죄가 성립한다. (2018. 6. 15. 2016도847)

50

채무자가 권리행사를 게을리할 때
채권자가 대신 행사할 방법은?

채무자는 자신이 가진 채권을 회수하려 노력하는 등 재산권 행사를 적극적으로 하여 채무 변제를 위해 노력해야 한다고 생각합니다. 그런데 자기가 받을 채권 회수를 게을리하는 등 재산권 행사를 하지 않아 채권자를 힘들게 하는 경우가 있습니다. 채권자로서 채무자 대신 재산권 행사를 하는 방법은 없을까요?

채무자가 권리를 행사하지 않으면 결국 채권자에게 변제할 자력이 없어지거나 축소될 수 있다. 그래서 채권자가 권리를 보전하기 위해 채무자의 돈을 받을 권리 등 채무자에게 속한 권리를 행사할 수 있는 권리를 가질 수 있는데, 이를 채권자대위권이라고 한다.

채권자대위권은 제3채무자 등에 대한 채무자의 권리를 채권자가 행사하여 채권을 보전할 수 있는 것이다. 채권자 자신의 채권을 보전하기 위해서라기보다는 채무자의 책임 재산을 보전하기 위한 권리다.

채권자대위권을 행사하기 위해서는 채권자가 받을 채권이 있어야 하며, 채권의 변제기가 도래하여야 한다. 단, 시효 중단, 보존등기, 제3채무자가 파산한 경우의 채권신고 등 보존 행위는 변제기 전이라도 가능하다. 그리고 소송 행위와 같은 재판상의 행위 또한 채권자의 채권이 이행기에 있지 않은 경우에도 채권자대위권을 행사할 수 있다.

채권자가 자신의 이름으로 재판상 또는 재판 외의 행위로 할 수 있는데, 채무자에게 권리행사를 이행하게 하거나 직접 채권자가 제3자에게 이행할 것을 촉구할 수 있다. 이는 채무자의 권리이므로 효과는 직접 채무자에게 발생하며, 채권자는 채권자의 채권보전에 필요한 범위 내에서만 행사할 수 있다.

재판 외의 방법으로 대위권을 행사하는 경우 채권자는 채무자에게 대위권을 행사할 것임을 통지하여야 하며, 채무자는 통지를 받은 후에는 처분 행위를 가지고 채권자에게 대항할 수 없다. 또 대위권 행사 통지가 없었더라도 채무자가 다른 경로를 통하여 알게 되었다면 마찬가지로 대항할 수 없다. 채권자가 재판상 대위 신청을 한 경우 법원은 직권으로 이를 채무자에게 통지하며, 통지받은 채무자는 그 권리를 처분할 수 없다.

채권자대위권 행사의 예로는 대여금 채권의 대신 추심, 시효 중단 대행 등이 있다.

또 채권자가 가압류나 경매 신청을 하려 해도 보존등기가 되어 있지 않은 경우 채권자가 대위등기를 신청할 수 있는데, 이것도 채권자대위권의 대표적인 예다. 대위등기 신청서에는 대위 원인, 채권자 및 채무자의 성명, 주소 등을 기재하고 대위 원인을 증명하는 서면으로서 세금계산서, 채무확인서 등 채권증서를 첨부하여야 한다.

대위권을 행사하여 채무자의 채권을 채권자가 대신 추심했다면 수령 금액은 총채권자를 위한 공동담보가 된다. 따라서 채권자가 변제받기 위해서는 채무자로부터 임의변제를 받거나 강제집행 절차를 통하여 회수하여야 한다. 단, 채권의 목적이 동종의 것이고 상계할 수 있는 상태에 있는 경우에는 채권자는 상계할 수 있다.

채권을 대신 수령했든 대위등기를 했든 대위 행사의 효과는 채무자에게 귀속하고 모든 채권자를 위한 공동담보가 된다. 채무자가 알든 모르든 대위 소송 판결은 채무자에게 효력을 미친다.

| 판례 |
채권자가 채권자대위권을 행사하는 방법으로 제3채무자를 상대로 소송을 제기하여 판결을 받은 경우 채무자가 채권자대위권에 의한 소송이 제기된 사실을 알았을 경우에는 그 판결의 효력이 채무자에게 미친다. (1993. 4. 27. 93다4519)

51

가압류할 수 있는 채무자의 재산에는 무엇이 있나요?

채무자가 채무를 자의적으로 변제하지 않고 차일피일 미루고 있습니다. 그래서 회사에서는 채무자의 재산을 가압류하여 채권을 보전하려고 합니다. 가압류할 수 있는 채무자의 재산에는 어떤 것이 있을까요?

채권자는 채무자의 부동산과 등기 등록이 되는 동산(자동차, 건설기계, 항공기, 선박), 유체동산, 채무자가 받을 채권, 기타 재산에 대하여 가압류할 수 있다.

채무자 명의로 된 부동산은 채권자가 가압류가 가능한 대표적인 재산이다. 부동산이란 토지와 그 정착물을 말한다. 여기서 토지의 정착물에는 토지의 일부로 취급되는 다리, 도로의 포장, 돌담 등과 토지와는 별개의 부동산으로 취급되는 건물, 등기된 수목의 집단 등이 있다.

채무자 명의로 등기·등록된 자동차, 건설기계, 항공기, 선박도 가압류할 수 있다.

유체동산이란 가정의 냉장고, 세탁기, 텔레비전 등의 가재도구와 사업장 및 사무실의 재고 자산, 설비, 컴퓨터, 책상 등 집기, 비품 등을 말하는데, 등기·등록이 되는 동산 외의 모든 동산이 여기에 해당된다.

배우자와 공동으로 점유하는 유체동산은 부부 공유(공동소유)로 보며, 부부 중 누구의 채무를 변제받기 위해 가압류가 가능하다.

민법에 의하면 부부의 재산은 '부부 별산제'가 적용된다. 따라서 재산의 명의가 남편으로 되어 있다면 남편의 재산이고, 부인으로 되어 있다면 부인 재산이다. 배우자 명의로 된 재산에 대해서는 부부라도 재산권을 행사할 수 없다. 원칙적으로 가압류가 가능한 채무자 재산은 채무자 명의로 된 재산이다. 따라서 부인의 채무를 변제받기 위해 남편 명의 재산에 가압류할 수는 없고, 남편의 채무를 변제받기 위하여 부인 명의 재산을 가압류할 수 없다.

그러나 부부 중 누구에게 속한 건지 불분명한 재산은 부부 공유(공동소유)로, 부부 중 누구의 채무에 대해서도 가압류가 가능하다. 대표적인 것으로는 텔레비전, 세탁기, 가구 등 유체동산이다.

채무자가 제3자로부터 받을 채권 또한 가압류가 가능하다. 가압류할 수 있는 채권으로는 채무자의 임차보증금, 채무자 명의 예금, 채무자가 받을 물품 대금 채권 등이 있다. 채무자 명의로 된 특허권 등 무체 재산권, 골프 회원권, 주식 등 기타 재산도 채권자가 가압류할 수 있는 채무자의 재산이다.

52

채무자 재산 조사는 어떻게 하나요?

채무자 재산에 대해 가압류하려고 하는데, 채무자의 재산을 파악해야 합니다. 채무자 재산을 조사하는 방법에 대해 알고 싶습니다.

채무자의 재산에 가압류나 압류를 하려면 채무자의 재산이 파악되어야 한다. 채무자 소유의 부동산·자동차 등 등기 등록이 되는 재산, 유체동산, 채권을 찾는 방법에 대해 알아보자.

① 부동산·자동차 등 등기 등록이 되는 재산

채무자의 거주지와 사업장 소재지의 부동산등기부등본과 채무자가 운행하는 자동차의 자동차등록원부를 열람하여 보고 재산을 파악한다.

그런데 채무자의 전 주소지와 현주소지의 부동산등기부등본과 자동차등록원부를 일일이 열람하는 것은 시간과 노력이 들 뿐만 아니라 정확성도 떨어진다. 따라서 공적 장부상에 등기 등록되는 재산에 대해서는 신용정보회사에 재산 조사를 의뢰하여 파악하는 경우가 많다.

그리고 채무자 회사의 재무상태표의 유형자산을 보고 파악할 수도 있다.

② 유체동산

유체동산은 물건이 있는 소재지만 알면 압류나 가압류 신청이 가능하다. 유체동산의 물건 소재지는 보통 채무자 거주지와 사업장 소재지다. 채무자가 법인인 경우는 법인등기부등본을 열람하면 소재지를 알 수 있다. 거래처와 거래할 때 채무자의 거주지와 사업장 소재지를 파악해놓는 것은 거래의 기본이다.

그리고 채무자 기업의 재무상태표에 나타난 재고 자산, 설비 자산을 보고 유체동산의 내역을 파악해볼 수도 있다.

③ 채권

채권은 채무자의 채무자(제3채무자)가 누구인지 알면 압류나 가압류 신청이 가능하다.

제3채무자는 채무자로부터 물품이나 용역을 공급받는 거래처, 채무자의 거래 은행이며, 채무자가 임차인일 때는 임대인 등이다. 따라서 채무자와 거래하면서 채무자의 거래처와 거래 은행을 기본적으로 파악해야 하며, 임대인은 부동산등기부등본의 갑구를 열람하여 파악한다.

채무자의 거래처와 거래 은행 중 일부는 신용정보라인(조회 서비스)이나 동종 업체를 통해서도 파악할 수 있다.

채무자 회사의 재무상태표에 나타난 매출채권, 금융상품, 미수금을 보고 내역을 파악할 수도 있다.

④ 재산명시의 활용

재산명시는 판결문 등 집행권원에 의한 금전 채무를 부담하는 채무자가 채무를 이행하지 않는 경우 법원에 신청할 수 있다.

재산명시 신청을 하면 채무자는 강제집행의 대상이 되는 재산과 일정한 기간 내의 재산 처분 상황을 명시한 목록을 작성하여 법원에 제출하고, 그 진실성을 선서하여야 한다. 채권자는 채무자가 법원에 제출한 재산과 재산 처분 내용을 등사받을 수 있다.

재산명시 절차에서 재산 조회 신청을 하여 채무자 재산을 조회해 볼 수도 있다.

53

가압류 신청서를 작성하는 방법과
첨부 서류는?

가압류하려고 하는데 가압류 신청서를 어떻게 작성해야 하는지, 구비 서류는 무엇 인지 정확히 모르겠습니다. 가압류 신청서에는 어떠한 내용을 어떻게 기재해야 하 는지, 가압류 신청 시에 첨부하여야 할 서류에 대해서도 알고 싶습니다.

가압류 신청을 하려면 정해진 내용을 신청서에 기재하고 구비 서류를 첨부하여 제출하여야 한다. 가압류 신청서에는 당사자의 표시, 가압류할 목적물의 표시, 신청의 취지, 신청의 이유, 소명 방법 및 첨부 서류, 연월일, 신청인의 기명날인을 기재해야 한다. 기재하는 방법은 다음과 같다.

- 당사자의 표시: 채권자와 채무자를 나타내고 채권자의 명칭 또는 상호와 성명, 전화번호, 주소, 채무자의 명칭 또는 상호와 성명과 주소를 기재한다. 채권자와 채무자가 법인인 경우에는 명칭 또는 상호와 대표이사의 성명을 기재한다.
- 가압류할 목적물의 표시: 부동산, 자동차, 건설기계, 항공기, 선박, 채권 가

압류의 경우에는 보통 '별지 목록 기재와 같음'이라고 기재하고 별지 목록을 작성 첨부하며, 유체동산 가압류의 경우에는 기재하지 않는다. 부동산, 자동차, 건설기계, 항공기, 선박 가압류의 경우는 등기등록부 표제부에 기재되어 있는 사항을 기재한다.

채권을 가압류할 때는 채권자가 그 내용을 정확히 파악하는 것이 수월하지 않으므로 보통 "채무자가 제3채무자에 대하여 전자 부품을 판매하고 받을 물품 대금 채권 중 금 _____원에 달하기까지의 금액" 등과 같이 기재한다. 유체동산의 경우에는 가압류 신청서에는 가압류할 목적물의 표시를 별도로 기재하지 않는다.

- 신청의 취지: 보전처분을 구하고자 하는 내용을 기재한다. 가압류결정문은 보통 신청의 취지대로 나오므로 신청의 종류, 목적, 범위를 정확하게 기재하는 것이 좋다.

- 신청의 이유: 보전처분을 신청하게 된 이유를 육하원칙에 의하여 기재한다. 청구 내용과 금액, 당사자와의 관계, 청구의 발생 원인, 가압류의 필요성 등을 기재한다. 신청 이유 말미에는 담보 제공에 대하여는 지급보증위탁 계약을 체결한 문서로 제출하는 것을 허가해달라고 기재한다.

- 소명 방법 및 첨부 서류: 소명 방법은 신청을 입증할 자료(계약서, 세금계산서, 채무확인서, 차용증 등)를 기재하고 첨부하며, 첨부 서류는 신청 시에 첨부하여 제출한다.

- 기타 기재 사항: 신청서 하단에 신청 연월일을 기재하고 신청인이 기명날인한다. 그리고 신청서의 하단에 신청서를 제출하는 법원의 명칭을 기재한다.

가압류 신청서에 첨부하여야 할 구비 서류는 다음과 같다.

- 원인증서와 채권증서(계약서, 세금계산서, 거래명세표, 채무확인서 등)
- 등기부등본, 등록원부(부동산, 자동차, 건설기계 등 등기 등록이 된 물건만 해당)
- 가압류 진술 신청서
- 등록세 납부필증(등기 등록이 되는 물건의 경우만 해당)
- 송달료 납부서
- 위임장(대리인이 시청하는 경우)
- 인감증명서
- 법인등기부등본(법인인 경우)
- 목록(가압류할 물건이나 채권의 목록)

가압류 신청 진술서

채권자는 가압류 신청과 관련하여 다음 사실을 진술합니다. 다음의 진술과 관련하여 고의로 누락하거나 허위로 진술한 내용이 발견된 경우에는, 그로 인하여 보정명령 없이 신청이 기각되거나 가압류 이의 절차에서 불이익을 받을 것임을 잘 알고 있습니다.

20 . . .

채권자(대리인) _____ (날인 또는 성명)

◇ 다음 ◇

1. 피보전권리(청구채권)와 관련하여

가. 채무자가 신청서에 기재한 청구채권을 인정하고 있습니까?
    □ 예
    □ 아니오 → 채무자 주장의 요지 :
    □ 기타 :

나. 채무자의 의사를 언제, 어떠한 방법으로 확인하였습니까? (소명 자료 첨부)

다. 채권자가 신청서에 기재한 청구 금액은 본안소송에서 승소할 수 있는 금액으로 적정하게 산출된 것입니까? (과도한 가압류로 인해 채무자가 손해를 입으면 배상하여야 함)
    □ 예   □ 아니오

2. 보전의 필요성과 관련하여

가. 채권자가 채무자의 재산에 대하여 가압류하지 않으면 향후 강제집행이 불가능하거나 매우 곤란해질 사유의 내용은 무엇입니까?

나. 채권자는 신청서에 기재한 청구채권과 관련하여 공정증서 또는 제소전 화해조서가 있습니까?

다. 채권자는 신청서에 기재한 청구채권과 관련하여 취득한 담보가 있습니까? 있다면 이 사건 가압류를 신청한 이유는 무엇입니까?

라. [채무자가 (연대)보증인인 경우] 채권자는 주채무자에 대하여 어떠한 보전조치를 취하였습니까?

마. [다수의 부동산에 대한 가압류 신청인 경우] 각 부동산의 가액은 얼마입니까? (소명 자료 첨부)

바. [유체동산 또는 채권 가압류 신청인 경우] 채무자에게는 가압류할 부동산이 있습니까?

    □ 예　　　　　　　□ 아니오 → 채무자의 주소지 소재 부동산등기부등본 첨부

사. ["예"로 대답한 경우] 가압류할 부동산이 있다면, 부동산이 아닌 유체동산 또는 채권 가압류 신청을 하는 이유는 무엇입니까?

    □ 이미 부동산상의 선순위 담보 등이 부동산가액을 초과함 → 부동산등기부등본 및 가액 소명 자료 첨부

    □ 기타 사유 → 내용 :

아. [유체동산 가압류 신청인 경우]

    ① 가압류할 유체동산의 품목, 가액은?

    ② 채무자의 다른 재산에 대하여 어떠한 보전조치를 취하였습니까? 그 결과는?

3. 본안소송과 관련하여

가. 채권자는 신청서에 기재한 청구채권과 관련하여 채무자를 상대로 본안소송을 제기한 사실이 있습니까?

    □ 예　　　　　　　　　　□ 아니오

나. ["예"로 대답한 경우]

    ① 본안소송을 제기한 법원·사건번호·사건명은?

    ② 현재 진행 상황 또는 소송 결과는?

다. ["아니오"로 대답한 경우] 채권자는 본안소송을 제기할 예정입니까?

    □ 예 → 본안소송 제기 예정일 :

    □ 아니오 → 사유 :

4. 중복 가압류와 관련하여

가. 채권자는 신청서에 기재한 청구채권(금액 불문)을 원인으로, 이 신청 외에 채무자를 상대로 하여 가압류를 신청한 사실이 있습니까? (과거 및 현재 포함)

    □ 예　　　　　　　　　　□ 아니오

나. ["예"로 대답한 경우]

    ① 가압류를 신청한 법원·사건번호·사건명은?

    ② 현재 진행 상황 또는 결과(취하/각하/인용/기각 등)는? (소명 자료 첨부)

다. [다른 가압류가 인용된 경우] 추가로 이 사건 가압류를 신청하는 이유는 무엇입니까? (소명 자료 첨부)

<u>54</u>

부동산 가압류는 어떻게 하나요?

채무자의 부동산에 대하여 가압류를 하려고 합니다. 가압류 신청서는 어떻게 작성하며 신청은 어느 법원에 하는지, 가압류 신청서를 제출하고 나서 가압류 결정과 집행은 어떻게 이루어지는지 알고 싶습니다.

부동산을 가압류하려고 한다면 우선 가압류하는 부동산등기부등본을 발급받아 선순위 우선변제권자 등을 확인하고 가압류의 실익이 있는지 여부를 판단해야 한다. 가압류를 하려면 비용과 인력이 들어가야 하는데, 가압류의 실익이 없는 물건에 가압류를 하면 비용만 들고 얻는 것은 없을 수도 있기 때문이다.

가압류 신청을 하려면 가압류 신청서에 기재할 사항을 기재하고 입증 서류와 첨부 서류를 첨부하여야 한다. 부동산 가압류 신청서에 기재할 사항 중 가압류할 물건의 표시는 별지 목록으로 다음과 같이 작성한다.

가압류할 부동산 물건 목록 – 단독주택의 경우

1. 서울 강북구 미아동 ○○번지
   대 123평방미터

2. 위 지상
   철근 콘크리트조 슬라브 지붕 2층 주택
   1층 93평방미터
   2층 85평방미터

가압류할 부동산 물건 목록 – 아파트의 경우

1. 1동 건물의 표시
   서울시 서초구 서초동 ○○○번지
   철근 콘크리트조 슬라브 지붕 5층 아파트 1동
   1층 1000평방미터
   2층 1000평방미터
   3층 1000평방미터
   4층 1000평방미터
   5층 1000평방미터

1. 전유부분 건물의 표시
   건물번호 : 3-302
   구조 : 철근콘크리트조
   면적 : 3층 302호 82.3평방미터

1. 대지권의 표시
   서울시 서초구 서초동 ○○○번지 1,550평방미터
   소유권의 720분의 30.05

가압류 신청서가 작성되면 우선 시·군·구청에서 등록세(교육세 포함) 납부서를 교부받아 국고 수납 은행에 청구 금액의 2.4/1,000에 해당하는 등록세와 교육세를 납부하여야 한다.

가압류 신청 시에는 채권자의 부당한 신청에 따른 채무자의 손해를 담보하기 위해서 보증공탁금을 납부한다. 부동산 가압류의 경우 공탁(담보)하여야 할 금액은 청구 금액의 1/10이다. 공탁금을 현금이나 지급보증 위탁을 체결한 문서로 제출하면 되는데, 실무에서는 주로 공탁보증보험증권을 제출하는 방법을 활용하고 있다.

부동산, 자동차, 건설기계는 보증보험증권으로 선담보(공탁)제공이 가능하므로, 공탁보증보험증권으로 보증공탁(담보제공)을 하는 경우에는 보증보험회사에서 공탁보증보험증권을 교부받는다. 공탁보증보험료율은 기본 요율 0.113%이며, 채권자의 신용에 따라 달라진다.

그런데 보통은 가압류 신청 후에 법원에서 담보제공명령(공탁명령)이 나면 그에 따라 담보제공(공탁)을 하는 경우가 많다. 법원에서 선담보(공탁)제공이 받아들여지지 않을 수도 있기 때문이다.

가압류 신청할 법원은 물건 소재지 관할 법원이나 본안의 관할 법원 중 편리한 곳에 신청하면 된다. 금전채권(받을 돈)을 보전하기 위하여 가압류 신청을 하는 경우, 금전채권에 관한 민사소송의 관할 법원은 채권자 주소지나 채무자 주소지 모두 해당되므로 가압류 신청서는 물건 소재지나 채권자 주소지, 채무자 주소지 중 어느 관할 법원에 신청해도 된다.

법원 우체국에서 10,000원의 수입인지와 물건 1건당 3,000원의 대법원 수입증지를 구입하여 신청서에 첨부한다. 그리고 관내 은행에 송달료 [당사자 수×3회분(1회분 5,200원)](시·군 법원에 신청서를 제출하는 경우에는 당사자 수×1회분의 송달료를 우표로 납부)을 납부하여야 한다. 송달료를 납부할 때는 회사의 계좌 번호를 메모해서 송달료 납부서에 기재하는 것이 좋다. 송달료가 남으면 법원에서 되돌려주기 때문이다.

가압류 신청서에 인지대, 증지대, 송달료 납부가 끝나면 민사신청과에 가압류 신청서를 제출한다. 대한민국법원-전자소송에서 인터넷으로 신청할 수도 있다(이 내용은 뒤에서 따로 다룬다).

가압류 신청서가 제출되면 법원에서는 채권자가 제출한 소명 서류에 의한 심리를 거쳐 가압류를 결정한다. 재판장은 신청서에 정해진 기재 사항이 기재되어 있는지, 신청서에 인지 등이 첨부되어 있는지, 신청 내용이 이유 있는지 여부를 심사한 후 흠결이 있으면 보정을 명하는데, 정해진 기간 내에 보정이 되지 않으면 신청이 각하되므로 주의하여야 한다. 신청에 흠결이 없으면 가압류 결정이 되는데 가압류 결정은 선담보제공이 받아들여진 경우라면 신청일로부터 2~7일 정도 소요된다.

부동산의 가압류 집행은 채권자가 별도로 신청할 필요 없이 가압류 법원에서 부동산 소재지 관할 등기소에 가압류결정정본 및 등기

촉탁서를 송부하여 가압류 사실을 등기부에 기입해줄 것을 촉탁하고 채무자에게 가압류결정문을 송달한다.

법원의 촉탁에 따라 등기소의 등기관은 등기부의 갑구에 가압류등기, 등기 원인, 채권자를 표시함으로써 가압류 집행이 완료된다.

가압류 효력 발생 시기는 부동산등기부에 가압류등기가 기입되면서부터다.

|판례|

가압류나 가처분 등 보전처분은 법원의 재판에 의하여 집행되는 것이기는 하나 그 실체상 청구권이 있는지 여부는 본안 소송에 맡기고 단지 소명에 의하여 채권자의 책임 아래 하는 것이므로, 그 집행 후에 집행 채권자가 본안소송에서 패소 확정되었다면 그 보전처분의 집행으로 인하여 채무자가 입은 손해에 대하여는 특별한 반증이 없는 한 집행채권자에게 고의 또는 과실이 있다고 추정되고, 따라서 부당한 집행으로 인한 손해에 대하여 이를 배상할 책임이 있다.

가압류신청을 한 후 채권자가 본안의 소를 제기하고 이에 대하여 채무자가 반소를 제기한 끝에 법원의 조정에 갈음하는 결정을 쌍방 당사자가 받아들여 확정된 경우, 비록 그 결정의 내용이 채권자가 채무자로부터 지급받을 금액은 없는 것으로 하고 오히려 채권자로 하여금 채무자에게 채무자가 반소로써 구하는 금원의 일부를 지급할 것을 명하는 것이라 하더라도, 이로써 집행채권자가 그 집행 후의 본안소송에서 패소 확정된 경우와 같이 볼 것은 아닌바, 그 이유는 법원이 조정절차에서 당사자 사이에 합의가 성립되지 아니하는 경우에 조정에 갈음하는 결정을 하는 것은 당사자의 이익 기타 제반 사정을 참작하여 사건의 공평한 해결을 도모하고자 하는 것으로서, 반드시 청구채권의 존재 유무만을 판단한 것이라고 볼 수 없기 때문이다. (2001. 9. 25. 2001다39947)

부동산 가압류 신청서

채권자 : (주)○○ 대표이사 ○○○ (전화번호 :   )
　　　　서울시 ○○구 ○○동 ○○번지
채무자 : ○○○
　　　　서울시 ○○구 ○○동 ○○번지

청구채권의 표시

금 12,000,000원(물품 대금)
　채권자가 채무자에게 ＿＿＿년 ＿월 ＿일, 변제기 ＿＿＿년 ＿월 ＿일, 지연
이자 연 10%로 약정하여 공급한 물품 대금

가압류할 부동산의 표시

　별지 목록 기재와 같음

신청의 취지

　채권자는 채무자에 대한 위 채권의 집행을 보전하기 위하여 채무자 소유의
별지 목록 기재 부동산을 가압류한다라는 결정을 구함.

신청의 이유

　1. 채권자는 채무자에 대하여 ＿＿＿년 ＿월 ＿일 금 15,000,000원의 물품을
변제기 ＿＿＿년 ＿월 ＿일 지연 이자 연 ＿%로 하여 공급하여 주었는바, 채
무자는 변제 기일이 지났는데도 대금 중에 3,000,000원만 변제하고 변제 기일
2개월이 지난 지금까지 나머지 물품 대금과 지연 이자를 변제하지 않고 있습
니다.
　2. 채권자는 채무자에 대하여 물품 대금 청구의 소 제기를 위하여 준비 중이
나 채무자는 다른 사람에게도 많은 채무를 부담하고 있으므로 지금 가압류를
해두지 않으면 후일 승소 판결을 얻더라도 집행할 수 없으므로 강제집행 보전
을 위하여 본 신청을 하게 되었습니다.
　3. 담보제공에 대하여는 보증보험 회사와 지급보증 위탁 계약을 체결한 문서
로 제출하고자 하오니 허가하여주시기 바랍니다.

첨부 서류

　1. 계약서 사본　　　　　　1통

1. 세금계산서 사본　　　　1통
1. 부동산등기부등본　　　　1통
1. 법인등기부등본　　　　　1통
1. 가압류 신청 진술서　　　1통
1. 등록세 납부필증　　　　 1통
1. 송달료 납부서　　　　　 1통
1. 위임장　　　　　　　　　1통
1. 인감증명서　　　　　　　1통

　　　　　　　　　　　　　　　_____년 __월 __일

　　　위 채권자 (주)○○ 대표이사 ○○○ (인)

　　　　　　　　　○○지방법원 귀중

55

부동산 가압류가 되면
어떠한 효력이 발생하나요?

채권보전을 위해 가압류를 하는데, 어떤 효력이 있는지 명확히 모르겠습니다. 가압류는 왜 하는 것인가요? 부동산 가압류를 하면 어떠한 효력이 있는지 알고 싶습니다.

　　채권자가 채권을 회수할 때 채무자가 자진하여 채무를 변제하면 문제가 없겠으나, 채무자가 채무 변제 요구에도 채무를 변제하지 않으면 채권자는 부득이 강제집행의 방법을 통하여 채권을 회수할 수밖에 없다. 강제집행을 하기 위해서는 확정판결문 등 집행권원이 필요하다. 확정판결문 등 집행권원을 획득하기 위해서는 민사소송 등의 절차를 거쳐야 하는데 이러한 민사소송 등을 거쳐 집행권원을 얻는 데는 상당한 기일이 소요된다.

　　그런데 이러한 법원의 판결 절차 등을 밟는 동안 채무자나 연대보증인이 재산을 처분해버리거나 제3자 명의로 돌려놓는다면 강제집행 대상이 없어져서 그동안의 노고가 허사가 될 수도 있다.

　　따라서 이러한 문제를 방지하기 위하여 채무자와 연대보증인이 재산을 처분하는 것을 저지할 필요가 있다. 가압류는 채권자가 현시점부터 강제집행 전까지 매출채권 등 금전채권에 대한 채권보전을 위하여 채무자가 재산 처분하는 것을 금지하기 위한 채권보전처분이다. 금전으로 받을 채권이 있을 때 강제집행 시까지 강제집행의 대상이 되는 채무자의 재산을 보전하기 위하여 현재의 상태대로 유지시키는 것이다.

실무에서는 가압류를 해놓으면 채무자가 압박감을 느껴서 강제집행까지 가지 않고도 채권 회수에 성공하는 사례도 있다.

가압류는 집행됨으로써 채무자나 제3자에게 효력을 미치는데, 가압류가 집행되면 가압류 물건에 대하여 매매, 증여 및 저당권, 질권의 설정 등 모든 처분 행위가 금지된다. 이때 처분 행위 금지의 효력은 절대적 무효가 아니라 상대적 무효가 된다. 즉, 가압류 목적물이 양도되거나 담보로 제공되더라도 가압류 채권자에 대하여만 대항할 수 없는 것이다. 가압류 채권자 이외의 자에게는 양도나 담보의 효력을 주장할 수 있다.

예를 들어, 가압류된 부동산이 양도되어 소유자가 변경되었어도 가압류 채권자는 확정판결문이나 확정된 지급명령 등을 받은 경우에 부동산을 강제경매 신청할 수 있다. 그리고 가압류 후에 저당권을 설정한 경우, 저당권자는 앞선 가압류권자에게 우선변제권을 주장하지 못한다. 다만 이 경우에도 저당권자는 뒤에 또 다른 가압류권자가 있다면 이들에 대하여는 우선변제권을 주장할 수 있다.

〈사례〉

2022년 3월 20일에 E에게 소유권이 이전된 주택에 대해 경매가 진행(경매 신청자: B)되어 배당받을 금액이 1억 원이다.

채권 현황

채권자	권리관계	일자	채권액
A	가압류	2022. 3. 5.	5,000만 원
B	저당권	2022. 4. 10.	3,000만 원
C	가압류	2022. 5. 10.	1억 원
D	가압류	2022. 5. 30.	1억 원

각 채권자가 배당받을 금액은 어떻게 될까?

소유권이 E에게 이전되기 전에 가압류한 A에게는 소유권자인 E와 E의 채권자로서 저당권을 설정한 B, 가압류한 C, D는 모두 대항하지 못한다.

따라서 우선 A가 가압류한 금액의 전액을 배당받고 남은 금액에 대하여는 저당권자인 B가 우선변제를 받는다. 또 남은 금액이 있다면 C와 D가 안분배당을 받는다.

배당 금액

A : 5,000만 원－가압류 금액 전액

B : 3,000만 원－C, D보다 우선변제

C : 1,000만 원－(1억 원－5,000만 원－3,000만 원)×1억 원/2억 원

D : 1,000만 원－(1억 원－5,000만 원－3,000만 원)×1억 원/2억 원

결과적으로 소유권이 E에게 넘어오기 전에 가압류한 A는 우선적으로 가압류한 금액 전액을 배당받는다. 소유권자 E의 저당권자 B는 C, D보다 우선변제권자로서 자신의 채권액 전액을 배당받았다. 그리고 소유권자 E의 가압류권자인 C와 D는 남은 금액 2,000만 원을 가지고 채권 금액에 따라 안분배당을 받았다.

이렇게 부동산에 대하여 가압류를 해놓으면 매매, 증여 및 저당권, 질권의 설정 등 모든 처분 행위가 금지되는 효력이 생길 뿐 아니라 가압류 후에 가압류 물건에 대하여 제3채권자가 경매를 진행하는 경우에 배당받을 수 있으며 채권 소멸시효가 중단되는 효력을 갖는다.

| 판례 |

부동산에 대한 가압류 집행이 이루어졌다고 하더라도 채무자는 여전히 목적물의 이용 및 관리의 권한을 보유하고 있을 뿐만 아니라, 가압류의 처분 금지적 효력은 상대적인 것에 불과하기 때문에 부동산이 가압류되었더라도 채무자는 그 부동산을 제3자에게 매도하거나 기타의 처분 행위를 할 수 있다.

가압류 집행 후 제3자의 소유권 취득은 가압류에 의한 처분 금지의 효력 때문에 그 집행보전의 목적을 달성하는 데 필요한 범위 안에서 가압류 채권자에 대한 관계에서만 상대적 무효일 뿐이고 가압류채무자의 다른 채권자 등에 대한 관계에서는 유효하므로, 위와 같은 경우 집행권원을 얻은 가압류 채권자의 신청에 의하여 제3자의 소유권 취득 후 당해 가압류 목적물에 대하여 개시된 강제경매 절차에서 가압류 채무자에 대한 다른 채권자는 당해 목적물의 매각 대금에 관한 배당에 참가할 수 없다. (2020. 9. 10. 2019나17962)

56

자동차, 건설기계의 가압류 절차는?

채무자의 자동차, 건설기계를 가압류하려고 합니다. 가압류 신청서는 어떻게 작성하며 신청은 어느 법원에 할까요? 가압류 신청서를 제출하고 나서 가압류 결정과 집행은 어떻게 이루어지는지 알고 싶습니다.

채무자의 자동차, 건설기계에 대하여 가압류하려고 할 때는 우선 가압류하려는 자동차, 건설기계의 등록원부를 발급받아 선순위 우선변제권자 등을 확인하고 가압류의 실익이 있는지를 판단한다.

가압류 신청서에 기재할 사항을 기재하여 가압류 신청서를 작성하고, 가압류할 물건 소재지의 관할 시·군·구청에 등록세와 교육세를 납부한다.

보증보험증권으로 공탁(담보제공)을 하는 경우에는 보증보험회사에서 위탁보증보험증권을 교부받는다. 부동산, 자동차, 건설기계 모두 선담보제공이 가능하다. 공탁보증보험료는 기본 요율 0.113%이며, 채권자의 신용에 따라 달라진다.

보통 가압류 신청 후에 법원에서 담보제공명령(공탁명령)이 나면 그에 따라 담보제공(공탁)을 하는 경우가 많다. 법원에서 선담보(공탁)제공이 받아들여지지 않을 수도 있기 때문이다.

가압류 신청할 법원은 물건 소재지 관할 법원이나 본안의 관할 법원 중 편리한 곳에 신청하면 된다. 보통은 금전채권을 보전하기 위하여 신청하는 경우가 많은데, 금전채권은 이행지(채권자 주소지)가 특별히 인정된 관할 법원에 해당되므로 통상 채권자 주소지의 관할 법원에 신청하는 경우가 많다.

관할 법원에서 신청서를 제출하기 전에 관내 우체국에서 인지를 구입하여 첨부하고, 관내 은행에 송달료를 납부하고 송달료 납부서를 첨부한다. 송달료 납부서는 법원 직원이 신청서 뒷면에 부착한다. 송달료를 납부할 때는 회사의 계좌 번호를 기재하는 것이 좋다. 송달료가 남으면 돌려주기 때문이다. 물건 1건당 대법원 수입증지 3,000원을 첨부한다.

부동산, 자동차, 건설기계의 가압류 신청 사건의 심리는 보통 채권자가 제출한 서류에 의한 심리만으로 결정된다. 심리를 변론으로 할 것인지, 서면심리 방식으로 할 것인지는 재판장의 재량이다. 대부분은 채권자가 금전채권을 받을 것이 있음을 소명한 서면심리에 의하여 결정된다.

재판장은 신청서에 정하여진 기재 사항이 기재되어 있는지, 신청서에 인지 등이 첨부되어 있는지, 신청 내용이 이유 있는지 여부를 심사한 후 흠결이 있으면 보정을 명하는데, 정해진 기간 내에 보정되지 않으면 신청이 각하되므로 보정명령이 있는 경우에는 정해진 기간에 꼭 보정서를 제출하여야 한다.

가압류 신청서에 기재할 사항 중 가압류할 물건의 표시는 별지 목록으로 다음과 같이 작성한다.

가압류할 자동차 물건 목록

    1. 자동차명 :

    1. 자동차 등록번호 :   호

    1. 형식 :

    1. 차대번호 :

    1. 사용 본거지의 위치 :

    1. 원동기의 형식 :

    1. 소유자 :

       주소 :

가압류할 건설기계 물건 목록

    1. 명칭 :

    1. 형식 :

    1. 제조자명 :

    1. 제조 연월일 :

    1. 제조번호 :

    1. 원동기의 종류 등 :

    1. 사용 본거지 :

    1. 등록 연월일 및 번호 :

    1. 주된 영업소의 소재지 :

가압류 결정은 담보제공일(공탁일)로부터 1~3일 정도 소요된다.

가압류 집행은 채권자가 별도로 신청할 필요 없이 가압류 법원에서 가압류결정정본 및 등기촉탁서를 관할소관청에 송부하여 가압류 사실을 등록원부에 기재할 것을 촉탁한다. 관할소관청에서는 법원의 촉탁에 따라 자동차, 건설기계등록원부에 가압류 등기, 원인, 채권자를 표시한다.

가압류 효력 발생은 등록원부에 가압류가 등록되어 기입된 후부터다.

자동차(건설기계) 가압류 신청서

채권자 : (주)○○○○캐피탈 대표이사 ○○○ (전화번호 :　　　　　)
　　　　서울시 마포구 신수동 ○○번지
채무자 : ○○○
　　　　서울시 서초구 서초동 ○○번지

청구채권의 표시
금 25,000,000원(대여금)
　채권자가 채무자에게 20__년 __월 __일, 변제기 20__년 __월 __일, 지연 이자 연 10%로 약정하여 대여한 대여금

가압류할 부동산의 표시
　별지 목록 기재와 같음

신청의 취지
　채권자는 채무자에 대한 위 채권의 집행을 보전하기 위하여 채무자 소유인 별지 목록 기재 자동차(건설기계)를 가압류한다라는 결정을 구함.

신청의 이유
　1. 채권자는 채무자에 대하여 20__년 __월 __일 금 32,000,000원의 돈을 변제기 2007년 8월 30일 지연 이자 연 10%로 하여 대여하여 주었는바, 채무자는 변제 기일이 지났는데도 대금 중에 7,000,000원만 변제하고 변제 기일 1년이 지난 지금까지 나머지 대여금과 지연 이자를 변제하지 않고 있습니다.
　2. 채권자는 채무자에 대하여 대여금 청구의 소제기를 위하여 준비 중이나 채무자는 다른 사람에게도 많은 채무를 부담하고 있으므로 지금 가압류를 해두지 않으면 후일 승소 판결을 얻더라도 집행할 수 없으므로 강제집행 보전을 위하여 본 신청을 하게 되었습니다.
　3. 담보 제공에 대하여는 보증보험 회사와 지급보증 위탁 계약을 체결한 문서로 제출하고자 하오니 허가하여주시기 바랍니다.

첨부 서류
　1. 대출 약정서 사본　　　　　1통
　1. 자동차(건설기계)등록원부　1통

1. 법인등기부등본   1통
1. 가압류 신청 진술서   1통
1. 등록세 납부필증   1통
1. 송달료 납부서   1통
1. 위임장   1통
1. 인감증명서   1통

_____년 __월 __일

위 (주)○○○○캐피탈 ○○○ (인)

서울중앙지방법원 귀중

57

유체동산의 가압류 방법과 절차는?

채무자의 재산을 가압류하려는데, 채무자 소유의 부동산이 있기는 하지만 이미 상당 금액이 선순위 담보로 걸려 있어 실익이 없습니다. 그래서 채무자의 유체동산을 가압류하려고 합니다. 유체동산 가압류 신청 방법과 집행에 대하여 알고 싶습니다.

유체동산이란 가정의 냉장고, 세탁기, 텔레비전 등의 가재도구와 사업장 및 사무실의 재고 자산, 설비, 컴퓨터, 책상 등 집기, 비품 등을 말한다.

가압류할 수 있는 유체동산은 채무자가 주식회사라면 주식회사의 유체동산이 되며, 채무자가 개인이라면 개인사업자의 사업장 및 사무실의 유체동산과 거주지의 유체동산이 된다.

유체동산을 가압류하려면 신청하기 전에 가압류의 실익이 있는지, 가압류 집행이 순탄할지 판단한다. 이를 등한시하여 가압류하였다가 비용과 시간만 낭비하는 경우도 있기 때문이다.

가압류할 만큼 실익이 있다고 판단되면 가압류 신청서를 작성하여야 하는데, 작성 방법은 유체동산 가압류 신청서에 기재 사항을 기재하고 입증 서류와 첨부 서류를 첨부하여야 한다. 유체동산 가압류 신청서에는 별도로 가압류할 물건은 기재하지 않아도 된다.

유체동산 가압류를 신청할 수 있는 법원은 물건 소재지 관할 법원이나 본안의 관할 법원이다. 금전채권(받을 돈)을 보전하기 위해 신청하는 경우에는 물건 소재지, 채권자 주소지, 채무자 주소지 중 제출하기 편리한 관할 법원에 신청하면 된다.

신청할 관할 법원에 가서 신청서를 제출하기 전에 관내 우체국에서 인지를 구입하여 신청서에 부착하고, 관내 은행에서 송달료를 납부한 후 송달료 납부서를 첨부시킨다. 가압류 신청서 표지는 필히 작성하여야 하는 것은 아니지만, 관행상 인지와 송달료 납부서를 첨부하기 편하도록 표지를 작성한다. 이는 다른 가압류 신청에서도 마찬가지다. 가압류 신청서 표지에는 유체동산 가압류 신청서라는 표제와 채권자, 채무자, 연월일, 제출할 법원의 명칭을 기재한다.

수입인지는 법원 관내 우체국에서 10,000원에 구입하여 첨부하고, 송달료는 관내 은행에 [당사자 수×3회분(1회분 5,200원)]을 납부한다. 시·군 법원에 신청서를 제출하는 경우에는 [당사자 수×1회분]의 송달료를 우표로 납부하여야 한다. 송달료를 납부할 때는 부동산 가압류에서와 마찬가지로 회사의 계좌 번호를 메모해서 송달료 납부서에 기재하는 것이 좋다.

가압류 신청서에 인지 첨부와 송달료 납부서 첨부가 끝나면 민사신청과에 가압류 신청서를 제출한다. 가압류 신청서가 제출되면 법원에서는 담보제공명령을 하는데, 유체동산의 경우에는 보통 현금과 공탁보증보험증권으로 보증공탁(담보제공)을 하도록 한다. 현금공탁 금액은 법원에 따라 차이는 있지만 공탁하여야 할 보증공탁금의 50% 이내다. 담보제공명령이 나면 현금공탁은 법원 공탁계에 공탁하고 공탁보증보험증권은 SGI서울보증에서 발급받는다. 현금공탁은 대한민국법원-전자공탁에서도 전자적으로 절차를 밟을 수 있다.

담보제공(공탁)이 완료되면 법원에서는 채권자가 제출한 소명 서류에 의한 심리를 거쳐 가압류결정을 하는데, 신청에 흠결이 없으면 담보제공 완료일로부터 1~3일 정도에 가압류가 결정된다.

가압류결정이 되면 가압류결정문 2통이 채권자에게 송달되는데, 결정문을 송달받은 채권자는 가압류할 유체동산이 있는 곳(물건 소재지)을 관할하는 집행관 사무실에 유체동산 가압류 집행 신청(집행 의뢰)을 하여야 한다.

유체동산 가압류 집행신청서에는 기재할 사항을 기재하고 가압류결정정본(2통), 법인등기부등본(법인의 경우), 위임장(대리인 신청의 경우), 인감증명서를 첨부해야 한다. 이때 집행 비용도 예납하여야 한다.

유체동산의 가압류 집행은 가압류결정문을 받은 날로부터 14일 내에 하여야 하므로 이 기간을 경과하지 않도록 주의하여야 한다.

가압류 집행 전날 집행관과 시간 약속을 하고 당일 집행관과 집행 장소(물건 소재지)에서 가압류를 집행한다. 집행관이 가압류 물건에 가압류 표지나 공시서를 붙이고 가압류 집행조서를 작성한다.

유체동산 가압류 신청서

채권자 : (주)○○○○ 대표이사 ○○○ (전화번호 :   )
　　　　　서울시 ○○구 ○○동 ○○번지
채무자 : ○○○
　　　　　서울시 ○○구 ○○동 ○○번지

청구채권의 표시

금 17,000,000원(물품 대금)
　채권자가 채무자에게 _____년 __월 __일, 변제기 _____년 __월 __일, 지연 이자
연 8%로 약정하여 공급한 물품 대금

신청의 취지

　채권자는 채무자에 대한 위 채권의 집행을 보전하기 위하여 채무자 소유의 유체동
산을 가압류한다라는 결정을 구함.

신청의 이유

　1. 채권자는 채무자에 대하여 _____년 __월 __일 금 20,000,000원의 물품을 변제
기 _____년 __월 __일 지연 이자 연 8%로 하여 공급하여주었는바, 채무자는 변제
기일이 지났는데도 대금 중에 3,000,000원만 변제하고 변제 기일 6개월이 지난 지금
까지 나머지 물품 대금과 지연 이자를 변제하지 않고 있습니다.
　2. 채권자는 채무자에 대하여 물품 대금 청구의 소 제기를 위하여 준비 중이나 채무
자는 다른 사람에게도 많은 채무를 부담하고 있으므로 지금 가압류를 해두지 않으면
후일 승소 판결을 얻더라도 집행할 수 없으므로 강제집행 보전을 위하여 본 신청을 하
게 되었습니다.
　3. 담보제공에 대하여는 보증보험회사와 지급보증위탁 계약을 체결한 문서로 제출
하고자 하오니 허가하여주시기 바랍니다.

첨부 서류

1. 계약서 사본　　　　　　　1통
1. 세금계산서 사본　　　　　1통
1. 법인등기사항 전부증명서　1통
1. 가압류 신청 진술서　　　　1통
1. 송달료 납부서　　　　　　1통

　　　　　　　　　　　　　　　　_____년 __월 __일

　　　　위 채권자 (주) ○○○○ 대표이사 ○○○ (인)

　　　　　　　　○○지방법원 귀중

58

보증공탁은 어떻게 하며
차후에 공탁금은 어떻게 회수하나요?

채무자 소유의 유체동산에 대하여 가압류 신청을 하였는데 법원에서 담보제공명
령이 나왔습니다. 담보제공명령에 의해 현금과 공탁보증보험증권으로 보증공탁
을 해야 하는데, 보증공탁은 어떻게 하며 공탁금은 어떻게 회수할 수 있는지 알고
싶습니다.

유체동산 가압류 신청을 하면 법원에서는 담보제공명령을 하는
데, 담보제공 금액은 법원에 따라 차이가 있지만 보통 청구금액의
4/5다. 이 중 1/2 이내의 금액을 현금공탁을 해야 한다. 나머지 일부
금액(보통은 50% 이상)에 대해서는 보증보험증권으로 제출할 수 있다.

담보명령이 되면 보증보험회사에서 공탁보증보험증권을 발급받
고, 현금공탁은 법원의 공탁소(공탁계)에서 공탁수리결정을 받아 공
탁물 보관자(은행)에 공탁금을 납입하고 공탁서를 교부받는다.

현금공탁의 경우에 공탁수리결정을 받기 위해서는 공탁서 2부를
작성하고 첨부 서류로 담보제공명령서, 법인등기부등본(법인의 경우),
위임장(대리인 신청의 경우), 인감증명서를 첨부하여 공탁계에 제출하
여야 한다. 현금공탁은 대한민국법원-전자공탁에서 인터넷을 통해

공탁 절차를 밟을 수도 있다.

공탁서 원본은 차후에 공탁금을 회수하는 데 필요하므로 잘 보관해둔다.

가압류 신청이 취하 및 각하된 경우, 본안소송이 확정된 경우, 채무자의 동의가 있는 경우 등에 공탁금을 회수할 수 있다.

채무자에게 변제를 받은 후 가압류 신청을 취소해주는 경우가 있는데 이때 가압류·가처분 공탁금을 회수하려면 법원으로부터 취하증명원을 발급받아 공탁금 회수 청구서에 첨부하여 공탁금 회수를 청구하면 된다. 공탁금회수청구서에 공탁서, 법인등기부등본(법인인 경우), 위임장, 인감증명서, 취하증명원을 첨부하여 공탁소(공탁계)에 제출한다.

가압류·가처분 신청이 각하된 경우에는 각하결정정본과 그 확정증명원을 발급받아 공탁금회수청구서에 공탁서, 법인등기부등본(법인등기사항 전부증명서), 위임장, 인감증명서를 같이 첨부하여 공탁금 회수 청구를 하면 된다.

가압류·가처분이 취하나 각하되었을 때 공탁보증보험료를 돌려받으려면 취하증명서나 각하결정정본에 인감증명서를 첨부하여 보증보험회사에 청구하면 돌려받을 수 있다.

본안소송이 확정된 경우에도 가압류·가처분 공탁금을 회수할 수 있는데 이때는 전부 승소한 경우와 일부승소, 패소, 소 취하의 경우는 절차가 다르다. 채권자가 본안소송에서 전부 승소한 경우에 공탁금 회수를 위해서는 먼저 담보취소결정을 받아야 한다. 담보취소결정을 받으려면 담보취소신청서에 확정판결문사본과 확정증명원을 첨부하여 법원 신청과에 제출하면 법원에서는 바로 신청서를 검토한 후 담보취소결정을 한다.

그러면 공탁금회수청구서에 공탁서, 법인등기부등본, 위임장, 인감증명서와 담보취소결정정본과 확정증명원을 첨부하여 공탁소에 공탁회수청구를 하면 된다. 대한민국법원-전자공탁에서 진행할 수도 있다.

채권자가 본안소송에서 패소, 일부승소, 소 취하를 한 경우에 담소취소결정을 받으려면 권리행사최고에 의한 담보취소신청서에 확정판결문 사본과 확정증명원, 취하증명원을 첨부하여 법원에 제출하여야 한다. 법원에서는 바로 채무자에게 보증공탁(담보)에 대하여 권리행사를 할 것을 최고한 후, 14일 내에 채무자의 권리행사가 없으면 담보취소결정을 한다.

담보취소결정이 되면 공탁금회수청구서에 공탁서, 법인등기부등본, 위임장, 인감증명서와 담보취소결정정본과 확정증명원을 첨부하여 공탁소(공탁계)에 공탁금회수청구를 하면 된다.

채무자가 담보(보증공탁)취소에 동의하는 경우 담소취소결정을 받기 위해서는 채무자의 동의서, 즉시항고권포기서, 인감증명서를 첨부하여 담보취소결정을 받을 수 있다.

담보취소결정정본과 확정증명원을 가지고 공탁금회수청구를 하는 방법은 본안소송이 확정된 경우 공탁금회수청구를 하는 방법과 같다.

권리행사최고 및 담보취소 신청서

사건번호 카담_____

신청인 : (이름)   (주민등록번호   -   )
       (주소)
       (연락처)
피신청인 : (이름)   (주민등록번호   -   )
       (주소)

위 당사자 간 귀원 카담 _____호 신청 사건에 대하여 신청인(피신청인)이 손해담보로서 귀원 공탁공무원에게 _____년 __월 __일에 공탁한 금 _____원 (금제 _____호)에 관하여, 피신청인에게 일정한 기간 내 권리를 행사하도록 최고하여주시고, 만약 피신청인이 그 기간 동안 권리를 행사하지 않을 경우에는 담보취소결정을 하여주시기 바랍니다.

첨부 서류

1.
2.

_____년 __월 __일

신청인 _____(날인 또는 서명)

○○지방법원 지원 귀중

59

가압류한 유체동산을 훼손 또는 양도하면

채무자 소유의 유체동산을 가압류했는데, 방문 조사 결과 가압류된 유체동산 일부가 없어진 것을 발견하였습니다. 가압류한 유체동산이 훼손되든지 타인에게 양도되었을 때 채권자는 어떠한 조치를 취할 수 있을까요?

유체동산이 가압류되면 가압류된 유체동산에 대해서는 매매, 증여 및 양도담보, 질권의 설정 등 일체의 처분 행위가 금지된다.

가압류된 유체동산에 양도담보나 질권 등 물적담보가 설정된 경우에는 상대적 무효가 되어 양도담보권자나 질권자는 가압류 채권자에 대하여는 대항할 수 없는 것이다. 그리고 가압류 채권자 이외의 자에게는 양도담보나 질권의 효력을 주장할 수 있다. 따라서 가압류 후에 양도담보나 질권을 설정한 경우 양도담보권자와 질권자는 앞선 가압류권자에게 우선변제권을 주장하지 못한다. 이때도 양도담보권자나 질권자는 뒤에 또 다른 가압류권자가 있다면 이들에 대해서는 우선변제권을 주장할 수 있다.

채무자가 가압류된 유체동산을 타인에게 양도한 경우 가압류된 사실을 모르고 그 유체동산을 취득한 제3자는 선의취득이 인정되어 소유권을 취득한다. 따라서 가압류 채권자는 선의의 제3자에게는 가압류의 권리를 주장하지 못한다.

채무자가 가압류된 유체동산을 양도한 경우나 고의로 가압류 표지를 훼손한 경우에는 공무상비밀표시무효죄로 형사 처벌을 받는다. 형법 제140조 제1항에 공무원이 그 직무에 관하여 실시한 봉인 또는 압류 기타 강제처분의 표시를 손괴 또는 은닉하거나 기타 방법으로 그 효용을 해한 자는 공무상비밀표시무효죄로 5년 이하의 징역, 700만 원 이하의 벌금에 처하게끔 규정되어 있다. 채무자가 유체동산을 양도하고 제3자가 선의로 취득하였다는 것은 가압류 표지나 봉인을 훼손하고 양도한 것으로 볼 수 있기 때문에 채무자는 공무상비밀표시무효죄로 처벌받는다.

이때 채무자를 처벌받게 하려면 수사기관에 고소해야 한다. 우선 집행관에게 압류물 점검을 신청한다. 압류물 점검 신청을 하면 집행관은 압류물을 점검하여 압류물의 부족 및 손상 유무와 정도를 기재한 점검조서를 작성한다. 압류물 점검 신청은 압류물 점검 신청서에 가압류결정문과 압류조서, 법인등기부등본(법인의 경우), 위임장(대리인 신청의 경우), 인감증명서를 첨부하여 신청한다.

압류물 점검이 완료되면 고소장을 작성하여 가압류결정문, 압류물점검조서등본을 첨부하여 수사기관(피고소인의 주소지 관할경찰 등)에 고소한다. 압류물점검조서등본은 집행관사무소에서 발급받을 수 있다.

고소장에는 고소인과 피고소인의 성명, 주소, 주민등록번호, 전화번호 등 인적사항, 압류물의 양도, 훼손 내용, 처벌을 바란다는 내용, 제출처를 기재하면 된다.

| 판례 |

압류물을 집행관의 승인 없이 임의로 그 관할 구역 밖으로 옮긴 경우에는 압류집행의 효용을 해하게 된다고 할 것이므로 공무상비밀표시무효죄가 성립한다. (1992. 5. 26. 91도894)

60

채무자가 받을 매출채권에 가압류를 하려고 하는데

채무자가 채무 변제를 차일피일 미루고 있습니다. 우리 회사가 받을 채권을 보전하기 위하여 채무자의 재산을 조사하던 중, 채무자가 거래하는 거래처를 알게 되었습니다. 채무자가 거래처에서 받을 물품대금채권(매출채권)을 가압류하려고 하는데 그 방법을 알고 싶습니다.

채권 가압류를 하기 위해서는 부동산이나 유체동산 가압류와 같이 채권가압류 신청서를 작성하여야 한다. 표지는 채권자(신청인)의 재량에 따라 만들되, 채권가압류 신청서라는 표제, 채무자, 채권자, 연월일, 신청 법원명을 기재한다.

소명 및 첨부할 세금계산서 사본, 법인등기부등본(법인의 경우), 가압류 신청 진술서, 위임장(대리인 신청 시), 인감증명서를 준비하고 가압류할 채권의 목록을 작성한다.

가압류할 채권의 목록은 다음과 같이 5통을 작성하여 준비한다.

가압류할 채권의 목록

청구 금액 : 금 16,000,000원

채무자가 제3채무자에게 판매하고 받을 냉동기 부품에 대한 물품대금채권 중 위 청구 금액에 달하기까지의 금액

참고로 가압류할 채권이 예금인 경우에는 가압류할 채권의 목록은 다음과 같이 작성한다.

가압류할 채권의 목록

청구 금액 : 금 16,000,000원

채무자(사업자등록번호 :   )가 제3채무자(주식회사 ○○은행 취급점 : 서초동 지점)에 대하여 가지는 다음 예금채권(장래 입금되는 예금을 포함) 중 다음에서 기재한 순서에 따라 위 청구채권에 달하기까지의 금액

다만, 채무자의 1개월간 생계유지에 필요한 예금으로 민사집행법 시행령이 정한 금액에 해당하는 경우에는 이를 제외한 나머지 금액을 압류한다.

〈다음〉

1. 압류되지 않은 예금과 압류된 예금이 있는 때에는 다음 순서에 의하여 가압류한다.

    가. 선행압류, 가압류가 되지 않은 예금

    나. 선행압류, 가압류가 된 예금

2. 여러 종류의 예금이 있는 때에는 다음의 순서에 의하여 가압류한다.

    가. 보통예금   나. 저축예금   다. 정기예금   라. 정기적금

    마. 당좌예금   바. 기타 모든 예금

3. 같은 종류의 예금이 여러 계좌가 있는 때에는 계좌 번호가 빠른 예금부터 가압류한다.

　가압류 신청서와 구비 서류가 완성된 후, 보증보험증권으로 보증 공탁(담보제공)을 하는 경우에는 보증보험회사에서 공탁보증보험 증권을 교부받는다. 금전채권 중에 급여와 영업자 예금 외에는 위탁 보증보험증권으로 선공탁(선담보제공)이 된다. 금전채권 가압류 신청 시에 공탁금은 청구금액의 2/5를 공탁하여야 하는데, 보증보험증권으로 하는 경우 공탁보증보험료는 기본 요율 0.113%이며 채권자의 신용에 따라 달라진다.

　물품대금채권에 대한 가압류는 위탁보증보험증권으로 선담보제공이 가능하므로, 보증보험회사에ㄴ서 공탁보증보험증권을 발급받는다. 그런데 가압류 신청 후에 법원에서 담보제공명령(공탁명령)이 나면 그에 따라 담보제공(공탁)을 하는 경우가 많다. 법원에서 선담보(공탁)제공이 받아들여지지 않을 수도 있기 때문이다.

　가압류를 신청할 법원은 제3채무자 주소지 관할 법원이나 본안의 관할 법원 중 편리한 곳에 신청하면 된다. 따라서 제3채무자 주소지, 채무자 주소지, 채권자 주소지 중 제출하기 편리한 법원에 신청한다.

　준비한 가압류 신청서와 소명 및 첨부 서류 그리고 위탁보증보험 증권을 갖추어 관할 법원 우체국에서 수입인지 10,000원을 구입하여 신청서에 부착하고, 법원 구내 은행에 송달료 [당사자 수×3회분(1회분 5,200원)]을 납부하고 송달료 납부서를 신청서에 첨부하여 민사신청과에 가압류 신청서를 접수한다. 대한민국법원-전자소송에서 인터넷으로 신청할 수도 있다.

가압류 신청서가 접수되면 재판장은 신청서에 정하여진 기재 사항이 기재되어 있는지, 신청서에 인지 등이 첨부되어 있는지, 신청 내용이 이유 있는지 여부를 심사한 후 가압류결정을 하는데, 선담보 제공이 받아들여진 경우라면 가압류결정까지 신청일로부터 2~7일 정도 소요된다.

가압류결정이 되면 법원에서는 바로 제3채무자에게 가압류결정문을 송달하고, 채권가압류가 집행된다. 법원에서 가압류결정문이 제3채무자에게 송달되면서 가압류 집행이 완료되고, 제3채무자는 가압류된 금액 한도 내에서는 채무자에게 지급할 수 없다.

채권가압류 신청서

채권자 : (주)○○ 대표이사 ○○○ (전화번호 :   )
　　　　서울시 ○○구 ○○동 ○○번지
채무자 : ○○○
　　　　서울시 ○○구 ○○동 ○○번지
제3채무자 : (주)○○ 대표이사 ○○○
　　　　　서울시 ○○구 ○○동 ○○번지

청구채권의 표시

금 16,000,000원(물품 대금)
　채권자가 채무자에게 ＿＿＿＿년 ＿월 ＿일, 변제기 ＿＿＿＿년 ＿월 ＿일, 지연
이자 연 10%로 약정하여 공급한 물품 대금

가압류할 채권의 표시

　별지 목록 기재와 같음

신청의 취지

　채무자의 제3채무자에 대한 별지 목록 기재의 채권을 가압류한다.
　제3채무자는 채무자에게 위 채권에 관한 지급을 하여서는 아니 된다라는 결정
을 구함.

신청의 이유

　1. 채권자는 채무자에 대하여 ＿＿＿＿년 ＿월 ＿일 금 20,000,000원의 전자제
품을 변제기 ＿＿＿＿년 ＿월 ＿일 지연 이자 연 10%로 하여 공급하여주었는바,
채무자는 변제 기일이 지났는데도 대금 중에 4,000,000원만 변제하고 변제 기
일 3개월이 지난 지금까지 나머지 물품 대금과 지연 이자를 변제하지 않고 있습
니다.
　2. 채권자는 채무자에 대하여 물품 대금 청구의 소 제기를 위하여 준비 중이나
채무자는 다른 사람에게도 많은 채무를 부담하고 있으므로 지금 가압류를 해두
지 않으면 후일 승소 판결을 얻더라도 집행할 수 없으므로 강제집행 보전을 위하
여 본 신청을 하게 되었습니다.
　3. 담보제공에 대하여는 보증보험 회사와 지급보증 위탁계약을 체결한 문서로
제출하고자 하오니 허가하여주시기 바랍니다.

첨부 서류

1. 세금계산서 사본　　　1통
1. 내용증명서　　　　　　1통
1. 법인등기부등본　　　　1통
1. 가압류 신청 진술서　　1통
1. 송달료 납부서　　　　1통

　　　　　　　　　　　　_____년 __월 __일

　　　　위 채권자 (주)○○ 대표이사 ○○○ (인)

　　　　　　　　○○지방법원 귀중

61

인터넷으로 전자 가압류를 신청하는 방법은?

우리 회사에서는 채권을 보전하기 위하여 채무자 재산에 대해 가압류를 하려고 합니다. 인터넷으로도 가압류 신청을 할 수 있다고 하는데, 어떻게 하는지 그 방법을 알고 싶습니다.

대한민국법원 전자소송 사이트에서 인터넷을 활용하여 직접 가압류 신청서를 제출할 수 있고 사건이 어떻게 진행되고 있는지 실시간으로 확인할 수 있다. 그리고 가압류 진행에 대한 기록, 열람, 발급도 가능하다.

전자가압류 진행 절차는 다음과 같다.

- 회원 가입을 한다.
- 대한민국법원 홈페이지 – 전자소송(전자소송 사이트에서 통합 운영되고 있음)에서 신청서를 작성하여 가압류 신청을 한다.
- 법원에서 송달받을 서류를 전자문서로 송달받는다.
- 사건 기록을 온라인으로 열람, 출력받을 수 있다.

전자가압류를 신청하기 위해서는 대한민국법원-전자소송 사이트에 회원 가입을 한다. 본인의 신원을 확인한 후 회원 정보를 입력하면 전자소송 사용자로 등록된다(신원 확인 〉 회원 정보 입력 〉 회원 가입 완료).

가압류를 신청하는 방법은 공동인증서로 로그인한 후 가압류 신청서를 작성하고 전자서명한 후 제출하면 된다.

'서류 제출 〉 민사서류 〉 민사신청 〉 민사가압류 신청'에서 '전자소송절차 등 진행 동의(전자소송 시스템을 이용하여 가압류, 민사소송, 지급명령, 강제집행 등을 신청하고자 하는 경우, 동의하게 되어 있음) 〉 사건 기본 정보 입력 〉 당사자 정보 입력 〉 신청 취지와 신청 이유 입력 〉 소명 서류와 첨부 서류 첨부(가압류 신청 진술서도 인터넷으로 바로 작성 가능) 〉 작성 완료 〉 전자서명 〉 소송 비용 납부 〉 가압류 신청서 제출 〉 접수 완료'의 순서로 가압류 신청서를 제출할 수 있다. 신청 취지와 신청 이유 등의 작성 예시도 제공된다.

전자소송 등에 동의한 당사자 및 대리인은 대한민국법원-전자소송 사이트를 통해 전자문서로 송달받고 내용을 확인할 수 있다. 전자소송 등에 동의한 당사자 및 대리인은 해당 사건의 사건 기록을 언제든지 온라인상에서 열람 및 출력할 수도 있다. 진행 중인 사건에 대해 열람하는 수수료는 무료다.

62

처분금지 가처분이란?

채무자 중에 채무를 회피하기 위해서 부동산을 제3자에게 빼돌린 채무자가 있습니다. 회사에서는 그 부동산을 이전받은 수익자를 상대로 사해행위 취소의 소송을 제기하고자 하는데, 그 전에 수익자가 처분하는 것을 막고자 처분금지 가처분을 하려 합니다. 가처분이란 정확히 무엇인가요? 그리고 처분금지 가처분을 신청하는 방법과 절차에 대하여 알고 싶습니다.

가처분이란 특정 목적물의 청구권의 집행보전이나 다툼이 있는 권리관계를 잠정적으로 규율하여 그 현상을 유지하려는 목적으로 하는 보전처분인데, 다툼이 있는 물건에 관한 가처분과 임시의 지위를 정하는 가처분으로 나뉜다.

채권자가 금전채권이 아닌 특정 다툼이 있는 물건에 관하여 청구권을 가지고 있을 때, 판결이 확정되어 그 강제집행 시까지 방치하면 물건이 처분되거나 멸실되는 등 법률적, 사실적 변경이 생기는 것을 방지하기 위해 판결을 받기 전에 물건의 현상 변경을 금지하는 것을 다툼이 있는 물건에 관한 가처분이라고 한다. 이 경우 가처분의 형태도 다양하고 가처분의 형식도 일정하지 않다. 처분 행위를 금지하는 처분금지 가처분과 점유 이전 행위를 금지하는 점유이

전금지 가처분 등이 여기에 속한다.

당사자 간에 현재 다툼이 있는 권리관계 또는 법률관계가 존재하고 그에 대한 확정판결이 있기까지 현상의 진행을 그대로 방치한다면 권리자가 현저히 손해를 입거나 목적을 달성하기 어려운 경우에 잠정적으로 임시 조치를 행하는 것이 임시의 지위를 정하는 가처분이다. 예를 들어, 건물의 명도청구권을 본안의 권리로 가지고 있는 사람에게 임시로 건물 점유자의 지위를 준다든지, 해고 무효를 주장하는 자에게 임금의 계속 지급을 명하는 등의 가처분 등이 여기에 속한다.

부동산 처분금지 가처분을 하려면 정해진 서식에 기재할 사항을 기재하고 구비 서류를 첨부한 부동산 처분금지 가처분 신청서를 관할 법원에 제출해야 한다.

가처분 신청서 기재 사항과 첨부 서류는 다음과 같다.

- 당사자의 표시: 채권자와 채무자를 나타내고 채권자의 성명(명칭 또는 상호 포함), 전화번호, 주소, 채무자의 성명(명칭 또는 상호 포함)과 주소를 기재한다.
- 가처분할 목적물과 가액의 표시: 가처분할 목적물은 별지 목록으로 부동산 등기부등본의 표제부의 내용을 5부 작성한다. 그리고 가처분 신청서에 목적물 가액도 기재한다.
- 신청 취지: 어떠한 내용, 취지의 가처분을 구하여 어떠한 목적을 달성하려

는지 명시한다. 대부분 신청 취지의 내용대로 결정(판결)되므로 주의하여 작성한다.

- 신청 이유: 가처분을 신청하게 된 이유를 육하원칙에 의하여 기재한다. 다툼이 있는 물건에 관한 가처분의 경우에는 보전권리를, 임시의 지위를 정하는 가처분의 경우에는 다툼이 있는 권리관계를 표시한다. 처분금지 가처분은 다툼이 있는 물건에 관한 가처분이므로 집행보전의 필요성 등을 기재한다. 신청 이유 말미에는 담보제공에 대하여는 지급보증위탁계약 체결한 문서로 제출하는 것을 허가하여줄 것을 기재한다.

- 소명 방법 및 첨부 서류: 소명 방법은 신청을 입증할 자료(계약서, 영수증 등)를 기재하고 첨부하며, 첨부 서류에는 신청 시 구비 서류를 기재한다. 소명 방법과 첨부 서류는 아래와 같다.

소명 방법 및 첨부 서류

- 원인증서와 채권증서(계약서, 영수증 등)
- 등기부등본, 등록원부
- 등록세 납부필증
- 토지대장, 건축물대장
- 토지, 건물가격확인원
- 송달료 납부서
- 위임장(대리인 신청의 경우)
- 인감증명서

- 법인등기부등본(법인인 경우)

- 목록(부동산 표제부 내용)

- 기타 기재 사항: 신청서 하단에 신청 연월일을 기재하고 신청인이 기명날인한다. 그리고 신청서의 최하단에 신청서를 제출하는 법원의 명칭을 기재한다.

신청서를 제출하러 법원에 가기 전에 시·군·구청에 등록세를 납부한다. 부동산의 경우 피보전권리가액의 2/1000에 해당하는 등록세와 등록세액의 20/100에 해당하는 교육세를 납부해야 한다. 가처분 신청서와 구비 서류가 갖추어지면 본안의 관할 법원이나 다툼의 대상(부동산)이 있는 곳의 관할 법원 중 편리한 곳에 신청하면 된다. 법원 구내 우체국에서 10,000원의 수입인지를 구입하여 붙이고, 구내 은행에 [당사자 수×3회분(1회분 5,200원)]의 송달료를 납부하고 납부서를 신청서에 첨부한 후 민사신청과에 접수하면 된다.

부동산 처분금지 가처분 신청서가 접수되면 2~3일 후에 법원에서 담보명령이 나는데, 그에 따라 현금공탁 후 공탁서 사본을 제출하거나 공탁보증보험증권을 발행받아 제출해야 한다. 현금공탁은 대한민국법원-전자공탁에서도 절차를 밟을 수 있고, 공탁보증보험증권도 SGI보증보험을 통하여 전자적으로 발행하여 제출할 수도 있다.

그 후 2~7일 후에 가처분결정이 나고 가처분 법원에서 등기관이나 소관청에 등기 등록을 촉탁함으로써 가처분 집행된다.

부동산 처분금지 가처분 신청서

채권자 : (주)○○ 대표이사 ○○○ (전화번호 :   )
           서울시 ○○구 ○○동 123
채무자 : ○○○
           경기도 ○○시 ○○동 123 ○○아파트 ○○동 ○○호

가처분할 부동산의 표시

별지 목록 기재와 같음

목적물 가액

금 62,500,000원

신청의 취지

채무자는 별지 물건 목록 기재 부동산에 대하여 양도, 저당권, 임차권 설정 기타 일체의 처분을 하여서는 아니 된다라는 재판을 구합니다.

신청 이유

1. 채권자는 신청 외 ○○○가 대표이사로 있는 (주)○○○○에 _____년 __ 월 __일 컴퓨터를 55,200,000원 납품하였습니다.

2. 그런데 대금이 차일피일 미루어지고 대금을 받지 못하던 채권자는 _____년 __월 __일에 신청 외 ○○○가 연대보증을 한 지불확약서를 수령하였습니다.

3. 그러나 그 후에도 대금 중 일부인 2,100,000원만을 변제하고 나머지 53,100,000원은 아직 변제하지 않고 있습니다.

4. 한편, 신청 외 ○○○는 그 이후 채무액이 많음에도 신청 외 ○○○의 거의 유일한 재산인 별지 목록 기재 부동산을 _____년 __월 __일에 신청 외 ○○○의 처남인 채무자 ○○○에게 증여하고 _____년 __월 __일에 채무자 ○○○ 명의로 등기 이전을 마쳤습니다.

5. 신청 외 ○○○의 위와 같은 증여는 채권자를 해함을 알고 한 법률행위로서 사해행위에 해당됨이 명백하다 할 것이고, 이에 채권자는 채무자를 상대로 별지 목록 부동산에 대해서 사해행위 취소의 소를 제기하고자 준비 중이나 소송 종료 시까지는 많은 시일이 소요되고 만약 채무자가 별지 목록 기재의 부동산을 처분할 경우 채권자가 확정판결을 받더라도 소송의 목적을 달성할 수 없으

므로 그 집행을 보전하기 위해 이 신청을 합니다.

　6. 담보제공에 대하여는 보증보험회사와 지급보증위탁계약을 체결한 문서로 제출하고자 하오니 허가하여주시기 바랍니다.

첨부 서류

1. 세금계약서 사본　　　　　1통
1. 지불확약서(연대보증)　　　1통
1. 부동산등기부등본　　　　　1통
1. 토지대장　　　　　　　　　1통
1. 토지가격확인원　　　　　　1통
1. 송달료 납부서　　　　　　 1통
1. 등록세 영수필 확인서　　　1통
1. 법인등기부본　　　　　　　1통

_____년 __월 __일

위 채권자 (주)○○ 대표이사 ○○○ (인)

○○지방법원 귀중

63

억울하게 가압류당한 채무자인데

가압류한 채권자에게 세척기를 구입했는데, 하자가 많아 수차례 A/S를 요청하였으나 제대로 되지 않았습니다. 그래서 세척기 대금 일부를 유보했는데, 채권자가 그것을 근거로 제 부동산에 가압류를 했습니다. 부동산을 처분하여 사업 자금으로 사용하려 하는데 가압류되어 있어 처분이 안 됩니다. 억울하게 가압류당하고 부동산을 조기에 처분하여야 하는데 어떻게 해야 할까요?

채무자는 가압류결정에 이의가 있는 경우에는 이의를 신청할 수 있다. 이의 신청 사유로는 채무의 부존재, 소멸 등이 있고, 가압류의 취소나 변경 사유를 들어 가압류 취소 신청을 할 수 있다.

가압류 이의 신청이 되면 법원은 변론 기일을 정하고 이를 당사자들에게 통지한다. 변론과 심리의 결과에 따라 법원은 가압류의 일부 또는 전부의 인가, 변경, 취소를 선고한다. 그리고 채무자는 제소명령 신청에 대해 채권자가 본안소송을 제기하지 않은 경우, 법원이 정한 담보를 공탁한 경우에 가압류 취소를 신청할 수 있고, 가압류 사유 소멸이나 시정 변경이 있는 경우나 가압류 후 3년이 경과한 경우 등에도 가압류 취소 신청을 할 수 있다.

가압류결정 후 장기간 가압류 상태를 유지하면 채무자는 불의의 피해를 볼 수도 있다. 이럴 때 채무자는 채권자에게 본안소송을 제기하도록 본안의 제소명령 신청을 할 수 있다. 본안의 제소명령 신청이 있으면 법원은 2주 이상의 기간을 정하여 그 기간 내에 본안소송을 제기하고 이를 증명하는 서류를 제출하거나 소송 계속 사실을 증명하는 서류를 제출하도록 명한다. 채권자가 정해진 기간 내에 서류를 제출하지 않으면 법원은 채무자의 신청에 따라 가압류를 취소한다.

채무자는 가압류 이유가 소멸되거나 그 밖에 사정이 바뀐 경우에 가압류·가처분 취소 신청을 할 수 있다. 이때 가압류 취소는 종국 판결로 하는데, 재판은 가압류를 명한 법원이 하지만 본안이 계속되고 있는 경우에는 본안 법원이 한다.

가압류가 집행된 뒤 3년간 본안소송을 제기하지 않았다면 채무자나 이해관계인은 가압류 취소 신청을 할 수 있으며 이때는 가압류를 한 법원이 결정으로 가압류를 취소한다.

채권자가 가압류한 경우에 채무자는 가압류 청구 금액만큼을 공탁하고 가압류 집행취소 신청을 할 수 있다. 해방공탁금은 가압류 채권자가 승소하여 집행권원을 얻게 되면 집행의 목적물이 되며, 가압류 채권자가 본안소송에서 패소하면 해방공탁금은 채무자가 회수한다. 이때는 따로 담보취소결정을 받을 필요 없이 채무자가 사정 변경을 주장하여 가압류명령을 취소하는 판결을 받아 공탁금을 회수할 수 있다.

| 판례 |

민사집행법 제287조에 규정된 본안의 소의 부제기 등에 의한 가압류 취소는 채권자에게 본안의 소를 제기할 것을 명하고 채권자가 본안의 소를 제기하였다는 등을 증명하는 서류를 일정한 기간 이내에 제출하지 아니한 때에 가압류명령을 취소하는 제도로서, 제소명령에 정하여진 기간 이내에 본안의 소를 제기하지 아니하거나 본안의 소가 계속되고 있지 아니한 때는 물론이고 정하여진 기간 이내에 본안의 소가 제기되었거나 이미 소를 제기하여 계속되고 있었음에도 불구하고 채권자가 그러한 사실을 증명하는 서류를 기간 이내에 법원에 제출하지 아니한 경우에도 법원은 가압류명령을 취소하여야 하고, 그 기간이 지난 뒤에 증명서류를 제출하였다고 하더라도 마찬가지이다. (2003. 6. 18. 2003마793)

| 판례 |

가압류 집행의 목적물에 갈음하여 가압류해방금이 공탁된 경우에 그 가압류의 효력은 공탁금 자체가 아니라 공탁자인 채무자의 공탁금회수청구권에 대하여 미치는 것이므로 채무자의 다른 채권자가 위 공탁금회수청구권에 대하여 압류명령을 받은 경우에는 가압류 채권자의 가압류와 다른 채권자의 압류는 그 집행 대상이 같아 서로 경합하게 된다. (2012. 5. 24. 2009다88112)

6장

집행권원 편

이 장에서는 민사소송에 대해 알아보고,

민사소송보다 간편한 절차를 거쳐 집행권원을 얻는 방법을 살펴본다.

64

집행권원이란?

채무자가 채무를 임의로 변제하지 않는 경우에 채무자 재산을 강제집행하려면 집
행권원이 있어야 한다고 합니다. 집행권원이란 무엇이고, 집행권원을 얻는 방법으
로는 어떤 것이 있는지 알고 싶습니다.

채무자가 스스로 채무를 변제하지 않는 경우 채권자는 국가권력
의 도움을 받아(법원에 신청하여) 채무자 재산을 강제집행하여 그 환가
금액에서 채권을 회수한다. 그런데 강제집행 신청은 어느 경우에
나 할 수 있는 것이 아니고 집행력이 있는 집행권원이 있어야 가능
하다. 집행권원이란 강제집행 절차에 의하여 청구권을 실현시킬 수
있는 문서를 말하는데, 집행권원을 얻는 방법은 다음과 같다. 집행
권원에는 여러 종류가 있지만, 여기서는 실무적으로 많이 활용되는
집행권원에 대해서만 설명한다.

• 확정판결: 집행권원 중 대표격인 것으로, 정확한 명칭은 확정된 종국판결이

다. 민사소송을 제기하여 절차를 거쳐 최종적으로 확정된 판결이다.

- 가집행 선고가 있는 종국판결: 민사소송에서 승소 확률이 높은 경우, 민사소송을 신청할 때 신청 취지에 '청구 내용에 대하여 가집행할 수 있다'는 취지도 같이 명기한다. 이것이 법원에서 받아들여져 1심 판결이 가집행선고가 있는 판결이 나면 피고가 항소나 상고를 하더라도 원고는 1심 종국판결을 가지고 바로 강제집행 신청이 가능하다.

- 확정된 지급명령: 채무자가 채무 자체는 인정하면서도 변제를 지연할 때 지급명령 신청을 하면 효과적이다. 지급명령 신청은 소송에 비해 비용과 시간이 적게 들기 때문이다. 지급명령에 대하여 채무자가 14일 내에 이의신청을 하지 않으면 지급명령이 확정되는데, 확정된 지급명령은 집행권원이 된다.

- 확정된 이행권고결정: 소액사건(3,000만 원 이하의 사건)의 소송이 제기된 경우 법원에서는 청구의 취지대로 이행할 것을 피고에게 권고할 수 있는데, 이때 피고가 14일 내로 이의 신청을 하지 않으면 확정된 이행권고결정이 집행권원이 된다.

- 조정조서: 민사조정 신청을 하여 얻는다. 민사조정이란 조정담당판사 또는 법원에 설치된 조정위원회가 간이한 절차에 따라 분쟁의 당사자로부터 각자의 주장을 듣고 여러 사정을 참작하여 관계 자료를 검토한 후, 서로 양보와 타협을 통하여 합의하도록 주선, 권고함으로써 분쟁을 평화적이고 신속하게 해결하는 제도다. 상대방과 분쟁이 있는 경우라도 민사조정을 활용하면 소송 절차보다 비용과 시간을 적게 들이고도 집행권원을 얻을 수 있다.

- 소송상의 화해조서: 소송 절차에서 원고와 피고 간에 화해(합의)가 된 경우

에는 화해조서가 집행권원이 된다.

- 확정된 화해권고결정: 소송절차에서 판사는 모든 사정을 참작하여 화해권고결정을 할 수 있는데 이에 이의가 없으면 이 결정은 집행권원이 된다.
- 제소 전 화해조서: 제소 전 화해는 법원에 제소 전 화해 신청을 하여 소송을 제기하기 전에 미리 당사자가 판사 앞에서 화해(합의)하여 집행권원을 얻는 방법이다.
- 집행력이 인정된 공정증서, 약속어음 공정증서: 일정한 금전채권, 대체물, 유가증권의 청구에 관하여 채무자가 강제집행은 인정하고 승낙하는 취지를 기재한 공정증서는 집행권원이 된다.

집행권원을 얻는 데는 소송을 통하지 않고도 여러 가지 방법이 있다. 소송보다 비용과 시간을 적게 들이고도 집행권원을 얻는 방법이 있으므로 활용하면 좋다. 특히 지급명령과 민사조정을 잘 활용하면 유용하다.

65

사건번호를 구별하는 방법은?

채무자가 채무를 변제하지 않아 지급명령 신청을 하였는데 사건번호가 부여되었습니다. 사건번호를 알아야 사건 진행 내용을 조회해볼 수 있다고 합니다. 사건번호란 무엇이며, 어떠한 방법으로 부여되나요?

사건번호란 법원에 신청하거나 제기되는 사건에 대법원 예규에서 정하는 부호를 부여하여서 사건을 식별하게 하는 것이다. 대법원 예규에는 법원에 접수된 사건에는 사건번호를 붙여야 한다고 규정되어 있다. 사건에 붙인 사건번호와 사건명은 종국에 이르기까지 사용한다.

사건번호는 서기연수 네 자리 아라비아숫자, 사건별 부호문자, 진행 번호인 아라비아숫자의 순서로 기재된다. 예를 들어 20__가단 12345와 같이 기재되는데, 맨 앞의 20__은 20__년에 접수된 사건임을 나타내며, 중간의 가단은 민사1심 단독사건임을 나타내는 부호문자다. 즉, 20__년에 민사1심 단독사건 중 12345번째로 진행된 사건이라는 뜻이다.

어떤 사건인지는 사건번호 중간의 부호문자로 식별한다. 자주 쓰이는 사건번호 부호는 다음과 같다.

사건 구분 부호

민사가압류, 가처분 등 합의사건: 카합

민사가압류, 가처분 등 단독사건: 카단

공시최고사건: 카공

담보취소 등 사건: 카담

동산가압류, 가처분, 부동산 가처분: 가

민사소액사건: 가소

민사단독사건: 가단

민사합의사건: 가합

민사항소사건: 나

민사상고사건: 다

민사항고사건: 라

민사재항고사건: 마

민사특별항고사건: 그

민사준항고사건: 바

민사조정사건: 머

화해사건: 자

독촉사건(지급명령): 차

소송 비용 등 확정결정 신청사건: 카확

확정된 소송 기록에 대한 열람 신청사건: 카열

기타 민사 신청사건: 카기

부동산 등 경매사건: 타경

채권 등 집행사건: 타채

채권배당사건: 타배

동산경매 부동산인도명도철거 등: 본

기타 집행사건: 타기

재산명시 등 사건: 카명

재산조회사건: 카조

소송구조 등 사건: 카구

채무불이행자 명부 등재사건: 카불

회생합의사건: 회합

회생단독사건: 회단

회생채권, 회생담보권 조사확정사건: 회확

기타 회생 관련 신청사건: 회기

개인회생사건: 개회

개인회생채권 조사확정사건: 개확

기타 개인회생관련 신청사건: 개기

파산합의사건: 하합

파산단독사건: 하단

파산채권 조사확정사건: 하확

면책사건: 하면

기타 파산면책 관련 신청사건: 하기

증인감치사건: 정기

채무자감치사건: 정명

증인채무자감치 항고사건: 정라

증인채무자감치 재항고사건: 정마

형사1심 합의사건: 고합

형사1심 단독사건: 고단

약식사건: 고약

형사항소사건: 노

형사상고사건: 도

즉결심판사건: 조

66

사건 진행 사항을 알아보는 방법은?

채무자가 채무를 변제하지 않아 민사소송을 제기하였고, 민사소장을 접수하면서 사건번호가 부여되었습니다. 사건번호를 알면 사건 진행 내용을 쉽게 조회해볼 수 있다고 하는데, 어떻게 하면 되나요?

법원에 신청하거나 제기되는 사건에 대해서는 사건번호가 부여된다. 사건번호와 당사자 중 1인의 성명 중 2글자만 알면 사건의 진행 내역을 알아볼 수 있다.

사건의 진행 내역을 알아보는 방법으로는 인터넷으로 조회하는 방법과 법원통합콜센터로 조회하는 방법이 있다.

① 인터넷 조회

대한민국법원 홈페이지-나의사건검색에서 법원과 사건번호, 당사자명(1인)을 2글자 이상 입력하면 조회할 수 있다.

가압류사건, 공시최고사건, 민사소송사건, 독촉사건(지급명령), 전자독촉사건, 민사조정사건, 화해사건, 소송비용 확정을 위한 신청사

건, 개인회생사건, 회생사건, 파산단독사건, 채권 등 집행사건, 재산
명시 등 사건, 재산조회사건, 형사사건 등이다.

부동산 경매사건은 대한민국법원 홈페이지-법원경매정보-경매
물건검색-경매사건검색에서 법원명과 사건번호를 입력하고 진행
사항을 검색할 수 있다. 동산경매사건은 대한민국법원 홈페이지-
전자민원센터-법원경매정보-나의경매-나의동산집행정보에서 검
색할 수 있다.

② 기타 방법

- 법원통합콜센터(02-3480-1100)를 통하여 알아볼 수 있다.
- 민사본안 사건의 경우 휴대전화를 통한 정보 수신 신청을 할
  수 있다. 재판 기일이 지정되거나 문건 접수 시 그 정보가 재판
  사무시스템에 입력된다. 휴대전화를 통한 정보 수신 신청을 하
  면 하루 2회 재판사무시스템에 입력된 정보를 받아볼 수 있다.

67

공증을 받아놓으면
집행권원이 된다고 하는데

거래처에서 채무를 변제하지 않는 경우에 채무자의 재산을 강제집행하기 위해 민사소송을 제기하여 집행권원을 얻으려면 많은 시간과 노력을 기울여야 합니다. 평상시 거래처와 합의하여 공정증서를 받아놓으면 집행권원이 된다고 하는데, 공증에 대하여 알고 싶습니다.

공증이란 공증에 관한 권한을 갖고 있는 공증인이 법률 생활에서 생기는 여러 상황에 대하여 증거를 보전하고 권리자의 권리 실행을 용이하게 하기 위하여 특정한 사실이나 법률관계의 존부를 공적으로 증명하는 행위를 말한다. 공증한 서류는 위조 염려가 없으므로 분쟁을 사전에 방지하고 민·형사 재판에서 강력한 증거력을 가진다.

또한 어음, 수표나 금전소비대차 등 일정한 금전, 대체물, 유가증권의 지급을 목적으로 하는 법률행위를 공증해놓으면 재판 절차를 거치지 않고 집행문을 부여받아 강제집행을 할 수 있다. 금전소비대차 공정증서, 준소비대차 공정증서, 약속어음 공정증서 등이 여기에 해당되며, 이러한 공정증서는 집행권원이 된다.

공증의 종류와 방법은 아래와 같다.

- 공정증서의 작성: 어음, 수표나 금전소비대차 등 일정한 금전, 대체물, 유가증권의 지급을 목적으로 하는 법률행위에 대하여 공정증서를 작성하고 채무자가 강제집행은 인정하고 승낙하는 취지를 기재하면 그 공정증서는 집행권원이 된다.
- 사서증서의 인증: 당사자가 작성한 계약서, 합의서, 각서 등 서류상의 서명날인이 틀림없다는 것을 확인한다.
- 정관 인증: 법인 설립 당초의 정관이 진정성립함을 공증인이 확인한다.
- 의사록 인증: 법인등기 절차에 수반되는 의사록의 내용과 성립을 확인한다.
- 확정일자: 당사자가 작성한 사서증서에 공증인이 일자인을 압날하여 확정일자인을 찍은 일자, 공정증서에 기입한 일자, 내용증명상의 일자를 의미하며, 특히 채권양도의 통지는 확정일자 있는 증서가 아니면 제3자에게 대항할 수 없다.

공증은 공증인가를 받은 합동법률사무소와 법무법인 및 임명된 공증인에게서 받을 수 있으며, 공증기관이 없는 지역에서는 지방검찰청 또는 지청의 공증인 직무대행을 임명받은 검사나 등기소장에게서 받을 수도 있다.

공증을 받으려면 원인서류와 당사자를 확인할 수 있는 신분증과 인장을 지참하여야 한다. 여기에 법인인 경우에는 법인등기부등본이, 대리인이 대리하는 경우에는 위임장과 대리인의 신분증과 인장이 필요하다. 위임장에는 자기대리 및 쌍방대리 행위를 하여도 이의가 없다고 본인이 승낙했음을 확인받아야 한다. 본인의 확인을 받은 경우에는 자기대리와 쌍방대리가 가능하기 때문이다.

계약 체결 당사자가 주민등록증과 계약서 초안(또는 계약의 취지 설명)을 지참하고 공증 담당 기관에 제출하면 공증인이 공정증서를 만들어 읽어주며, 여기에 당사자들이 기명날인하고 공증인도 기명날인하여 공정증서를 작성한다. 작성된 공정증서 원본은 공증인이 보관하고, 정본이나 등본을 당사자에게 교부한다.

공증 시 소요되는 공증 수수료는 다음과 같다.

• 공정증서

200만 원까지	11,000원
500만 원까지	22,000원
1,000만 원까지	33,000원
1,500만 원까지	44,000원
1,500만 원 초과 시	[초과분×0.0015]를 더하되 300만 원을 초과할 수 없음

• 사서인증

공정증서 수수료의 1/2, 50만 원을 초과하지 못함

68

민사소송의 소 제기는 어떻게 하나요?

채무자가 이 핑계, 저 핑계를 대면서 채무를 변제하지 않아서 물품 대금 청구의 소송을 제기하고자 합니다. 민사소송의 소장은 어떻게 작성하고 접수하여야 하는지 알고 싶습니다.

민사소송을 제기하려면 정해진 내용을 소장에 기재하고 입증 방법과 구비 서류를 첨부하여 관할 법원에 소장을 제출하여야 한다.

소장에는 당사자의 표시, 청구 내용, 청구 취지, 청구 원인, 입증 방법 및 첨부 서류, 작성 연월일, 원고의 기명날인 및 간인, 법원의 표시를 다음과 같이 기재한다.

- 당사자 표시: 원고의 명칭 또는 상호. 성명, 주소, 우편번호, 일과 중 연락 가능한 전화번호, FAX 번호, 이메일 주소, 피고의 명칭 또는 상호, 성명, 주소, 우편번호를 기재하며 주소는 성명 아랫줄에 성명의 첫 번째 글자부터 시작하여 기재한다. 주소와 송달 장소가 다를 경우에는 주소를 먼저 기재하고 송달 장소를 보충하여 기재한다.

- 청구 내용: 물품 대금 청구의 소, 대여금 청구의 소, 손해배상금 청구의 소와 같이 청구 내용을 기재한다. 질의 내용은 물품 대금 청구의 소송이므로 물품 대금 청구의 소로 기재한다.

- 청구 취지: 청구를 구하는 내용, 표시 등을 기재하는데 전부승소하는 경우 청구 취지대로 판결주문이 나오는 경우가 많으므로 주의를 기울여 기재한다. 청구를 구하는 내용, 표시 등을 누락하여서는 안 된다. 물론 소송 진행 중이라도 청구의 취지를 추가할 수 있다.

- 청구 원인: 권리 또는 법률관계의 성립 원인과 사실에 대한 내용을 육하원칙에 의하여 기재한다.

- 입증 방법: 증거 서류의 명칭을 갑 제1호증 계약서, 갑 제2호증 세금계산서 등으로 기재한다. 원고가 제출하는 증거 서류는 갑 제____호증으로 표시한다.

- 첨부 서류: 소장 부본, 송달료 납부서, 법인등기부등본, 소송대리 허가신청 및 소송위임장, 법인 인감증명서 등을 기재한다.

- 작성일: 작성한 연월일을 기재한다.

- 원고의 기명날인 및 간인: 원고의 성명을 기재하고 날인하며 소장이 여러 장인 경우에는 간인한다.

- 법원의 표시: 소장을 제출할 법원을 'ㅇㅇ지방법원 귀중'과 같이 기재한다.

위와 같이 작성한 소장에는 입증 방법과 구비 서류를 첨부해야 하는데, 계약서, 세금계산서, 인수증 등과 같이 청구의 내용을 입증할 수 있는 서류들을 첨부한다. 첨부할 서류는 다음과 같다.

- 소장 부본: 소장의 부본을 2통 첨부한다.
- 인지대, 송달료 납부서: 인지대, 송달료를 납부하고 납부서를 첨부한다.
- 법인등기부등본: 법인인 경우에는 법인등기부등본을 첨부한다.
- 소송대리 허가 신청 및 소송 위임장: 회사의 직원이나 4촌 이내의 친족 등이 소송을 대리하는 경우에 첨부한다.
- 인감증명서: 인감증명서를 첨부한다.

소장 작성이 완료되고 입증 방법과 구비 서류가 갖추어지면 관할 법원에 제출한다. 소장은 보통재판적 관할 법원과 특별재판적 관할 법원, 당사자 합의에 의한 관할 법원에 제출할 수 있다. 특별재판적 관할 법원이 있는 경우에는 보통재판적 관할 법원과 비교하여 원고에게 유리한 법원을 선택하여 소를 제기할 수 있다.

- 보통재판적 관할 법원: 피고가 자연인인 경우에는 피고의 주소지 관할 법원, 주소가 없거나 주소를 알 수 없는 때에는 거소(현재 사실상 거주지), 거소가 없거나 알 수 없는 때에는 최후의 주소지 관할 법원에 제출해야 한다. 피고가 법인 기타 단체인 경우는 주된 사무소 또는 영업소(본점) 소재지, 주된 영업소가 없는 때에는 주된 업무 담당자의 주소지 관할 법원에 제출해야 한다.

- 특별재판적 관할 법원

  사무소 또는 영업소에 계속 근무하는 자에 대한 소: 근무지 법원

  재산권에 관한 소: 거소지 또는 의무 이행지 법원

  어음, 수표에 관한 소: 지급지 법원

  사무소 또는 영업소가 있는 자에 대한 소: 그 사무소 또는 영업소의 업무에

  한하여 사무소, 영업소 소재지

  불법행위에 관한 소: 불법행위지

  부동산에 관한 소: 부동산 소재지

  등기, 등록에 관한 소: 등기, 등록지

  특정 유형의 소: 지적재산권과 국제거래에 관한 소의 경우 그에 관한 전문

  재판부가 설치된 고등법원이 있는 곳의 지방법원

- 당사자 합의에 의한 관할: 당사자가 일정한 법률관계에 기인하는 소에 대

  하여 서면으로 합의하여 제1심 관할 법원을 정할 수 있다. 단, 법률상 전속

  관할로 지정된 경우에는 합의 관할이 인정되지 않는다.

물품 대금 청구의 소송은 채무자 주소지(일반적으로 인정된 관할 법원)
와 채권자 주소지(재산권인 물품 대금의 이행지)의 관할 법원 모두 가능
하므로 이 중 편리한 곳에 소장을 접수한다.

민사소송의 소장을 접수(제기)하려면 인지액(인지대)와 송달료를 납
부하여야 하는데, 인지대와 송달료는 송달료 수납 은행(보통 법원 구내
은행)에 납부하고 교부받은 인지대, 송달료 납부서를 소장에 첨부시

킨다. 인지액(인지대)은 소송 목적 가액에 따라 상당액을 납부한다.

인지액 산정

소가	지액
• 소가가 1,000만 원 미만인 경우	소가의 50/10,000
• 소가가 1,000만 원 이상 1억 원 미만인 경우	소가의 45/10,000 + 5,000원
• 소가가 1억 원 이상 10억 원 미만의 경우	소가의 40/10,000 + 55,000원
• 소가가 10억 원 이상인 경우	소가의 35/10,000 + 555,000원
• 항소장의 인지액	1심 인지액의 1.5배
• 상소장의 인지액	1심 인지액의 2배

산출된 인지액이 1,000원 미만인 때에는 이를 1,000원으로 하고, 1,000원 이상인데 100원 미만의 단수가 있는 때에는 그 단수는 계산하지 않는다.

송달료는 각 사건에 따라 계산 방식이 차이가 나는데 각 사건별 송달료 계산 방식은 다음과 같다.

송달료

사건	송달료
민사1심 소액사건	당사자 수 × 5,200원 × 10회분
민사1심 단독사건	당사자 수 × 5,200원 × 15회분
민사1심 합의사건	당사자 수 × 5,200원 × 15회분
민사항소사건	당사자 수 × 5,200원 × 12회분
민사상고사건	당사자 수 × 5,200원 × 8회분
민사조정사건	당사자 수 × 5,200원 × 5회분
부동산 경매사건	(신청서상의 이해관계인의 수 + 3) × 5,200원 × 10회분

여기서 소액사건은 3,000만 원 이하의 사건, 단독사건은 5억 원 이하의 사건, 합의사건은 5억 원을 초과하는 사건인데, 어음·수표 청구의 경우에는 5억 원을 초과해도 단독사건이다. 소송 절차가 종결된 후에 송달료 잔액이 남으면 납부인에게 환급해주는데, 납부인이 송달료를 납부하면서 송달료 잔액을 계좌에 입금하도록 신청한 경우에는 신고한 예금계좌로 입금해준다.

소장에 인지를 첨부하고 송달료를 납부하면 송달료 납부서를 첨부한다. 소액사건과 단독사건은 민사단독과에, 합의사건은 민사합의과에 제출하면 소송을 제기한 것이다. 접수하는 담당과는 법원에 따라 차이가 있으므로 법원의 안내에 따라 접수하면 된다.

대한민국법원-전자소송에서도 소 제기와 절차 진행이 가능한데, 뒤에서 다룰 것이다.

소장

원고 : (주)○○○ 대표이사 ○○○
　　　　서울시 ○○구 ○○동 ○○번지
　　　　전화번호 :　　　　　　　　이메일 주소 :
　　　　우편번호 : ○○○-○○○
　　　　법인등록번호 :
피고 : ○○○
　　　　서울시 ○○구 ○○동 ○○번지
　　　　우편번호 : ○○○-○○○

물품 대금 청구의 소

청구 취지

　1. 피고는 원고에게 원금 금 12,000,000원 및 이에 대하여 ＿＿년 ＿월 ＿일
부터 이 소장 부본 송달일까지는 비율 연 6%의, 소장 부본 송달 다음 날로부터
완제일까지는 비율 연 12%의 각 비율에 의한 금원을 각 지급하라.
　2. 소송 비용은 피고의 부담으로 한다.
　3. 위 제1항은 가집행할 수 있다라는 판결을 구합니다.

청구 원인

　1. 원고는 피고에게 ＿＿＿년 ＿월 ＿일 금 12,000,000원의 전자제품을 변제
기 ＿＿＿년 ＿월 ＿일로 납품하였습니다.
　2. 그런데 피고는 물품 대금 12,000,000원을 변제기 이후에도 원고의 수차례
독촉에도 불구하고 변제기가 2개월 이상이 지난 지금까지 변제하지 않고 있습
니다.
　3. 이러한 원인으로 원고는 피고에 대하여 원금과 지연 이자를 변제받기 위하
여 청구를 하기에 이른 것입니다.

입증 방법

　1. 갑 제1호증 매매계약서　　　　1통
　1. 갑 제2호증 세금계산서　　　　1통

첨부 서류

1. 소장 부본   2통
1. 인지대, 송달료 납부서   1통
1. 법인등기부등본   1통
1. 소송대리 허가신청 및 소송위임장 1통
1. 법인인감증명서   1통

_____년 __월 __일

원고 (주)○○○ 대표이사 ○○○ (인)

○○지방법원 귀중

69

민사소송 제기 후 소송은
어떠한 절차로 진행되나요?

얼마 전에 채무자를 상대로 민사소송을 제기하였습니다. 이 이후에 민사소송 절차
는 어떻게 진행되나요? 민사소송이 진행되는 동안 주의할 사항은 어떠한 것이 있는
지 알고 싶습니다.

민사소송이 제기되면 법원에서는 소장 부본을 피고에게 송달하
는데, 송달한 결과 수취인 부재, 폐문 부재, 수취인 불명, 주소 불명,
이사 불명 등의 사유로 송달 불능이 된 경우 법원은 보정명령을 한
다. 원고는 다음과 같이 보정하거나 공시송달 등 적절한 방법을 택
하여야 한다.

• 수취인 부재 또는 폐문 부재로 송달 불능된 경우: 송달받을 자가 군 입대,
  교도소 수감 등의 사유로 부재중인 경우에는 군부대의 소속 및 구치소 또
  는 교도소명을 기재하여 주소 보정을 하면 법원에서는 그 장소로 재송달한
  다. 장기 여행이나 직장 생활 등으로 폐문 부재인 경우에는 재송달 신청을
  하거나, 특별송달 신청을 하여 휴일이나 야간에도 송달할 수 있다. 통합송

달을 신청할 수도 있는데, 집행관이 주간 1회, 야간 1회, 휴일 1회(각 1회씩) 송달을 실시한다.

- 주소 불명, 이사 불명으로 송달 불능된 경우: 번지를 기재하지 않았거나, 같은 번지에 호수가 많아서 주소를 찾을 수 없는 경우, 이사한 경우에는 새 주소를 정확하게 파악하여 주소 보정을 신청한다. 당사자의 주소나 거소, 기타 송달할 주소를 알 수 없는 경우에는 소명 자료를 갖추어 공시송달을 신청할 수도 있다.

- 수취인 불명으로 송달이 불능된 경우: 수취인의 주소나 성명의 표기가 정확하지 않아 송달이 불능된 때에는 정확한 주소 및 성명을 적은 보정서를 제출한다.

- 공시송달 신청 방법: 소송 서류가 이사 불명 등으로 송달 불능된 경우, 통상의 조사를 하였으나 당사자의 주소, 거소 기타 법정의 송달 장소 중 어느 한 곳도 알지 못할 때는 주민등록등(초)본 1통과 집행관의 송달불능보고서, 최후 주소지의 통·반장이나 인근 거주자의 인우보증서(불거주확인서), 근친자의 확인서를 첨부하여 신청한다.

소장 부본이 피고에게 송달되면 피고는 송달일로부터 30일 이내에 답변서를 제출하여야 한다. 소장을 받은 피고가 답변서를 정해진 기간 내에 제출하지 않으면 법원은 변론 없이 선고 기일을 잡고 판결을 선고할 수 있으며, 답변서를 제출하면 이후 공방 절차에 들어간다.

공방 절차는 법정 외에서 서면에 의한 서면 공방 절차와 법정에서 하는 법정 공방 절차로 진행되며, 법정 공방 절차는 다시 쟁점을 정리하고 확인하는 쟁점 정리 기일(변론 준비 기일 또는 변론 기일)과 증인 심문 및 증거 조사를 하는 집중 증거 조사 기일(변론 기일)로 진행된다.

서면 공방 절차의 경우, 피고가 소장 부본 송달일로부터 30일 내에 답변서를 법원에 제출하면 이 답변서는 원고에게 송달되고 답변서를 받은 원고는 정해진 기간 내에 반박 준비서면을 제출한다. 원고가 정해진 기간 내에 반박 준비서면을 법원에 제출하면 법원에서는 이것을 다시 피고에게 송달하고 준비서면을 받은 피고는 또 정해진 기간 내에 재반박 준비서면을 제출한다.

원고와 피고는 서면 공방 절차에서 자신의 주장을 뒷받침하는 서증을 준비서면과 함께 제출한다. 이렇게 주장과 증거 자료의 제출이 완료된 사건에 대해서는 쟁점이 정리된 순서대로 주장 증거를 정리하는 준비 기일이 정해진다.

법정 공방 절차의 경우 정해진 시간을 지켜 출석해야 하며, 질병 등 부득이한 사유로 출석하지 못할 경우에는 그 사유를 법원에 신고하고 기일 연기 신청을 하여야 한다.

법정 공방 절차는 준비 기일(주장 증거 정리)과 집중 증거 조사 기일(변론 기일)로 나누어 진행된다. 준비 기일(주장 증거 정리)에는 사건의 쟁점을 최종적으로 정리하여 확인하고, 원고와 피고는 판사 앞에서 자신의 주장을 할 수 있다. 준비 기일(주장 증거 정리)이 끝나면 집중 증거 조사 기일을 열어 당사자와 관련 증인 모두를 심문한다. 당사자는 변론 준비 기일의 결과를 진술하며, 법원은 증거 조사를 하고 증인을 한꺼번에 심문한 후 심리를 종결한다.

판결은 변론이 종결된 날로부터 2~3주 후에 선고하는 것이 보통이지만, 소액사건의 경우에는 변론을 종결하면서 즉시 판결을 선고하기도 한다.

보통 법정에서 판결을 선고할 때, 원고 또는 피고가 전부승소한 경우에는 판사가 "원고 승소" 또는 "피고 승소"라고 간단하게 선고하지만, 원고나 피고가 일부만 승소한 경우에는 원고의 청구 중에서 인정되는 부분을 구체적으로 밝힌다. 판결문은 판결이 선고된 날로부터 10일 정도 지난 후에 도착한다.

법원은 재판 절차가 진행되는 도중에 사건의 공평한 해결을 위하여 화해권고결정을 할 수 있다. 양 당사자가 화해권고결정을 송달받고 2주 이내에 이의를 제기하지 않으면 그 결정 내용대로 재판상의 화해가 성립된 것과 같은 효력이 발생한다. 재판상의 화해 결정은 확정판결과 같은 효력을 갖는다.

원고는 다음의 사항을 주의하여야 한다. 준비서면은 정해진 기일 내에 제출하는데, 제출하지 않으면 더 이상 주장과 입증을 할 수 없을 수도 있다. 모든 주장은 조목조목 조리 있게 하고, 증거를 항목별로 분명하게 표시해야 한다.

주장과 증거는 재판이 열리기 전이라도 서면 공방 절차에서 모두 제출해야 한다. 이때까지 제출하지 않으면 더 이상의 주장과 입증이 없는 것으로 보고 절차를 진행할 수 있다. 재판 기일에는 정해진 시간에 출석해야 하며 부득이한 사유로 출석하지 못하면 미리 법원에 기일 연기 신청을 하여야 한다.

민사재판 절차

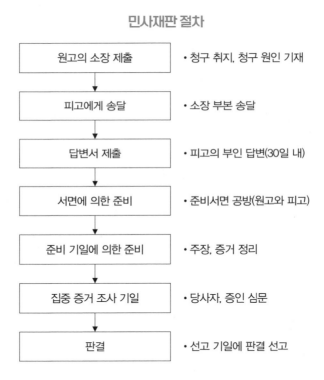

원고의 소장 제출	• 청구 취지, 청구 원인 기재
피고에게 송달	• 소장 부본 송달
답변서 제출	• 피고의 부인 답변(30일 내)
서면에 의한 준비	• 준비서면 공방(원고와 피고)
준비 기일에 의한 준비	• 주장, 증거 정리
집중 증거 조사 기일	• 당사자, 증인 심문
판결	• 선고 기일에 판결 선고

70

답변서와 준비서면의 작성과 제출은
어떻게 하나요?

소송에서 피고가 되는 경우도 있고 원고가 되는 경우도 있습니다. 소송 절차 중에 법원으로부터 답변서나 준비서면을 제출하라고 하는데, 재판 과정에서 어떻게 활용되나요? 또 답변서와 준비서면은 어떻게 작성하여 제출하면 될까요?

법원에서 소장 부본을 받은 피고가 원고의 청구를 다투어 응소할 의사가 있으면 소장 부본을 받은 날로부터 30일 이내에 답변서를 제출하여야 한다.

답변서는 피고가 법원에 처음 제출하는 준비서면을 말한다. 피고가 제출하는 서면도 두 번째부터 제출하는 서면은 준비서면이라고 한다. 피고가 답변서를 30일 내에 제출하지 않으면 법원에서는 변론 없이 선고 기일을 잡고 선고 기일에 원고 승소 판결을 선고할 수 있다. 다만, 법원 직권으로 조사할 사항이 있거나, 판결이 선고되기까지 피고가 원고의 청구를 다투는 취지의 답변서를 제출하거나, 30일 내에 답변서가 제출되지 않은 경우라도 공시송달이나 공유물 분할, 경계 확정 등과 같은 소송에서는 원고의 승소 판결이 되지 않는다.

피고가 제출할 답변서에는 사건번호와 당사자, 원고의 청구 취지, 주장 사실에 대한 답변을 기재하는데, 원고의 청구와 주장에 대하여 조목조목 조리 있게 반박 사실을 구체적으로 기재하여야 유리하다. 원고의 주장에 대해서도 인정하는 부분과 인정하지 않는 부분을 구분하여서 반박하는 이유를 분명히 기재해야 한다.

답변서에는 상대방의 수에 상응하는 부본을 첨부하고, 증거 서류는 원본 또는 등본을 상대방 수에 1부를 추가하여 제출하여야 한다.

소송의 당사자가 변론에서 진술하고자 하는 사항을 기재하여 법원에 제출하는 서면을 준비서면이라고 한다. 준비서면에는 사건번호와 당사자, 주장 사실과 증거 방법 등을 조리 있고 논리정연하게 기재하고, 상대방의 주장에 대하여 인정하는 부분과 인정하지 않는 부분을 나누어 다투는 이유를 분명하게 기재한다. 그리고 준비서면에서 인용한 증거 자료는 준비서면을 제출할 때 첨부하여 제출하여야 한다.

준비서면은 법원에서 정한 기한 내에 제출하여야 한다. 만약 기한을 지나 늦게 제출하면 주장이 각하되는 불이익을 받을 수도 있고 더 이상 주장과 입증을 할 수 없을 수도 있다.

준비서면은 상대방의 수에 상응하는 부본을 첨부하고, 증거 서류는 원본 또는 등본을 상대방 수에 1부를 추가하여 직접 법원에 제출하거나 우편으로 제출하면 된다. 전자소송으로 진행하는 경우에는 준비서면도 대한민국법원-전자소송에서 제출할 수 있다. 재판 절차에서 승소와 패소에 상당한 영향을 미칠 수 있으므로 준비서면의 작성과 제출에는 주의를 기울여야 한다.

답변서

사건 ○○○○ 가단 ○○○ 물품 대금

    원고 : ○○(주) 대표이사 ○○○
    피고 : ○○○

위 사건에 대하여 다음과 같이 답변합니다.

청구 취지에 대한 답변
원고의 청구는 이를 기각한다.
소송 비용은 원고의 부담으로 한다라는 판결을 구합니다.

청구 원인에 대한 답변
  1. 피고는 원고로부터 원고가 주장하는 날짜에 물품을 공급받은 것은 사실이나 피고도 원고의 납기 지연과(을 제1호증 발주서, 을제2호증 거래명세표 참조) 원고가 납품한 물품의 하자로 인하여(을 제1호증 물품사진 참조) 원고로부터 받을 손해배상금이 상당 금액 있습니다.
  2. 따라서 이 청구에 응할 수 없고 원고 주장을 전면 부인합니다.

첨부 서류
1. 을 제1호증   발주서 사본   1통
1. 을 제2호증   거래명세표 사본   1통
1. 을 제3호증   물품 사진   1통

_____년__월__일

위 피고 ○○○ (인)

○○지방법원 귀중

준비서면

사건 ○○○○ 가단 ○○○ 물품 대금

     원고 : ○○(주) 대표이사 ○○○
     피고 : ○○○

위 사건에 관하여 다음과 같이 변론을 준비합니다.

  1. 피고의 납기 지연으로 손해를 보았다는 주장에 대하여 납기에 대하여는 원고와 피고가 연기에 합의한 사실이 있고(갑 제3호증 합의서 참조) 원고는 그 합의서에 연기된 기일 이내에 납품을 완료하였습니다.
  2. 피고의 물품하자로 손해를 보았다는 주장에 대하여 원고가 납품할 당시에는 물품의 하자가 전혀 없었고 물품공급계약서 제12조에 납품일 10일 이내에 별도 통보가 없는 경우에는 검사 합격으로 본다는 규정이 있습니다.
  그런데 물품 대금을 차일피일 미루더니 이제 와서 피고의 부주의로 파손된 물품을 원고가 하자 있는 물품을 납품한 것처럼 억지 주장을 하고 있습니다.
  3. 따라서 피고가 주장하는 내용에 대하여 원고로서는 억지 주장이라고 판단되어 전면 부인합니다.

첨부 서류

1. 을 제1호증   발주서 사본   1통
1. 갑 제3호증   합의서 사본   1통
1. 갑 제4호증   물품공급계약서 사본   1통

_____년 __월 __일

위 원고 ○○(주) 대표이사 ○○○ (인)

○○지방법원 귀중

71

민사소송에서는
증거 신청이 중요하다는데

민사소송에서는 입증을 잘하고 못하고에 따라 승소와 패소가 좌우된다고 합니다. 입증하는 방법으로 증거 신청을 잘 활용해야 한다고 하는데, 증거를 신청하는 방법으로 어떠한 것이 있으며 어떻게 신청하면 되나요?

민사소송에서 주장과 그 주장에 대한 입증은 원고와 피고가 해야 한다. 그래서 승소하기 위해서는 증거를 어떻게 잘 제출하느냐가 중요하다. 민사소송에서 승소하느냐 패소하느냐는 증거에 의하여 누가 잘 입증하는가에 달려 있다고 해도 과언이 아니다.

입증을 잘하기 위해서는 증거 신청을 잘 활용하여야 한다. 증거 신청 방법에는 다음과 같은 것이 있다.

① 증인 심문 신청

증인 신청서에는 입증 취지, 당사자와의 관계, 증인의 출석 여부, 연락 가능한 전화번호 등을 함께 기재하여야 한다. 증인 신청은 기일 전에 미리 정하여진 양식에 따라 신청하여야 한다.

법원에서 증인으로 채택되면 법원에서 정한 기간 내에 [상대방 당사자의 수 + 2통]의 증인진술서를 제출하거나 [상대방 당사자 + 3통]의 증인심문사항을 제출하여야 한다.

법원이 증인채택결정을 하면 신청인은 증거 조사 비용(일당, 여비, 숙박료)을 증거 조사 기일 전에 법원 보관금 취급 담당자에게 예납하여야 한다. 그러나 증인이 여비 등 청구권 포기서를 제출한 경우에는 비용 예납 의무가 면제된다.

법원은 특별한 사유 없이 증인 심문 기일에 출석하지 않은 증인에 대하여는 500만 원의 과태료를 부과할 수 있다. 법원은 증인이 1회 과태료 재판을 받고도 다시 출석하지 않으면 7일 이내의 감치에 처할 수 있다.

② 증거 서류의 제출

증거서류(서증)는 [당사자 수 + 1통]을 제출하여야 한다.

서증에는 서증의 첫 페이지 왼쪽 또는 오른쪽의 중간 상단 부분에 '갑 제○호증'이라는 식으로 붙인다. 또한 같은 종류의 서증이 여러 개인 경우 '갑 제○호증의 1, 갑 제○호증의 2'라는 식으로 가지번호를 붙여나가면 된다.

서증을 사본으로 제출하는 경우에는 서증 번호를 붙이는 것 이외에도 첫 장과 끝 장 사이에 일일이 간인하고, 끝장 하단 여백에 '원본과 상위 없음. 원고 ○○○'이라고 적은 다음 날인하여야 한다.

서증의 수가 방대하여 개별적으로 입증 취지를 확인하기 곤란한 경우, 서증의 작성자나 그 작성 연월일 등이 불명확한 경우 등에는 증거설명서를 제출하여야 한다.

증거설명서에는 문서의 제목, 작성 연월일, 작성자 및 입증 취지와 원본의 소지 여부 등을 기재하여야 한다. 입증 취지는 증명하여야 할 사실을 기재하고 사안에 따라서는 작성 경위와 서증으로 구체적으로 입증하려는 사실을 함께 기재한다.

③ 검증·감정 신청

입증을 위하여 검증이나 감정이 필요한 경우에는 검증·감정을 신청하여야 한다. 법원으로부터 검증·감정의 증거가 채택되면 법원에 검증·감정 신청서를 제출한다. 그리고 참여 사무관 등에게 납부하여야 할 검증·감정 비용을 확인하여 보관금 취급 담당자(법원 구내은행)에게 예납한다.

④ 법원의 서증조사

법원으로부터 서증조사의 증거가 채택되면 서증조사의 대상인 문서의 보관 장소와 문서 번호를 확인하여 법원 외 서증조사 신청서를 제출하여야 한다. 그리고 참여 사무관 등에게 서증조사에 필요한 출장 여비 등 비용을 확인하여 보관금 취급 담당자에게 예납하여야 한다.

서증조사 기일에는 서증조사 장소에 출석하여 서증의 등본을 작성하여 제출하여야 한다.

⑤ 문서 송부 촉탁

문서 소지자를 상대로 그 문서를 법원에 송부하여줄 것을 촉탁하는 절차를 문서 송부 촉탁이라 한다. 국가기관, 법인, 학교, 병원 등이 보관하고 있는 문서를 서증으로 제출하는 경우에 흔히 이용되고 있다.

법원으로부터 문서 송부 촉탁의 증거가 채택되면 문서가 있는 장소와 그 문서의 번호 등을 확인하여 문서 송부 촉탁 신청서를 해당 법원에 제출하여야 한다. 실무에서는 사실조회 신청 방법으로 많이 활용되고 있다.

촉탁한 문서가 법원에 도착하면 변론 기일이나 그 전에 그 문서를 서증으로 제출한다.

⑥ 문서제출명령

문서제출명령이란 어느 문서를 서증으로 제출하고자 하나, 이를 상대방 또는 제3자가 소지하고 있기 때문에 직접 제출할 수 없는 당사자가 문서제출명령을 구하는 신청으로, 문서제출명령 신청서에는 문서의 표시와 취지, 소지자, 증명할 사실, 제출 의무의 원인을 명시한다.

민사소송법은 원칙적으로 증언의 거절 사유와 같은 일정한 사유 (형사소추, 치욕, 비밀 유지, 직업 비밀 등)가 있는 문서와 공무원이 직무상 보관하는 문서를 제외하고는 모든 문서를 제출하도록 하고 있다.

제출한 문서가 법원에 도착하면 변론 기일이나 그 전에 그 문서를 서증으로 제출하여야 한다.

| 판례 |

문서의 제출 또는 송부는 원본, 정본 또는 인증등본으로 하여야 하는 것이므로 원본. 정본 또는 인증등본이 아니고 단순한 사본만에 의한 증거의 제출은 정확성의 보증이 없어 원칙적으로 부적법하고, 다만 이러한 사본의 경우에도 원본의 존재와 원본의 성립의 진정에 관하여 다툼이 없고 그 정확성에 문제가 없기 때문에 사본을 원본의 대용으로 하는데 관하여 상대방으로부터 이의가 없는 경우에는 민사소송법 제326조 제1항의 위법에 관한 책문권의 포기 혹은 상실이 있다고 하여 사본만의 제출에 의한 증거의 신청도 허용된다고 할 것이나, 원본의 존재 및 원본의 성립의 진정에 관하여 다툼이 있고 사본을 원본의 대용으로 하는 데 대하여 상대방으로부터 이의가 있는 경우에는 사본으로써 원본을 대신할 수 없다. (1996. 3. 8. 95다48667)

문서제출명령 신청서

사건 20__가합 ○○○○ 추심금

  원고 : ○○○○(주) 대표이사 ○○○
  피고 : ○○○○(주) 대표이사 ○○○

위 사건에 관하여 주장 사실을 입증하기 위하여 다음 문서의 제출명령을 신청합니다.

〈아래〉

1. 문서의 표시 및 소지자
피고가 소지하고 있는 ＿＿＿년 ＿월 ＿일부터 ＿＿＿＿년 ＿월 ＿일까지의 외상매입금 원장, 보통예금 원장, 현금출납장

2. 문서의 취지
위 문서에는 피고와 소의 ○○○○(주) 대표이사 ○○○와의 대금 지급에 대한 상세한 기록이 있습니다.

3. 증명하고자 하는 사실
채권 압류 및 추심명령 송달 전에 추심금이 지급된 사실이 없음을 입증하고자 함.

＿＿＿＿년 ＿월 ＿일

위 원고 ○○○○(주) 대표이사 ○○○ (인)

○○지방법원 귀중

72

1심에서 패소했는데 판결에 불복하려면

채무자를 상대로 민사소송을 제기하였는데 1심에서 패소 판결을 받았습니다. 1심 판결에 불복하여 항소하고자 합니다. 항소는 어떻게 하면 되는지, 상고의 절차에 대하여도 알고 싶습니다.

1심 판결에 불이익을 받은 당사자는 항소할 수 있다. 항소는 판결문을 송달받기 전에도 할 수 있고, 송달받은 날로부터 2주 이내에 원심법원에 항소장을 제출하여야 한다.

여기서 2주일의 기간은 항소장이 원심법원(민사소송 제1심 판결법원)에 접수된 날을 말하며, 항소장이 원심법원이 아닌 항소법원에 잘못 제출되어 원심법원으로 송부된 경우에는 원심법원에 도착한 때를 기준으로 하여 항소 기간 준수 여부를 가리게 된다. 따라서 항소장은 원심법원인 1심 법원에 제출하도록 한다. 항소심 법원은 1심 법원이 소액, 단독사건인 경우에는 지방법원이 되며, 1심 법원이 합의사건인 경우는 고등법원이 된다.

항소장에는 항소인과 피항소인, 1심 판결의 표시와 그 판결에 대한 항소의 취지를 기재한다. 1심 판결의 표시는 1심 법원명, 사건번호, 사건명, 선고일자, 주문 등을 기재하면 된다.

항소장에는 항소 이유를 기재하여도 좋고, 나중에 준비서면으로 제출하여도 된다.

판결을 받은 당사자 쌍방이 항소하지 않기로 합의한 경우에는 항소권이 없다.

항소장이 작성되면 원심법원(1심 법원) 구내 은행에 1심의 인지액의 1.5배의 인지액(인지대)과 [당사자 수×12회분(1회분 5,200원)]의 송달료를 납부하고 납부서를 첨부하여 제출하면 된다.

상고는 항소심 판결에 영향을 미친 헌법, 법률, 명령, 규칙의 위반이 있음을 이유로 한 경우에 한하여 대법원에 상고할 수 있다.

따라서 상고심에서는 사실관계에 대한 당부는 판단할 수 없다.

상고장은 판결이 송달된 날로부터 2주일 내에 원심법원(항소심 법원)에 제출하여야 한다. 상고장에는 상고인과 피상고인의 이름 및 주소를 기재하고 항소심 판결의 표시와 상고 취지를 기재한다. 항소심 판결의 표시는 법원명, 사건번호, 사건명, 선고일자, 주문 등을 기재한다.

상고장에는 상고 이유를 기재해도 되는데, 이유를 기재하지 않은 경우에는 소송기록 접수 통지를 받은 날로부터 20일 이내에 상고이유서를 제출하여야 하며, 이를 제출하지 않으면 법원은 상고를 기각한다. 상고 이유서는 [상대방 당사자 수 + 6통]의 부본을 첨부하여 제출한다.

　상고장에는 붙이는 인지액(인지대)은 1심 소장에 첨부하는 인지액의 2배 금액을 첨부하여야 하며 송달료는 [당사자 수×8회분(1회분 5,200원)]을 납부하여야 한다.

항소장

사건 ○○○○ 가단 ○○○호 물품 대금 청구

  항소인 : ○○○○(주) 대표이사 ○○○
        서울시 ○○구 ○○동 ○○번지   전화번호 :
  피항소인 : ○○○
        서울시 ○○구 ○○동 ○○번지

  위 당사자 사이에 ○○지방법원 ○○○○ 가단 ○○○호 물품 대금 청구 사건에 관하여 원고는 귀원의 20 . . . 선고한 판결에 대하여 20 . . . 송달받고 이에 불복하므로 항고를 제기합니다.

원판결의 표시
  원고의 청구를 기각한다.
  소송 비용은 원고의 부담으로 한다.

항소 취지
  1. 원판결을 취소한다.
  2. 피고는 원고에게 원금 금 53,000,000원 및 이에 대하여 ____년 __월 __일부터 이 소장 부본 송달일까지는 비율 연 6%의, 소장 부본 송달 다음 날로부터 완제일까지는 비율 연 12%의 각 비율에 의한 금원을 각 지급을 이행하라.
  3. 소송 비용은 1, 2심 모두 피고의 부담으로 한다라는 판결을 구합니다.

항소 이유
  추후 제출하겠습니다.

첨부 서류
1. 항소장 부본   1통
2. 법인등기부등본   1통
3. 송달료 납부서   1통

                    ____년 __월 __일

    위 항소인(원고) ○○○○(주) 대표이사 ○○○ (인)

       ○○지방법원 귀중

73

소를 취하해주려면

채무자와 원만히 합의가 이루어져 소송을 취하해주려 합니다. 어떻게 취하해야 하나요? 그리고 소를 취하했는데 채무자가 합의를 어길 경우 다시 민사소송을 제기할 수 있을까요?

민사소송은 법원에서 의제 취하가 되는 경우도 있고, 원고가 취하 신청을 하여 취하되기도 한다.

소송을 제기하였더라도 변론 기일에 원고가 2회 이상 출석을 하지 않으면 소가 취하되는데, 이것이 의제 취하다. 변론 기일에 당사자 쌍방이 출석하지 않은 경우, 피고만 출석하였으나 아무런 진술도 하지 않은 경우에 재판장은 다음 기일을 정하여 원고와 피고를 소환한다. 새로 지정된 기일에도 쌍방이 불출석하거나 피고만이 출석하여 아무 진술을 하지 않고 1개월 이내에 원고로부터 기일 신청이 없으면 소가 취하된 것으로 의제되어 취하가 확정된다.

원고가 소송을 취하하는 경우에는 소 취하서에 사건번호, 원고와 피고, 취하한다는 내용, 작성 연월일, 원고의 기명날인, 피고의 동의 내용, 피고의 기명날인, 제출 법원명을 기재하여 제출한다.

소 취하는 서면으로 하며, 소장 부본이 피고에게 송달되기 전에는 피고의 동의 없이 취하할 수 있다. 소장 부본이 이미 피고에게 송달된 경우에는 피고의 동의를 받아야 취하가 가능하다. 소 취하서에는 인지는 붙일 필요가 없으며, 상대방 수에 상응하는 취하서 부본을 첨부하여 제출한다.

소의 취하는 전부 또는 청구 중 일부의 취하도 가능하며, 소 취하가 되면 이미 행한 판결도 효력이 없어지게 된다.

소송을 취하해주고 나서 채무자가 합의를 이행하지 않았는데 1심 판결이 완료되지 않았다면 같은 청구 내용으로 다시 민사소송을 제기할 수도 있다. 1심 판결이 완료되기 전에 소송을 취하한 경우라면 같은 청구 내용으로 다시 민사소송을 제기할 수 있지만, 1심 판결이 완료된 이후에 소송을 취하한 경우라면 같은 청구 내용으로는 재심 사유에 해당되지 않는 한 다시 민사소송을 제기할 수 없다.

따라서 상대방의 요청에 의하여 소를 취하해줄 때 바로 취하하면 안 된다. 이때는 바로 소송을 취하할 것이 아니라 민사조정이나 화해를 진행할 수 있으므로, 조정조서나 화해조서를 받아놓는 것이 바람직하다. 채무자가 합의하려는 경우라면 민사조정이나 화해는 쉽게 이루어진다.

가처분에 대한 본안 소송을 종국판결 전에 취하하더라도 피보전권리의 존부에 영향을 주는 것이 아니며 따라서 다시 같은 소송을 제기할 수 없는 것이 아니므로 소취하로 인하여 보전 의사의 포기가 있었다고 인정되지 아니하는 이상 소 취하 사실 자체만으로 가처분 취소의 원인으로서의 사정 변경에 해당한다고 볼 수는 없다. (1992. 6. 26. 92다9449)

화해권고결정에 '원고는 소를 취하하고, 피고는 이에 동의한다'는 화해 조항이 있고, 이러한 화해권고결정에 대하여 양 당사자가 이의하지 않아 확정되었다면, 화해권고결정의 확정으로 당사자 사이에 소를 취하한다는 내용의 합의를 하였다고 볼 수 있다. 따라서 본인에 대한 종국판결이 있은 뒤에 이러한 화해권고결정이 확정되어 소송이 종결된 경우에는 소 취하한 경우와 마찬가지로 민사소송법 제267조 제2항의 규정에 따라 같은 소를 제기하지 못한다. (2021. 7. 29. 2018다230229)

소 취하서

사건번호 20__가단 ○○○   (담당 재판부 : 제__단독부)

  원고 : ○○○○(주) 대표이사 ○○○ (전화번호 :   )
       서울시 ○○구 ○○동 ○○번지
  피고 : ○○○
       서울시 ○○구 ○○동 ○○번지

위 사건에 관하여 원고는 소를 전부 취하합니다.

_____년 __월 __일

        원고 ○○○○(주) 대표이사 ○○○ (인)
         (연락처 :   )

위 취하에 동의함.

        피고 ○○○ (인)

첨부 서류

 1. 부본   1통

○○지방법원 귀중

74

인터넷으로 전자소송하는 방법

채무자가 채무를 장기간 변제하지 않아 민사소송을 제기하려 합니다. 그런데 민사소송을 인터넷을 통해서도 진행할 수 있다는 말을 들었습니다. 어떻게 민사소송을 진행할 수 있는지 그 방법을 알고 싶습니다.

대한민국법원-전자소송 사이트에서도 전사소송 신청과 절차를 진행할 수 있다.

전자소송이란 가정이나 사무실에서 인터넷을 활용하여 직접 소장과 증거 등 소송 서류를 제출하는 것으로, 상대방(피고)은 전자우편과 문자를 통해 소송 서류가 제출된 사실을 통지받고 대한민국법원 홈페이지에 접속하여 소송 서류를 출력할 수 있다. 내 사건이 어떻게 진행되고 있는지 실시간으로 확인하고, 자신의 컴퓨터로 기록, 열람, 발급도 가능하다. 그 과정은 다음과 같다.

- 우선 회원 가입을 한다.
- 대한민국법원 홈페이지 – 전자소송에서 소장을 작성하여 소 제기를 한다.

- 소장 부본이 피고에게 송달되면 피고는 답변서를 제출한다.
- 원고는 대한민국법원 홈페이지를 통하여 준비서면을 제출한다.
- 전자문서로 송달받는다.
- 사건 기록을 온라인으로 열람 또는 출력한다.

전자소송으로 진행하려면 대한민국법원-전자소송 사이트에 회원으로 가입한다. 본인의 신원을 확인한 후 회원 정보를 입력하면 즉시 전자소송 사용자로 등록된다.

전자소송을 신청(제기)하려면 공동인증서로 로그인한 후 소장을 작성하고 전자 서명한 후 제출하면 된다. '전자소송절차 진행 동의 〉 소장 작성 〉 전자서명 〉 소송 비용 납부 〉 소장제출 〉 접수 완료'의 순서로 소장을 제출할 수 있다.

소장 부본을 우편으로 송달받은 피고는 소송 절차 안내서에 표시된 전자소송인증번호와 사건번호로 전자소송 동의를 한 후 전자적으로 답변서를 제출할 수 있다. '소장 부본 수령 〉 전자소송사건등록 〉 답변서 첨부 〉 전자서명 〉 답변서 제출'의 순서로 답변서를 제출한다.

원고는 피고가 제출한 답변서를 법원으로부터 받고 대한민국법원-전자소송 사이트에서 전자적으로 준비서면을 제출한다.

전자소송에 동의한 당사자 및 대리인은 대한민국법원 홈페이지-전자소송을 통해 전자문서로 송달받고 내용을 확인할 수 있다. '송달 서류 작성 〉 전자결제 〉 송달 서류 전자송달(휴대전화 문자 메시지, 이메일 통지) 〉 송달 문서 확인'의 절차로 이루어진다.

　전자소송에 동의한 당사자 및 대리인은 해당 사건의 소송 기록을 온라인상에서 열람 및 출력할 수 있다. 진행 중인 사건에 대해 열람하는 수수료는 무료다.

75

소액사건이란?

소액사건은 일반 민사소송 절차에 비하여 절차가 간편하다고 합니다. 그리고 이행권고결정제도가 있어 쉽게 집행권원을 얻을 수도 있다고 합니다. 소액사건 심판과 이행권고결정이란 무엇이고, 어떠한 절차로 이루어지나요?

소액사건 심판은 소송 목적의 값이 3,000만 원을 초과하지 않는 금전채권, 기타 대체물, 유가증권의 지급을 청구하는 것이다. 소액사건심판법이 정하는 특례 규정에 의하여 진행되며, 일반민사소송에 비해 절차가 간편하여 신속하게 집행권원을 얻을 수 있는 장점이 있다.

소액사건은 구술이나 소장을 작성하여 소를 제기할 수 있다. 소장을 작성하여 제출하는 경우에는 직접 소액사건 소장을 작성하거나각 법원 또는 시, 군 법원 민원실에서 양식을 교부받아 소장 작성요령에 따라 작성하여 제출한다.

소장이 작성되면 해당되는 인지액(인지대)을 법원 구내 우체국에서 구입하여 붙이고(또는 구내 은행에 납부하고), 10회분의 송달료(당사자 수×1회분 5,200원×10)를 법원 구내 은행에 납부하고 납부서를 소장에 첨부하여 관할 법원 민사단독과(법원에 따라 소액사건을 별도로 접수하기도 함)에 제출하면 된다. 대한민국법원-전자소송에서도 소액사건 소 제기와 절차 진행이 가능하다.

소액사건의 소가 제기되면 법원이 결정으로 피고에게 청구 취지 대로 이행할 것을 권고하는 결정을 할 수 있는데, 이를 이행권고결 정이라 한다. 법원의 직권으로 이행권고결정을 한 후 이에 대하여 피고가 이의를 제기하지 않으면 곧바로 변론 없이 원고에게 집행권 원을 부여한다.

이행권고결정이 확정된 때에는 원칙적으로 별도의 집행문이 없 이도 이행권고결정정본으로 강제집행을 할 수 있고, 필요하다면 채 무불이행자 명부 신청이나 재산명시 신청을 할 수 있다.

다음의 경우에는 이행권고결정을 할 수 없다.

- 지급명령 이의 또는 조정 이의 사건: 독촉 절차나 조정 절차에서 소송 절차 로 이행된 때에는 이행권고결정을 할 수 없다.
- 청구 취지나 청구 원인이 불명한 때: 원고의 소장에 기재된 청구 취지를 그 대로 인용하기 어렵거나, 청구 원인이 불명확하여 변론을 거친다고 해도 원고 전부승소 판결을 하기 곤란하다고 판단되는 경우에는 이행권고결정 을 할 수 없다.
- 기타 이행권고를 하기에 적절하지 않은 경우: 이행권고결정은 공시송달에

의한 방법으로 피고에게 송달할 수 없다.

이행권고결정에는 소장 부본을 첨부하여야 하므로, 원고는 소액 사건의 소장을 제출할 때 [원고와 피고 당사자 수＋1통]의 소장 부본을 제출하여야 한다. 이행권고결정의 원본용, 피고에게 송달하는 등본용, 확정 후 원고에게 송달하는 정본용으로 사용할 소장 부본이 필요하기 때문이다.

이행권고결정을 하는 경우에는 지체 없이 피고에게 이행권고결정이 송달되고, 피고는 이행권고결정등본을 송달받은 날로부터 2주일 안에 서면으로 이의 신청을 할 수 있다. 피고가 부득이한 사유로 2주일 안에 이의 신청을 할 수 없다면 그 사유가 없어진 후 2주일 안에 이의 신청을 할 수 있다. 그 사유가 없어질 당시 외국에 있는 피고는 30일 안에 이의 신청을 할 수 있다.

피고의 이의 신청이 없으면 이행권고결정은 확정되며, 확정된 이행권고결정은 확정판결과 같은 효력을 부여받는다. 피고의 이의 신청이 각하결정이 된 경우에도 이행권고결정은 확정된다.

이행권고결정등본이 피고에게 송달 불능되면 법원에서는 원고에게 피고의 주소를 보정할 것을 명한다. 원고가 주소 보정을 하면 법원에서는 보정된 주소로 다시 이행권고결정등본을 송달한다. 경우에 따라서는 집행관으로 하여금 송달하도록 특별송달 신청을 하여 휴일이나 야간에도 송달할 수도 있다. 또 통합송달을 신청할 수도 있는데, 통합송달을 신청하면 집행관이 주간 1회, 야간 1회, 휴일 1회(각 1회씩) 송달을 실시한다. 이렇게 하여도 송달이 안 되는 경우에는 원고가 공시송달 소명 자료를 첨부하여 공시송달 신청을 할 수도 있다.

소액사건은 신속한 처리를 위하여 즉시 변론 기일을 지정하며, 되도록 1회의 변론 기일로 심리를 마치고 즉시 판결을 선고한다.

소액사건에서는 당사자의 배우자, 직계친족, 형제자매, 호주는 법원의 허가 없이도 소송 대리인이 될 수 있다. 이 경우에는 당사자와의 관계를 증명할 수 있는 가족관계등록부 또는 주민등록등본 등으로 관계를 증명하고, 소송 위임장으로 수권 관계를 증명한다.

증인은 판사가 심문하고 상당하다고 인정하는 때에는 증인 또는 감정인의 신문에 갈음하여 진술을 기재한 서면을 제출하게 할 수 있으며, 판사의 직권으로 증거 조사를 할 수 있다.

소액사건의 판결은 일반민사사건과는 달리 변론 종결 후 즉시 선고할 수 있으며, 판결서에 이유를 기재하지 않을 수 있다. 또한 소액사건에 대한 2심 판결에 대해서는 대법원에 상고 및 재항고를 할 수 없다.

76

민사조정으로 분쟁을 해결하는 방법은?

물품의 하자를 문제 삼아 대금을 지급하지 않는 거래처가 있습니다. 회사 측에서도 물품의 하자를 일부 인정하지만, 채무자는 얼토당토않은 금액을 손실액으로 주장하고 있습니다. 이런 경우 민사소송보다는 민사조정을 활용하면 비용도 적게 들고 편리하다는데, 민사조정의 신청 방법과 절차에 대하여 알고 싶습니다.

민사조정은 조정담당판사 또는 법원에 설치된 조정위원회가 간이한 절차에 따라 분쟁의 당사자로부터 각자의 주장을 듣고 여러 사정을 참작하여 관계 자료를 검토한 후 서로 양보하고 타협하여 합의하도록 주선, 권고함으로써 분쟁을 평화적이고 신속하게 해결하는 제도다.

민사조정은 소송에 비하여 다음과 같은 장점이 있다.

- 민사조정은 소송 절차에 비하여 융통성이 많으므로 법률 지식이 없는 사람도 쉽게 이용이 가능하고 자유로운 분위기에서 자기의 의견을 충분히 말할 수 있다.
- 민사조정 신청은 소송 절차에 비해 저렴하다. 소송 절차의 1/10에 해당하는

인지액과 5회분의 송달료를 납부한다.

- 조정 신청을 하면 즉시 조정 기일이 정해지고 한 번의 출석으로 조정 절차가 끝나는 것이 보통이므로 단기간에 해결이 가능하다.
- 사회 각계 전문가가 조정위원으로 참여하므로 그들의 경험과 전문 지식이 분쟁 해결에 도움이 된다.
- 채무자의 경제적 사정을 고려하여 원만하고 융통성 있게 조정함으로써 당사자 사이의 감정의 대립을 피할 수 있다. 그리고 민사조정은 비공개로 진행되기 때문에 비밀 유지가 보장된다.
- 당사자 사이의 상호 타협과 양보에 의하여 분쟁을 해결하므로 감정 대립이 남지 않는다.

민사조정을 신청하려면 우선 민사조정 신청서를 작성하여야 한다.

민사조정 신청서에 기재할 사항

- 신청인의 성명, 명칭 또는 상호, 주소, 우편번호, 전화번호, FAX 번호, 이메일 주소 등을 기재
- 피신청인의 성명, 명칭 또는 상호, 주소, 우편번호 등을 기재
- 신청 취지: 어떠한 해결을 구하는지 신청을 구하는 내용, 표시 등을 기재
- 분쟁의 내용: 다툼이 있는 사실관계를 간단명료하게 기재
- 첨부 서류: 첨부할 서류명을 기재
- 작성 연월일

- 작성자의 기명날인 및 간인
- 법원의 표시

민사조정 신청서를 작성하고 민사소송 인지액의 1/10의 인지를 법원 구내 우체국에서 구입하여 붙이고(또는 구내 은행에 납부하고) 법원 구내 은행에 5회분의 송달료(당사자 수×1회분 5,200원×5)를 납부한 후 납부서를 첨부하여 관할 법원에 제출하면 된다.

관할 법원은 채무자(피신청인)의 소재지를 관할하는 지방법원(지방법원지원, 시·군 법원 포함)이며, 사무소 또는 영업소 업무에 관한 청구에 관하여는 그 소재지의 지방법원이 관할 법원이 되고, 분쟁 목적물의 소재지, 손해 발생지 지방법원도 관할 법원이 된다. 대한민국 법원-전자소송 사이트에서도 민사조정 신청과 절차를 진행할 수 있다.

민사조정 신청이 있으면 법원에서는 즉시 조정 기일이 정하여지고 신청인과 상대방에게 그 일시와 장소가 통지된다. 당사자는 지정된 일시와 장소에 본인이 직접 출석하는데, 조정담당판사의 허가가 있으면 당사자의 친족이나 피용자 등을 보조인으로 동반하거나 대리인으로 출석하게 할 수 있다. 이해관계가 있는 사람도 조정담당판사의 허가를 얻어 조정에 참가할 수 있다.

당사자들은 조정담당판사나 조정장이 이끄는 바에 따라 신청인이 먼저 진술하고, 피신청인이 신청인의 진술에 대해 답변하는 식으로 진행된다.

조정담당판사와 조정위원회는 쌍방의 의견을 고루 듣고 당사자가 제시하는 자료를 검토한 후 필요한 경우에 적당한 방법으로 여러 가지 사실과 증거를 조사하여 쌍방이 납득할 수 있는 선에서 합의를 권고하는 등 조정 절차를 진행한다.

신청인이 조정 기일에 2회 출석하지 않으면 조정 신청은 의제 취하되며, 피신청인이 출석하지 않으면 조정담당판사는 상당한 이유가 있지 않은 한 피신청인의 진술을 듣지 않고 직권에 의해 조정에 갈음하는 결정을 한다.

신청인과 피신청인 간에 조정 기일에 합의가 이루어지면 그 내용이 조서에 기재됨으로써 조정이 성립한다. 이 조서를 조정조서라 하며 조정조서는 집행권원이 된다. 신청인과 피신청인 간에 합의가 되지 않은 경우에 조정담당판사 또는 조정위원회는 직권으로 조정에 갈음하는 결정을 할 수도 있다.

조정에 갈음하는 결정에 대하여 이의가 있는 당사자는 결정문의 수령일로부터 2주일 이내에 이의 신청을 할 수 있다. 조정에 갈음하는 결정에 대하여 2주일 이내에 이의 신청이 없는 경우에는 조정이 성립하고, 조정에 갈음하는 결정은 집행권원이 된다.

당사자 사이에 합의가 이루어지지 아니하고 직권으로 조정에 갈음하는 결정을 하기에도 적절하지 않은 경우, 조정담당판사는 조정이 성립하지 않은 것으로 사건을 종결시킨다. 이의 신청이 있거나 조정이 불성립하면 당사자가 별도의 신청을 하지 않더라도 소송 절차로 이행된다.

소송으로 이행되면 소장을 제출할 때 조정 신청을 할 때 이미 납부한 인지액만큼을 공제한 차액을 추가로 납부하며, 송달료도 추가로 납부한다.

민사조정 신청서

신청인 : (주)○○○○ 대표이사 ○○○ (법인등록번호 :   )
　　　　　서울시 ○○구 ○○동 ○○아파트 ○○동 ○○호 (연락처)
피신청인 : ○○○ (주민등록번호 :   )
　　　　　서울시 ○○구 ○○동 ○○번지

사건명 : 물품 대금 청구

신청의 취지

　1. 피신청인은 신청인에게 원금 25,200,000원 및 이에 대하여 _____년 __월 __일부터 이 신청 부본 송달일까지는 연 6%, 이 신청서 부본 송달 다음 날부터 완제일까지 연 12%의 이율에 의한 금원을 각 지급하라.

　2. 조정 신청 비용은 피신청인의 부담으로 한다라는 조정을 구합니다.

신청의 이유

　1. 신청인은 피신청인에게 _____년 __월 __일에 냉동식품 25,200,000원을 납품한 바 있습니다.

　2. 그런데 피신청인은 신청인의 수차례 독촉에도 불구하고 부당하게 물품 하자 등을 이유로 대금 지급을 미루고 있습니다.

　3. 이에 신청인은 피신청인으로부터 물품 대금의 변제를 받기 위하여 조정을 신청합니다.

첨부 서류

　1. 세금계산서 사본　　　1통
　2. 내용증명　　　　　　 1통
　3. 법인등기부등본　　　 1통

_____년 __월 __일

신청인 (주)○○○○ 대표이사 ○○○ (날인 또는 서명)

○○지방법원 귀중

77

지급명령 신청으로도
집행권원을 얻을 수 있나요?

채무자가 변제를 차일피일 미루고 있어서 집행권원을 얻어 채무자 재산에 대해 집행하고자 합니다. 민사소송을 통하는 것보다 지급명령 신청을 통해 집행권원을 얻으면 비용도 적게 들고 쉽다고 합니다. 지급명령 신청은 어떻게 하고, 절차는 어떻게 되나요?

지급명령 신청은 금전, 기타 대체물 또는 유가증권의 일정한 금액의 지급을 목적으로 하는 채권자의 청구에 대하여 채무자가 채무가 있는 것으로 인정하면서도 차일피일 채무 변제를 지연하는 경우에 주로 활용된다.

채권자가 재판 절차를 거치지 않고 서면 심리만으로 집행권원을 얻도록 하는 제도로, 청구 금액과 상관없이 신청이 가능하며 채무자의 이의가 없으면 지급명령이 확정되기까지 1~2개월 정도가 걸린다.

채권자의 지급명령 신청에 대하여 법원은 서류 심사만을 통해 지급명령을 발령하며, 정해진 기간에 채무자의 이의 신청이 없으면 지급명령은 확정되고 확정된 지급명령은 집행권원이 된다.

지급명령은 소송 절차에 비하여 다음과 같은 유리한 점이 있다.

- 지급명령은 소송에 비하여 인지대가 1/10이고 송달료도 6회분으로 저렴하다.
- 지급명령은 확정되기까지 1~2개월 정도 소요되므로 소송에 비해 시간이 상당히 짧게 걸린다.
- 소송에서는 당사자의 친족이나 고용인이 소송대리를 하려면 소가가 1억원 이하여야 하지만, 지급명령에서는 금액에 관계없이 대리가 가능하다.

지급명령을 신청하려면 지급명령 신청서에 다음의 사항을 기재하고 입증 서류와 구비 서류를 첨부하여 관할 법원에 제출한다.

지급명령 신청서에 기재할 사항
- 채권자의 성명, 명칭 또는 상호, 주소, 우편번호, 전화번호, FAX 번호, 이메일 주소 등을 기재
- 채무자의 성명, 명칭 또는 상호, 주소, 우편번호 등을 기재
- 청구 취지: 청구를 구하는 내용, 표시 등을 기재, 독촉 절차 비용 기재
- 청구 원인: 권리 또는 법률관계의 성립 원인과 사실을 육하원칙에 의하여 기재
- 첨부 서류: 첨부할 서류명을 기재
- 작성 연월일

- 작성자의 기명날인 및 간인
- 법원의 표시

지급명령 신청서를 작성하면 소 제기 시 첨부(납부)할 인지액(인지대)의 1/10에 해당하는 인지를 붙이고(또는 납부하고) 6회분의 송달료(당사자 수×1회분 5,200원×6)를 송달료 납부 은행에 납부한 후 납부서를 신청서에 첨부하여 관할 법원에 제출한다.

지급명령 신청서를 제출할 관할 법원은 채무자의 소재지를 관할하는 지방법원(지방법원지원, 시·군 법원 포함)이며, 사무소 또는 영업소 업무에 관한 청구라면 그 소재지의 지방법원이 관할 법원이 되고, 사무소 또는 영업소에 계속하여 근무하는 자에 대하여는 그 사무소 또는 영업소를 관할하는 지방법원이 된다. 재산권의 경우에는 거소지 또는 의무 이행지 법원, 어음·수표의 경우에는 지급지 법원, 불법행위의 경우에는 불법행위지 지방법원도 관할 법원이 된다. 물품대금 청구는 재산권에 관한 지급명령 신청으로, 채권자 소재지 관할 법원이나 채무자 소재지 관할 법원에 지급명령 신청서를 제출할 수 있다. 대한민국법원-전자소송 사이트에서도 지급명령 신청과 절차를 진행할 수 있다.

소송에 비하여 유리한 점이 많지만, 다음의 요건이 구비되어야 신청이 가능하다.

- 금전, 기타 대체물 또는 유가증권의 일정 수량의 지급을 목적으로 하는 청구여야 한다.
- 조건부나 기한부 신청은 불가하다.
- 이행기가 도래해야 한다.
- 채무자에게 송달이 가능하여야 한다. 지급명령 절차에서는 공시송달이 안 되기 때문이다.

지급명령이 발령되면 채무자에게 지급명령 정본이 송달되는데, 지급명령서에 기재한 채무자 주소지로 송달되지 않으면 법원에서는 채권자에게 일정한 기간 내에 송달 가능한 채무자 주소지를 보정하거나 소 제기 신청을 하도록 보정을 명한다.

채권자가 주소 보정을 하면 법원에서는 보정된 주소지로 재송달하고, 소 제기 신청을 하면 소송 절차로 이행되어 재판이 진행된다. 경우에 따라서는 특별송달 신청을 하여 휴일이나 야간에도 송달할 수도 있다. 또 통합송달을 신청할 수도 있는데 집행관이 주간 1회, 야간 1회, 휴일 1회(각 1회씩) 송달을 실시한다. 법원의 보정 명령에 대하여 채권자가 보정 기한 내에 보정하지 않으면 지급명령 신청이 각하된다.

지급명령 신청이 적법하고 이유가 있으면 법원은 채무자를 심문하지 않고 서류만을 심사하여 바로 지급명령을 발령하므로 채권자는 통상의 소송 절차처럼 법원의 법정에 출석할 필요가 없고, 그 결과 법정에 출석하는 데 따른 노력과 시간을 절약할 수 있다.

지급명령에는 당사자, 청구의 취지와 원인을 기재하고 채무액과 지급명령을 위한 비용을 변제하라고 명한다. 지급명령을 할 때는 2주 이내에 이의 신청을 할 수 있음을 부기하여 송달하거나, 별도 안내문을 지급명령과 같이 송달한다.

채무자가 지급명령의 정본을 송달받고도 이의 신청을 하지 아니한 채 2주가 경과한 때에는 지급명령이 확정되고, 확정된 지급명령은 집행권원이 된다.

|판례|

지급명령에는 기판력이 인정되지 아니하므로 지급명령에 대한 집행력의 배제를 목적으로 제기된 청구 이의의 소에서 지급명령 발령 전에 발생한 청구권의 일부 불성립이나 소멸 등의 사유로 청구 이의가 일부 받아들여지는 경우에는, 지급명령 이전부터 청구 이의의 사실심 판결 선고 시까지 그 청구권에 관한 이행 의무의 존부나 범위에 관하여 항쟁함이 상당한 경우에 해당한다고 할 것이어서 위 기간 범위에서 소송촉진 등에 관한 특례법 제3조 제1항의 이율을 적용할 수 없다. (2009. 7. 9. 2006다73966)

지급명령 신청

채권자 : (주)○○○○   대표이사 ○○○ (전화번호 :   )
　　　　서울시 ○○구 ○○동 ○○번지
　　　　우편번호 : ○○○-○○○
채무자 : ○○○
　　　　서울시 ○○구 ○○동 ○○번지
　　　　우편번호 : ○○○-○○○

청구 취지

　채무자는 채권자에게 금 32,000,000원 및 이에 대하여 ＿＿＿년＿월＿일부터 이 사건 지급명령 정본의 송달일까지는 연 6%, 이 사건 지급명령 정본이 송달된 다음 날부터 완제일까지는 연 12%의 각 비율에 의한 지연 손해금과 다음 독촉 절차 비용을 지급하라는 명령을 구합니다.

〈다음〉

독촉 절차 비용　금 ○○○○○원
(내역 : 송달료 ○○○원, 인지대 ○○○원)

청구 원인

　1. 채권자는 채무자에게 ＿＿＿년＿월＿일 금 30,000,000원을 변제 기일 ＿＿＿년 ＿월＿일로 약정하고 의료기기를 공급하였습니다.
　2. 그러나 채무자는 변제기 이후에도 원고의 수차례 독촉에도 불구하고 차일피일 미루며 현재까지 지급하여주지 않고 있어 본 신청을 하기에 이르렀습니다.

첨부 서류

1. 세금계산서 사본　　　1통
2. 법인등기부등본　　　1통
3. 송달료 납부서　　　　1통
4. 위임장　　　　　　　1통
5. 법인인감증명서　　　1통

＿＿＿년＿월＿일

위 채권자 (주)○○○○ 대표이사 ○○○ (인)

○○지방법원 귀중

78

지급명령 절차에서
채무자가 이의 신청을 하면

채무자를 상대로 지급명령 신청을 하였는데 채무자가 이의 신청을 하였습니다. 이의 신청은 어떻게 이루어지는지, 채권자로서는 어떻게 대응하여야 하는지 알고 싶습니다.

지급명령에 이의가 있으면 채무자는 지급명령을 받은 날로부터 14일 이내에 이의를 신청할 수 있다. 이의 신청 시에는 1회분의 송달료를 납부하여야 한다.

채무자로서는 지급명령 정본을 송달받으면 신속하게 그 내용을 검토한 후 이의 여부에 관한 의사를 결정하고, 이의가 있으면 2주일이 경과하기 전에 이의 신청을 하여야 한다.

채무자의 이의 신청은 이의 신청서에 지급명령에 응할 수 없다는 취지만 명백히 하면 충분하고, 불복하는 이유는 특별히 기재할 필요는 없다.

채무자가 이의 신청을 했는데 법원이 이의 제기가 적법하지 않다고 인정하면 결정으로 이를 각하하고, 이의 제기가 적법하다고 인정하면 소송 절차로 진행시킨다.

소액사건과 단독사건의 경우에는 바로 본안 소송이 제기되며, 합의사건의 경우에는 소송 기록이 지체 없이 관할 법원 합의부로 송부되어 본안 소송이 제기된다.

본안 소송으로 진행되면 지급명령 신청 시 납부한 금액을 공제한 인지액(인지대)과 송달료를 추가로 납부하여야 한다.

경우에 따라서는 민사조정으로 신청하여 민사조정으로 진행할 수도 있다.

채무자가 지급명령을 받은 날로부터 14일 이내에 이의를 제기하지 않거나, 이의 신청의 취하 및 각하가 확정되면 지급명령은 확정된다. 확정된 지급명령은 집행권원이 되며, 채권자는 이를 가지고 강제집행을 신청할 수 있고, 필요에 따라 채무불이행자 명부 등재 신청과 재산명시 신청을 할 수도 있다.

지급명령에 대한 이의 신청

사건 20__차 ○○○호 물품 대금

채권자 : (주)○○○○ 대표이사 ○○○
        서울시 ○○구 ○○동 ○○번지
채무 : ○○○
      서울시 ○○구 ○○동 ○○번지

  1. 위 독촉 사건에 관하여 채무자 ○○○는 _____년 __월 __일 지급명령 정본을 송달받았으나 물품 대금 30,000,000원은 이미 당사가 채권자의 납기 지연과 물품 하자로 인한 손해배상금과 상계되었고 현재 채권자 ○○○에 대한 채무는 존재하지 않습니다.
  2. 따라서 위 독촉사건 지급명령에 불복하여 이의 신청을 합니다.

_____년 __월 __일

       위 채무자 ○○○ (인) (전화번호 :   )

○○지방법원 귀중

7장

강제집행 편

이 장에서는 부동산 경매, 유체동산의 강제집행, 채권의 강제집행, 회생, 파산, 채무불이행자 명부 등재, 재산명시, 대손처리에 대해 알아본다.

79

강제집행을 신청하기 위해서는
집행문을 부여받아야 한다는데

채무자에게 민사소송을 하여 확정판결을 받았습니다. 이를 가지고 채무자 재산을 강제집행하려고 합니다. 강제집행을 하려면 집행문을 부여받아야 한다는데, 집행문은 어떻게 부여받으며, 채무자 재산별로 강제집행하는 방법은 무엇인가요?

강제집행을 신청하려면 일부 예외를 제외하고는 집행권원에 집행문과 송달증명, 확정증명을 받아야 한다.

집행문이란 집행권원에 집행력이 있고, 집행 당사자를 공증하기 위하여 법원 사무관이나 공증인이 집행권원이 존재하며, 이것으로 강제집행을 하는 것이 타당하다는 취지의 공증문을 가리킨다. 우리나라 법원은 집행 법원(집행기관)과 수소법원(재판기관)이 분리되어 있으므로 집행권원의 유효 여부를 집행 법원이 판단할 수 있도록 재판기관이나 공증기관에서 집행권원의 유효함을 증명하기 때문이다. 집행문이 부기된 집행권원을 집행력 있는 정본이라고 한다.

판결 등 법원에서 받은 집행권원은 법원에서 부여받으며, 공정증서는 공증사무소에서 부여받는다. 정본의 말미에 "전기 정본을 피고 ○○○에 대한 강제집행을 실시하기 위하여 원고 ○○○에게 부여한다"라는 공증문언을 기재하고 법원 사무관이나 공증인이 날인하여 집행문이 부여된다.

집행문 부여, 송달증명, 확정증명의 신청서는 각 법원 민원실에 비치되어 있다. 각 500원의 인지를 첨부하여 1심 수소법원에 신청하면 된다. 공정증서에 집행문 부여를 신청할 때는 공증인에게 10,000원의 수수료를 납부하고 집행문을 부여받는다.

집행문은 채권자를 위하여 부여되는 것이지만, 채권이 양도되었거나 채권자가 사망한 경우 등에는 채권양수인이나 상속인 등 승계인을 위하여 부여한다. 이를 승계집행문이라고 한다. 승계집행문을 부여받으려면 채권양수인의 경우에는 채권양도 승낙서나 채권양도 통지서를, 상속인의 경우에는 상속인임을 증명할 수 있는 가족관계등록부를 첨부하여 승계집행문 부여 신청을 하면 된다.

강제집행을 할 수 있는 채무자의 재산은 부동산과 등기 등록이 된 동산(자동차, 건설기계, 항공기, 선박), 유체동산, 채무자가 받을 채권, 기타 재산 등 압류가 금지되는 재산 외에는 채무자의 모든 재산이 해당된다.

강제집행은 부동산과 등기 등록이 된 동산(자동차, 건설기계, 항공기, 선박)은 경매에 의해 집행되며, 유체동산 및 동산도 경매에 의해 집행된다. 채권의 강제집행은 압류 및 추심명령이나 압류 및 전부명령절차에 의해 집행된다(압류 및 양도명령이나 압류 및 매각명령에 의해 집행되는 경우도 있다).

신 청 서	(* 해당 사항을 기재하고 해당 번호란에 " ○ "표)
사건번호 20__가 (차) (	단독 20 . . .선고, 기타)
원고(채권자) : (주민등록번호 : -) 피고(채무자) : (주민등록번호 : -) 제3채무자 :	집행문 부여 인지액 500원 송달증명 인지액 500원 확정증명 인지액 500원

1. 집행문 부여 신청

위 당사자 간 사건의(판결, 결정, 명령, 화해조서, 인낙조서, 조정조서) 정본에 집행
문을 부여하여주시기 바랍니다.

2. 송달증명원

위 사건의(판결, 결정, 명령, 화해조서, 인낙조서, 조정조서) 정본이 2   .   .   .자
로 상대방에게 송달되었음을 증명하여주시기 바랍니다.

3. 확정증명원

위 사건의 (판결, 결정, 명령,   )이 20   .   .   .자로 확정되었음을 증명하
여주시기 바랍니다.

20   .   .   . 위 (1항, 2항, 3항) 신청인   원고(채권자) _____(날인 또는 서명)   법원   귀중
위 (송달, 확정) 사실을 증명합니다. 20   .   .   . 법원 법원사무관(주사)   (인)

80

부동산 경매 신청은 어떻게 하나요?

집행권원을 얻어 집행문까지 부여받았는데도 채무자가 채무 변제를 미루고 있어서 채무자의 부동산에 대하여 경매 신청을 하려고 합니다. 부동산 경매 신청은 어떻게 하면 되는지, 강제경매와 임의경매는 어떠한 차이가 있는지 알고 싶습니다.

강제경매의 대상이 되는 물건에는 토지와 건물, 공장재단, 광업재단 등 부동산, 광업권, 어업권, 소유권보존등기된 입목, 지상권, 자동차, 건설기계, 선박 및 항공기가 있다.

임의경매는 저당권, 질권, 전세권 등 담보물건을 설정한 후 이행기에 채무자가 이행하지 않을 경우 담보권 실행을 위하여 하는 경매다. 경매 신청을 하기 위해서는 부동산 임의경매 신청서에 담보권을 증명하는 등기부등본 및 설정계약서, 채권증서, 부동산 목록 등을 첨부하여 부동산 소재지 지방법원에 제출하면 된다.

강제경매는 채무자가 집행권원에 따른 채무를 임의로 이행하지 않는 경우에 강제집행을 하기 위해서 하는 경매다. 강제경매 신청을 위해서는 부동산 강제경매 신청서를 작성하여야 하는데, 강제경매 신청서에는 다음의 사항을 기재한다.

부동산 강제경매 신청서에 기재할 사항

- 채권자와 채무자의 명칭 및 상호. 성명과 주소
- 청구 금액: 변제받고자 하는 일정한 채권과 그 청구액을 전액 기재한다.
- 경매할 부동산의 표시: '별지 목록 기재와 같음'이라고 기재하고 별지로 등기부 표제부의 내용을 10통 작성한다.
- 경매의 원인된 채권과 집행할 수 있는 집행권원
- 작성 연월일과 채권자의 기명날인
- 집행 법원
- 첨부 서류: 첨부할 서류는 아래와 같다.

1. 집행력 있는 판결정본	1통
2. 송달증명원	1통
3. 부동산등기부등본	1통
4. 등록세 납부필증	1통
5. 부동산 목록	10통
6. 법인등기부등본(법인의 경우)	1통

부동산 경매 신청서 작성이 완료되면 법원에 가기 전에 시·군·구청에 등록세(청구채권액의 2/1000)와 지방교육세(등록세의 20/100)를 납

부하고, 영수필 통지서 및 영수필 확인서를 신청서에 첨부한다.

경매 신청서를 제출하려면 부동산 소재지 관할 법원으로 가야 한다. 법원 구내 우체국에서 인지대 5,000원과 대법원 수입증지를 부동산 1개당 3,000원에 구입하여 신청서에 부착하고, 법원 구내 은행에 송달료 [이해관계인 수 + 3×10회분(1회분 5,200원)]]과 경매 절차에 필요한 감정료, 현황 수수료, 신문 공고료, 집행관 수수료 등의 비용을 예납하여야 한다. 비용 예납을 완료하고 경매신청계에 신청서를 제출하면 경매 신청은 완료된다. 대한민국법원-전자소송에서 신청할 수도 있다.

부동산 강제경매 신청서

채권자 : (주)○○ 대표이사 ○○○ (전화번호 :   이메일 주소 :   )
        법인등록번호 :
        경기도 ○○시 ○○동 ○○번지
채무자 : ○○○
        주민등록번호 :
        서울시 ○○구 ○○동 ○○번지

청구 금액

물품 대금 원금 _____원과 이에 대한 ____년 __월 __일부터 다 갚을 때까지 연
__%의 비율에 의한 지연 손해금

경매할 부동산의 표시

별지 목록 기재와 같음(등기부 표제부 내용)

집행권원의 표시

채무자는 채권자에게 ○○지방법원 ○○가단○○○호 사건의 ____년 __월 __일
선고한 판결의 집행력 있는 정본

신청 취지

별지 목록 부동산에 대하여 경매 절차를 개시하고 채권자를 위하여 이를 압류한다
라는 판결을 구합니다.

신청 이유

채무자는 채권자에게 위 집행권원에 위 청구 금액을 변제하여야 하는데, 이를 이
행하지 아니하므로 채무자 소유의 위 부동산에 대하여 강제집행을 신청합니다.

첨부 서류

1. 집행력 있는 판결정본   1통
2. 부동산등기부등본   1통
3. 송달료 납부서   1통
4. 부동산 목록   10통
5. 법인등기부등본(법인의 경우)   1통

_____년 __월 __일

위 채권자 (주)○○ 대표이사 ○○○ (인)

○○지방법원 귀중

부동산 임의경매 신청서

채권자 : (주)○○ 대표이사 ○○○ (전화번호 :   이메일 주소 :   )
        법인등록번호 :
        경기도 ○○시 ○○동 ○○번지
채무자 : ○○○
        주민등록번호 :
        서울시 ○○구 ○○동 ○○번지

청구 금액

물품 대금 원금 _____원과 이에 대한 ____년 __월 __일부터 다 갚을 때까지 연 __%의 비율에 의한 지연 손해금

경매할 부동산의 표시

별지 목록 기재와 같음(등기부 표제부 내용)

신청 취지

별지 목록 부동산에 대하여 경매절차를 개시하고 채권자를 위하여 이를 압류한다 라는 판결을 구합니다.

신청 이유

채권자는 채무자에게 _____년 __월 __일에 금 _____원의 물품을 변제 기일 _____년 __월 __일, 지연 이자 연   %로 하여 공급하였고, 이 채무의 담보로 위하여 채무자 소유의 별지 목록 부동산에 대하여 _____년 __월 __일 ○○지방법원 등기과 접수 제○○○호로서 근저당권설정등기를 마쳤는데, 변제 기일이 경과하여도 변제하지 아니하므로 위 청구 금액 변제를 충당하기 위하여 위 부동산에 대하여 담보권 실행을 위한 경매 절차를 개시하여주시기 바랍니다.

첨부 서류

1. 세금계산서   1통
2. 근저당권설정 계약서   1통
3. 부동산등기부등본   1통
4. 법인등기부등본(법인의 경우)   1통

_____년 __월 __일

위 채권자 (주)○○ 대표이사 ○○○ (인)

○○지방법원 귀중

81

부동산 경매 절차는 어떻게 이루어지나요?

집행권원에 집행문을 부여받아 부동산 강제경매 신청을 하였습니다. 경매 신청 이후에 어떠한 절차를 거쳐 경매가 진행되는지 궁금합니다. 또 경매 절차가 법원에서 직권취하되는 경우도 있다고 하는데, 어떠한 경우에 직권취하가 되나요?

부동산에 대한 강제집행은 강제경매와 임의경매를 통하여 이루어지는데, 경매 절차는 다음과 같은 절차에 의하여 진행된다.

① 개시결정 및 등기촉탁

경매 신청이 접수된 경우에 집행 법원은 경매에 필요한 요건을 심사하여 신청이 적법하다고 인정되면 경매개시결정을 한다.

집행 법원은 경매개시결정을 한 경우 직권으로 그 사유를 등기부에 기입할 것을 등기관에게 촉탁하며, 이 촉탁에 의하여 경매신청 기입등기가 된다.

경매개시결정이 되면 채무자에게 경매개시결정정본을 송달한다. 개시결정의 송달은 경매 절차 진행의 적법 유효 요건이기 때문이다. 임의경매의 경우에는 소유자에게 송달해야 하지만, 법원에서는 대개 소유자와 채무자 모두에게 송달한다.

② 배당요구의 종기결정 및 공고

경매개시결정에 따른 압류 효력이 발생하면 법원은 1주일 안에 배당요구의 종기일을 결정한다. 배당요구의 종기일이 정해지면 법원은 즉시 경매개시결정을 한 취지와 배당요구의 종기를 공고한다.

배당요구의 종기까지 반드시 배당요구를 하여야 할 채권자(집행권원을 가진 채권자 등)라면 배당요구의 종기까지 배당 신청을 하여야 한다.

③ 현황 조사

경매개시결정이 되면 법원은 지체 없이 집행관에게 부동산의 현상, 점유 관계, 차임 또는 임대차보증금 금액 등 부동산 현황에 관하여 조사하게 한다.

④ 채권 신고의 최고

경매개시결정 후 집행 법원은 조세, 기타 공과를 주관하는 공공기관에 대하여 그 부동산에 관한 채권의 유무와 한도를 일정한 기간 내에 신고(통지)하여줄 것을 최고한다. 공공기관은 배당요구의 종기까지 조세채권 등 채권의 유무를 법원에 신고하여야 배당받을 수 있다.

경매개시결정이 되면 집행 법원은 경매개시결정일로부터 3일 내에 등기부에 기록된 부동산 위의 권리자, 가등기담보권자 등에 대하여도 배당요구의 종기까지 채권계산서를 제출할 것을 최고한다.

압류채권자와 집행력 있는 정본에 의하여 배당을 요구한 채권자, 등기부에 기입된 부동산 위의 권리자 및 부동산 위의 권리자로서 그 권리를 증명하는 자는 그 채권의 원금, 이자, 비용, 기타 채권에 대한 채권계산신고서를 배당요구의 종기까지 제출하여야 한다.

채권자가 계산서를 제출하지 않으면 법원은 배당요구서 기타 기록에 첨부된 증빙 서류에 의하여 채권액을 계산한다.

⑤ 입찰의 준비

경매개시결정 후 집행 법원의 명령에 의하여 집행관은 경매 물건 현황을 조사하여 현황보고서를 제출한다.

집행 법원은 감정인에게 부동산을 평가하게 하고 그 평가액을 참작하여 최저 입찰 가격(최저 매각 가격)을 정한다.

법원은 입찰물건명세서를 작성하고 현황조사보고서 및 감정평가서의 사본과 함께 입찰 기일 1주일 전까지 법원에 비치하여 일반인이 열람할 수 있도록 한다.

⑥ 입찰 및 낙찰 기일의 지정 게시, 신문 공고, 이해관계인에의 통지

공과 주관 공무소(세무서, 시·군·구청 등)에 대한 통지, 현황 조사, 최저 입찰 가격 결정 등의 절차가 끝나면 집행 법원은 입찰명령을 하고 직권으로 입찰 기일을 지정하여 공고한다. 최초의 입찰 기일은 공고일로부터 14일 이상의 간격을 두어야 한다.

법원 입찰 기일(매각 기일)을 지정함과 동시에 직권으로 낙찰 기일(매각결정 기일)을 정하여 공고하는데, 낙찰 기일은 대개 입찰 기일로부터 7일 후다.

입찰 기일의 공고는 공고 사항을 기재한 서면을 법원의 게시판에 게시하는 방법으로 하고, 최초의 입찰 기일에 관한 공고는 그 요지를 신문에 게재하는 외에 속행 사건과 함께 인터넷 법원경매정보사이트에 공고한다.

법원이 입찰 기일과 낙찰 기일을 지정하면 이를 이해관계인에게 통지하는데, 이 통지는 집행 기록에 표시된 이해관계인의 주소에 등기우편으로 발송하며, 발송한 때 송달된 것으로 간주된다.

⑦ 입찰의 실시

입찰하기 위해서는 경매 기일에 도장, 주민등록증, 보증금을 지참하고 경매법원에 가야 한다.

입찰표 및 입찰 봉투는 입찰자들이 자유롭게 사용하도록 입찰 장소에 비치해놓는데, 입찰 봉투는 입찰 보증금을 넣는 흰색 봉투와 입찰표를 함께 넣는 노란색 봉투가 있다.

입찰 절차는 집행관이 주재하는데, 집행관은 입찰 기일에 입찰을 개시하기에 앞서 집행 기록을 입찰 참가자에게 열람하게 하고 특별 매각 조건이 있으면 이를 고지한다.

기록의 열람과 입찰 사항 등의 고지가 끝나면 집행관이 입찰표의 제출을 최고하고, 입찰 마감 시각과 개찰 시각을 고지함으로써 입찰이 시작된다.

법원에 비치되어 있는 입찰표에 기재 사항을 기재하여 보증금과 함께 입찰 봉투에 넣고 겉면에 사건번호를 기재한 후, 봉인, 간인해서 지정된 제출 시간 내에 입찰함에 투입하고 수취증을 수령하면 된다. 입찰표에는 사건번호, 입찰자의 성명과 주소, 부동산의 표시, 입찰 가격, 대리인에 의하여 입찰하는 경우에는 대리인의 성명과 주소를 기재하고 그 밖에 입찰 보증 금액도 기재한다.

입찰표 제출 최고로부터 1시간이 지나면 집행관이 입찰 마감을 선언하고 개찰한다. 개찰 결과에 의하여 최고가 매수 신고인 및 차순위 매수 신고인을 결정하고, 최고가 입찰자와 차순위 입찰 신고인이 결정되면 집행관은 그들의 성명과 가격을 호창하고 입찰 절차의 종결을 고지한다.

⑧ 낙찰 절차 및 낙찰 대금의 납부

집행 법원은 낙찰 기일(매각결정 기일)에 이해관계인의 의견을 들은 후 최고가 매수인에 대하여 낙찰 허가 여부와 대금 납부 기일을 결정하고 낙찰자에게 낙찰 대금(매각 대금) 납부를 명한다.

매각허가결정에 대하여 이의가 있는 경우에는 결정일로부터 1주일 이내에 항고 이유가 기재된 항고장을 제출하고, 항고장을 제출한 날로부터 10일 내에 항고 이유서를 원심 법원에 제출하여야 한다. 또한 항고하려는 사람은 보증으로 매각 대금의 1/10에 해당하는 금전 또는 법원이 인정한 유가증권을 공탁하여야 한다.

⑨ 매각(낙찰) 대금의 납부

낙찰허가결정이 확정되면 법원은 대금의 지급 기한을 정하여 이를 매수인에게 통지하고, 매수인은 대금 지급 기한까지 언제든지 매각 대금을 납부할 수 있다.

대금은 납부 명령서와 함께 은행에 납부하여야 하며 납부할 금액은 낙찰 가격에서 입찰 보증금을 공제한 금액이다.

또한 배당받을 채권자가 낙찰자인 경우에는 자기가 수령할 배당액과 낙찰 대금을 배당액에서 상계할 수 있다. 상계를 위해서는 매각결정 기일이 끝날 때까지 법원에 신청서를 제출해야 한다.

⑩ 소유권이전등기 등의 촉탁, 부동산 인도명령

낙찰자는 낙찰 대금을 납부하는 동시에 부동산의 소유권을 취득하며, 집행 법원은 낙찰자가 등록세와 교육세를 납부한 영수증 등 필요한 서류를 제출하면 소유권이전등기와 낙찰자가 인수하지 않는 부동산상의 가압류, 저당권 등의 말소등기를 등기소에 촉탁한다.

법원에서는 경매가 유찰(1회 유찰되면 최저 매각 가격이 20~30% 낮아짐)되든지 하여 최저 매각 가격으로 우선변제권자의 채권과 경매 절차 비용을 변제하고 나서 경매 신청자에게 배당될 금액이 없다고 인정될 때에는 경매 신청자에게 이를 통지한다. 경매 신청자가 이 통지를 받은 날로부터 1주일 이내에 우선변제권자의 채권과 경매 절차 비용을 변제하고 남을 만한 가격으로 10%의 보증금을 제공하고 매수 신고를 하지 않으면 법원은 경매 절차를 직권취하한다. 따라서 경매 신청을 할 때는 실익이 있는지 여부를 충분히 검토해야 한다.

경매 절차도

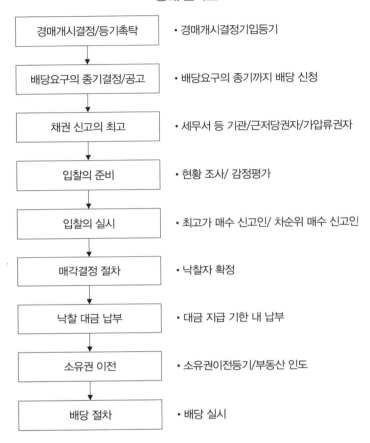

경매개시결정/등기촉탁	• 경매개시결정기입등기
배당요구의 종기결정/공고	• 배당요구의 종기까지 배당 신청
채권 신고의 최고	• 세무서 등 기관/근저당권자/가압류권자
입찰의 준비	• 현황 조사/ 감정평가
입찰의 실시	• 최고가 매수 신고인/ 차순위 매수 신고인
매각결정 절차	• 낙찰자 확정
낙찰 대금 납부	• 대금 지급 기한 내 납부
소유권 이전	• 소유권이전등기/부동산 인도
배당 절차	• 배당 실시

82

부동산 경매에서 경락자가 인수하는 권리는?

경매가 완료되면 경락으로 인하여 대부분의 권리는 말소되지만, 경락되더라도 말소되지 않고 경락자가 인수해야 하는 권리가 있다고 합니다. 이러한 권리가 있는 부동산은 계속 유찰되어 낙찰이 잘되지 않고, 되더라도 상당히 낮은 가격으로 낙찰된다고 합니다. 경락자가 인수하는 권리에는 무엇이 있나요?

금전채권(돈)을 받을 것을 목적으로 하는 부동산등기부상의 권리는 갑구, 을구 권리를 가리지 않고 경락으로 인해 말소된다. 이러한 권리들로는 가압류, 압류, 경매신청기입등기, 저당권, 근저당권, 담보가등기 등이 있다. 이러한 권리들은 유치권을 제외하고는 모두 말소된다. 그래서 가압류, 압류, 경매신청기입등기, 저당권, 근저당권, 담보가등기 등을 말소기준권리라고도 한다.

경락이 되더라도 말소되지 않고 경락자가 인수하는 권리로는 말소기준권리보다 앞서 있는 금전채권(돈)을 목적으로 하지 않는 권리와 유치권이 있다. 여기서 금전채권(돈)을 목적으로 하지 않는 권리란, 소유권이전청구권 가등기, 환매등기, 가처분등기, 전세권, 지상권, 지역권, 임차권을 말한다. 따라서 경락인이 인수할 권리는 유치권 및 가압류, 압류, 경매신청기입등기, 저당권, 근저당권, 담보가등기보다 앞서는 소유권이전청구권 가등기, 환매등기, 가처분등기, 전세권, 지상권, 지역권, 임차권이다.

소유권이전 가등기로 등기되어 있더라도 법원에 담보가등기로 신고되어 배당을 요구한 경우라면 말소기준권리가 되지만, 그렇지 않고 법원에 담보가등기로 신고되지 않은 경우라면 돈을 받을 권리(가압류, 압류, 경매신청기입등기, 저당권, 근저당권, 담보가등기)보다 앞서면 인수할 권리가 되는 것이다.

환매등기는 소유권을 환수하기 위한 등기로, 매매의 형식으로 담보를 제공하여 환매 약정 기간 내에 돈을 갚으면 소유권을 돌려받을 수 있는 권리다. 환매등기도 기간이 남은 상태에서 돈을 받기 위해 등기한 권리보다 앞서면 경락자가 인수할 권리가 된다.

가처분권리의 주요 목적은 소유권을 행사하는 모든 행위를 금지하는 것이다. 이 권리 또한 돈 받을 권리보다 앞서면 인수할 권리가 된다.

부동산을 사용하기 위한 권리에는 전세권, 지상권, 지역권이 있고, 채권으로 임차권이 있다. 지상권이란 다른 사람의 토지에 건물 등을 짓고 사용할 수 있는 권리를 말하며, 지역권이란 통행이나 용수 사용을 위한 목적으로 설정한 등기다. 부동산을 사용하기 위한 권리인 전세권, 지상권, 지역권, 임차권도 돈을 받기 위해 등기된 권리보다 앞서면 인수할 권리가 된다.

유치권은 금전채권(돈)을 목적으로 한 등기(가압류, 압류, 경매신청기입등기, 저당권, 근저당권, 담보가등기)의 선후에 상관없이 인수할 권리가 된다.

이외에도 담보 관리 편에서 살펴본 법정지상권 성립 여부에 따라 경락자가 법정지상권 의무를 부담할 수도 있다.

83

부동산 경매에서 배당은 어떻게 받나요?

채무자의 부동산에 다른 채권자가 경매 신청을 하여 부동산등기부등본에 경매기입등기가 되어 있습니다. 배당받기 위해서는 어떻게 해야 할까요? 배당 절차에 대해서 알고 싶습니다.

집행 법원은 경매 절차에 필요한 기간을 감안하여 배당요구를 할 수 있는 종기를 첫 매각 기일 이전 날짜로 정한다. 배당요구의 종기가 정해지면 법원은 경매개시결정을 한 취지 및 배당요구의 종기를 공고한다.

배당요구를 하지 않아도 배당을 받을 수 있는 채권자가 아니면 배당요구의 종기까지 배당요구 신청서에 의하여 배당요구를 하여야 배당받을 수 있다. 그때까지 배당요구를 하지 않으면 선순위 채권자라도 경매 절차에서 배당받을 수 없을 뿐만 아니라, 후순위 채권자이면서도 배당받은 자를 상대로 별도의 소송으로 부당이득반환청구를 하는 것도 허용되지 않는다.

가압류권자, 근저당권자 등 배당요구를 하지 않아도 배당받을 수 있는 채권자도 배당요구의 종기일까지 채권계산서를 제출하여야 한다. 채권자가 채권계산서를 제출하지 않으면 법원은 배당요구서, 기타 기록에 첨부된 증빙 서류에 의하여 채권액을 계산한다. 채권계산서를 제출하지 않은 채권자는 배당요구의 종기 이후에는 채권액을 보충할 수 없다.

다만, 배당요구 종기 전에 제출된 계산서에 이자채권이 기재되어 있으면 배당요구의 종기 이후 추가로 배당 기일까지 이자를 계산해서 그 부분의 이자를 채권액에 합산한다.

배당요구의 종기까지 반드시 배당요구를 하여야 할 채권자와 배당요구를 하지 않아도 배당받을 수 있는 채권자는 다음과 같다.

배당요구의 종기까지 반드시 배당요구를 해야 하는 채권자

- 집행력 있는 정본을 가진 채권자
- 민·상법, 기타 법률에 의하여 우선변제청구권이 있는 채권자. 주택임대차보호법, 상가건물임대차보호법에 의한 소액임차인, 확정일자부 임차인, 근로기준법에 의한 임금채권자, 상법에 의한 고용 관계로 인한 채권이 있는 자 등
- 경매개시결정기입등기 후에 가압류한 채권자
- 국세 등의 교부청구권자: 국세 등 조세채권 이외에 국민건강보험료, 국민연금, 산업재해보상보험료, 고용보험료 기타 징수금

배당요구를 하지 않아도 배당받을 수 있는 채권자

- 첫 경매개시결정기입등기 전에 이미 등기를 경료한 담보권자, 임차권등기 권자, 체납처분에 의한 압류등기권자, 가압류권자
- 배당요구 종기까지 한 경매 신청에 의하여 2중으로 개시결정이 된 경우 나 중의 압류채권자
- 첫 경매개시결정등기 후에 등기를 경료한 담보권자의 경우에는 배당요구 의 종기까지 권리 신고를 하면 별도로 배당요구를 하지 않아도 배당에 참 가할 수 있다.

집행 법원은 미리 작성한 배당표 원안을 배당 기일에 출석한 이 해관계인과 배당요구 채권자에게 열람시켜 그들의 의견을 듣고 즉 시 조사할 수 있는 서증을 조사한 다음, 배당표 원안에 추가 및 정 정할 것이 있으면 추가, 정정하여 배당표를 확정한다. 배당표에는 매각 대금, 각 채권자의 채권의 원금, 이자, 비용, 배당의 순위와 비 율을 기재한다.

채권자 입장에서는 배당 신청 후에 이해관계인 및 배당요구 채권 자가 정당한 권리자인지 조사해볼 필요가 있다. 배당요구 채권자가 정당하지 못한 권리자일 경우 배당 기일에 이의를 제기하고, 이의 제기 후 7일 이내에 배당 이의의 소를 제기하여 좀 더 많은 금액을 배당받을 수도 있기 때문이다.

집행력 있는 정본을 가진 채권자, 경매개시결정이 등기된 뒤에 가압류를 한 채권자, 민·상법, 그 밖의 법률에 의하여 우선변제청구권이 있는 채권자는 배당요구의 종기까지 배당요구를 한 경우에 한하여 배당을 받을 수 있고, 적법한 배당요구를 하지 아니한 경우에는 실체법상 우선변제청구권이 있는 채권자라 하더라도 그 매각 대금으로부터 배당을 받을 수 없다. 그리고 배당요구의 종기까지 배당요구한 채권자라 할지라도 채권의 일부 금액만을 배당요구한 경우 배당요구의 종기 이후에는 배당요구하지 아니한 채권을 추가하거나 확장할 수 없다. (2015. 6. 11. 2015다 203660)

배당요구 신청서

사건번호 20__타경 ○○○○

채무자 : ○○○
       서울시 ○○구 ○○동 ○○번지

채권자 : (주)○○○○ 대표이사 ○○○ (법인등록번호 :   )
       서울시 ○○구 ○○동 ○○번지
       (연락처 :   )

청구채권

원금 :
지연손해금 :
합계 :

신청 이유

위 배당요구 채권자는 채무자에 대하여 귀원 ○○ 가단○○○○ 물품 대금 청구 사건에 관한 집행력 있는 판결정본에 의한 전기표시채권을 가지고 있는바, 채무자는 이번 타 채권자로부터 20__타경○○○○ 부동산강제경매사건으로 강제경매 집행을 받았으므로 매각 대금에 대하여 배당요구를 하고자 합니다.

첨부 서류

1. 집행력 있는 판결정본   1통
2. 송달증명원   1통
3. 법인등기부등본   1통
4. 위임장   1통
5. 인감증명서   1통

_____년__월__일

위 배당요구 채권자 (주)○○○○ 대표이사 ○○○ (인)

○○지방법원 경매계 귀중

84

자동차 경매 절차는 어떻게 이루어지나요?

집행권원을 얻었는데도 채무자가 채무 변제를 미루고 있어 채무자 소유의 자동차에 대하여 경매 신청을 하려고 합니다. 자동차 경매 절차는 어떻게 이루어지는지 알고 싶습니다.

자동차등록원부에 등록된 자동차는 부동산에 관한 경매에 준하여 집행되며, 등록되지 않은 자동차는 유체동산 경매의 예에 준하여 집행된다.

등록된 자동차는 부동산 경매 신청 방법과 거의 같다. 부동산 강제경매 신청과 마찬가지로 집행력 있는 정본과 자동차등록원부등본을 첨부하여 관할 법원에 신청하면 된다. 관할 법원은 일반적으로는 자동차등록원부에 기재된 채무자의 주소지 관할 법원이 되지만, 집행관이 자동차를 인도받아 점유하는 경우에는 자동차의 소재지 지방법원이 관할 법원이 된다.

자동차의 강제집행은 일반적으로는 부동산과 비슷하지만, 자동차의 특성상 일부 특례 규정이 운영 및 적용된다.

경매 신청이 되면 경매개시결정을 하고, 집행 법원은 채무자가 그 자동차를 집행관에게 양도할 것을 명하고 자동차의 경매개시결정 시 서울시장, 광역시장, 도지사에게 경매 신청 등록의 촉탁을 명한다. 자동차양도명령에 따라 집행관이 자동차를 점유했을 때 강제경매결정서 송달의 효력이 생기고 그 등록 전에 집행관이 자동차를 인도받은 때는 압류의 효력이 생긴다.

압류 효력의 발생 시기는 경매개시결정이 채무자에 송달된 때, 경매개시결정에 수반한 자동차 인도명령 또는 경매 신청 전 보전처분으로 자동차인도명령의 집행이 완료된 때, 경매개시 기입 등록이 된 때 중 가장 빠른 시기다. 집행관은 점유한 자동차를 채권자나 채무자 또는 적당하다고 인정하는 자에게 보관하게 할 수 있다. 이때 공시서를 부착하거나 그 밖의 방법으로 집행관이 그 자동차를 점유하고 있음을 명시하는 동시에, 법원이 운행을 허가했을 때 말고는 운행할 수 없도록 조처해야 한다.

법원은 집행관이 관할 구역에서 자동차를 점유했을 때에만 경매일을 지정할 수 있다. 경매개시결정을 한 날로부터 2개월 안에 집행관이 압류 자동차를 점유할 수 없으면 법원은 집행 절차를 취소한다.

경매가 정상적으로 진행되고 낙찰이 결정되면 경락인은 경락 대금을 정해진 기일까지 납부하여야 한다. 경락인이 경락 대금을 지급하면 집행관은 압류 자동차를 경락인에게 양도한다.

85

자동차 경매 신청 전 인도명령 방법은?

채무자 소유의 자동차에 대하여 경매 신청을 하려고 합니다. 그런데 자동차의 경우는 움직이는 물건이기 때문에, 경매개시결정을 한 날로부터 2개월 안에 집행관이 압류 자동차를 점유할 수 없을 때 집행 절차를 취소한다고 합니다. 이를 예방하기 위해 자동차 경매 신청 전에 인도명령 신청을 해야 한다는데, 어떠한 절차를 통하여 진행되는지 알고 싶습니다.

 자동차 경매 신청 전에 자동차를 집행관에게 인도하지 않으면 강제집행이 현저히 곤란해질 우려가 있을 때 채권자의 신청에 의하여 자동차 소재지 관할 법원은 자동차를 집행관에게 인도할 것을 명할 수 있고, 이렇게 하면 집행관이 자동차를 점유(인도)하지 못해서 경매 진행이 취소되는 것을 예방할 수 있다.

 자동차 경매 신청 전 인도명령 신청을 하려면 신청서에 집행권원(확정판결 등)을 첨부하여 신청의 사유를 소명하여 신청하면 된다. 인도명령은 보전적 집행권원에 속하므로 송달 전에도 집행할 수 있고, 집행문을 부여할 필요도 없다. 채권자는 집행관의 자동차 인도 집행 후 10일 이내에 집행 법원에 경매를 신청하였음을 증명하는 문서를 제출하여야 하며, 제출하지 않은 때에는 집행관은 자동차를 채무자에게 반환한다. 따라서 채권자는 자동차 인도 집행 후 10일 이내에 경매를 신청하고 법원에 이를 증명하는 문서를 제출한다.

경매 신청 전 인도명령 절차에서 인도받은 자동차 보관은 집행관이 하는 것이 원칙이지만, 상당한 사유가 있다고 인정되면 채권자, 채무자, 기타 제3자에게 보관시킬 수 있다. 이 경우 공시서 부착 및 기타의 방법으로 자동차가 집행관의 점유하에 있음을 명시하고 운행하지 못하도록 조치를 취해야 한다. 압류된 자동차를 제3자가 점유하고 있다면 채권자의 신청에 의하여 제3자에게 그 자동차를 집행관에게 인도하도록 명할 수 있다.

집행 법원은 영업상의 필요나 상당한 이유가 있을 때 이해관계를 가진 자가 신청하면 자동차 운행을 허가할 수 있는데, 운행을 허가하되 제한을 둘 수 있다.

86

유체동산의 강제집행 신청 방법과 절차는?

채무자를 상대로 집행권원을 획득하고 집행문도 부여받았습니다. 채무자 재산을 강제집행하기 위하여 조사해보았는데, 부동산은 없고 유체동산이 유일한 재산입니다. 유체동산에 대하여 강제집행을 신청하려고 하는데 그 신청 방법과 절차에 대해 알고 싶습니다.

강제집행을 하려는 물건이 소재하는 관할 지방법원 소속 집행관에게 강제집행을 위임하여야 한다. 유체동산의 강제집행을 위임하려면 동산 경매 신청서에 기재할 사항을 기재하고, 집행력 있는 정본과 송달증명원, 위임장 등을 구비하여 집행 목적물이 소재하는 지방법원 소속 집행관에게 서면으로 신청하면 된다.

동산 경매 신청서에는 채권자의 이름과 주소, 채무자의 이름과 주소, 집행 목적물인 유체동산의 소재지, 집행권원의 표시, 집행 방법, 청구 금액 등을 기재한다. 동산 경매 신청을 할 때는 소정의 집행관 수수료와 집행 비용을 예납한다.

유체동산의 압류는 물건이 있는 장소에 가서 집행관이 목적물을 점유함으로써 이루어진다. 집행관은 지방법원장이 교부한 신분증 및 집행력 있는 정본을 가지고 있어야 하며, 관계인이 요구할 경우 이를 보여주어야 한다.

집행관이 압류물을 선택할 때는 채권자의 이익을 해하지 않는 범위 내에서 채무자의 이익을 고려해야 한다. 어떤 물건을 압류할지는 집행관의 재량이며, 채권자나 채무자 의사에 제한을 받지 않는다. 당사자의 의견을 참작하는 편이므로, 채권자의 입장에서는 압류 장소에 참석하는 것이 유리하다.

압류 집행을 피하기 위해 채무자나 친족, 고용인 등이 모두 현장에 없는 경우도 있다. 이때 집행관은 집행을 위하여 필요하다면 성인 2명이나 지방자치단체 직원, 경찰 1명의 입회하에 채무자의 주거, 창고와 기타 장소를 수색하고 잠근 문과 기구를 여는 등 적절한 조치를 할 수 있다.

압류물은 집행관이 점유하여 보관하는 것이 원칙이지만, 채권자의 승낙이 있거나 압류물을 운반하기 곤란할 때는 채권자, 채무자 또는 제3자로 하여금 보관하게 할 수 있고, 압류물을 봉인하거나 그 밖의 방법으로 압류 표시를 해야 한다. 이는 유체동산의 집행 효력이 발생하는 요건이므로 이렇게 하지 않으면 압류는 무효다. 보통 봉인표 또는 압류물임을 명시한 공시서를 붙인다.

채무자의 재산이라고 해도 채무자의 보호와 공공복리를 위한 사회정책적 목적에서 압류가 금지되는 물건이 정해져 있다. 그 내용은 민사집행법과 개별법에 의하여 규정하는데, 압류가 금지되는 물건에는 다음과 같은 것이 있다.

민사집행법상 압류 금지 동산

- 의복, 침구, 가구, 부엌 가구, 기타 생활필수품
- 생활에 필요한 2개월간의 식료품, 연료, 조명 재료
- 1개월간의 생계비(185만 원)
- 농기구, 비료, 가축, 사료, 종자
- 어구, 어망 등
- 직업상 없어서는 안 될 제복, 도구 등
- 공표되지 아니한 저작 또는 발명품
- 기타 훈장, 표창, 기 등

특별법상 압류 금지 동산

- 국가유공자 예우 등의 법률에 의한 대부 재산
- 의료법에 의한 의료 기재
- 공적인 보호, 원호 등으로 지급된 금품

집행관은 압류물을 현금화해도 우선하는 채권과 집행 비용 외에 남을 것이 없겠다고 인정하면 압류를 취소하여야 한다. 이는 압류물의 매각 대금으로 압류채권자의 채권에 우선하는 채권과 집행 비용을 제외하면 남을 것이 없겠다고 인정되는 때를 말하는데, 그 판

단은 집행관이 한다.

압류가 집행되면 압류물을 채무자가 사용, 수익하는 것은 원칙적으로 금지되지만, 압류물을 채무자가 보관하는 경우에는 집행관의 허락하에 사용할 수 있다. 채무자가 압류물을 사용할 때에는 압류 표지를 훼손하지 않는 한도 내에서 통상의 용법에 따라 사용한다. 압류 표지를 불법으로 훼손하는 경우에는 공무상비밀표시무효죄에 의하여 형사 처벌을 받는다.

압류 후에 압류물을 제3자가 점유해도 압류의 효력은 그 물건에 존속된다.

집행관은 압류 시 초과 압류를 하지 않기 위하여 스스로 압류물의 가액을 평가하여 압류조서에 적어야 한다. 압류물이 고가의 물건인 경우에는 압류 후에 적당한 감정인에게 평가하게 하여야 한다.

매각 기일은 압류일과 7일 이상 기간을 두고 정해지므로 경매는 압류일로부터 7일이 지난 후에 실시된다.

경매 기일(매각 기일), 경매 장소, 경매할 물건은 경매 기일 3일 전에 지정 및 공고하고 채권자, 채무자 및 압류물 보관자에게 통지한다. 경매 장소는 보통 물건 소재지, 즉 물건 보관 장소가 된다.

경매 실시는 집행관이 경매 기일 개시 선언 후 매수 신청 최고를 함으로써 실시되며 매수 신청 최고 시에는 경매 조건도 같이 고지한다.

경매에 참가한 자는 집행관에게 구두로 경락을 신청할 수 있다.

경매 개시 후 최고가 매수인이 결정되면 집행관은 최고가 매수인에게 경락을 결정하고, 3회 호창을 함으로써 경매는 완료된다.

부부가 공유한 유체동산을 압류한 경우에는, 그 배우자는 경매 기일에 출석하여 최고가 매수 신고액과 동일한 방법으로 우선 매수 신청을 할 수 있다. 유체동산 매각은 부동산 매각과는 달리 경매 기일에 매각 허가와 대금 지급 및 물건의 인도가 전부 이루어진다.

배당을 요구할 수 있는 채권자는 경매 전에 압류한 채권자(압류경합 채권자 포함)와 민법, 상법, 기타 법률에 의하여 우선변제청구권이 있는 채권자다.

우선변제청구권이 있는 채권자에게 우선적으로 배당하고, 나머지 채권자들에게 청구 금액에 비례한 안분배당을 한다.

유체동산을 경매한 경우 공유 지분을 주장하는 배우자도 배당(지급)을 요구할 수 있는데, 일반적으로는 채무자의 배우자는 매각 대금의 50%를 배당(지급)받는다.

|판례|

유체동산 압류에 있어 봉인, 기타 방법으로 압류를 명백히 한 경우에는 그 압류 처분은 유효하고 압류조서의 작성은 압류의 사실을 기록, 증명하는 것에 불과하여 압류 처분의 효력 발생 요건이라고는 할 수 없으므로 비록 압류조서 목록에 그 기재가 누락되었다 하더라도 그 물건에 관하여도 압류한 이상 압류 처분은 유효하고 그 압류 물건을 대상으로 공매 처분이 이루어져 피고인이 이를 경락받았다면 피고인이 위 물건들을 취거하였다 하여 절도죄에 문의할 수는 없다. (1984. 8. 21. 84도 855)

| 판례 |

부부의 누구에게 속한 것인지 분명하지 아니한 재산은 부부의 공유로 추정하고, 채무자와 그 배우자의 공유로서 채무자가 점유하거나 그 배우자와 공동으로 점유하고 있는 유체동산은 압류할 수 있는데, 이와 같은 부부 공유 재산의 추정과 부부 공유의 유체동산에 대한 압류는 혼인 관계가 유지되고 있는 부부를 전제로 한다고 할 것이다. (2013. 7. 11. 2013다201233)

87

채권 압류 및 전부명령의
신청 방법과 절차는 어떻게 되나요?

채무자를 상대로 집행권원을 얻었는데 채무자는 지금도 채무를 변제하지 않고 있습니다. 채무자 재산을 조사하던 중 채무자가 거래하는 거래처를 알게 되었습니다. 채무자의 거래처는 신용도 비교적 괜찮습니다. 그래서 채무자가 거래처에서 받을 물품대금채권에 대하여 압류 및 전부명령 신청을 하려고 하는데, 그 방법과 절차를 알고 싶습니다.

압류 및 전부명령의 효력이 발생하면 채무자의 제3채무자에 대한 채권이 압류채권자에게 이전된다. 따라서 압류채권자가 받을 채권이 되는 것이다.

압류 및 전부명령을 신청하기 위해서는 집행문이 부여된 집행권원, 송달증명원을 갖추어야 한다. 압류 및 전부명령신청서에 채권자의 성명, 주소, 전화번호, 채무자의 성명, 주소, 제3채무자 성명, 주소, 청구채권 및 그 금액, 압류할 채권의 종류 및 수액, 신청의 취지 및 이유, 첨부 서류를 기재하고, 집행력 있는 정본, 송달증명원, 당사자가 법인인 때에는 법인등기부등본, 대리인에 의하여 신청하는 경우에는 위임장, 인감증명서를 첨부하여 채무자 주소지 관할 법원에 신청하면 된다. 압류 및 전부명령의 경우에는 4,000원의 인지를 첨부하고, 송달료 [당사자 수×2회분(1회분 5,200원)]을 납부한다. 신청서에 인지와 송달료 납부서 첨부가 완료되면 집행 법원 신청과에 제출한다. 대한민국법원-전자소송에서 인터넷으로 신청할 수도 있다.

법원이 압류명령을 할 때는 "제3채무자는 매매 대금 등을 채무자에게 지급하여서는 아니 된다"는 지급금지명령을 하게 된다.

전부명령이란 집행 채권자에게 피압류채권을 이전시키는 대신 그 금액 상당의 집행채권(채무자에 대한 채권)을 소멸시킴으로써 채무자의 채무 변제에 갈음하게 하는 집행 법원의 재판을 말한다.

전부명령은 제3채무자의 자력이 충분하고, 압류하고자 하는 채권을 제3자가 아직 가압류, 압류하지 않은 상태에서 독점적으로 채권을 확보할 때 활용한다.

전부명령은 제3채무자에게 송달한 후 즉시항고 기간 내에 즉시항고가 없으면 확정된다. 전부명령의 효력은 제3채무자에게 전부명령이 송달된 시기를 기준으로 소급하여 발생하며, 전부명령의 효력이 발생하면 피압류채권은 채무자로부터 채권자에게 이전되며, 피압류채권 금액만큼 집행채권은 변제된 것으로 본다. 전부명령의 효력이 발생하면 효력 발생 이후의 압류, 가압류 등은 모두 무효(전부명령이 된 금액 한도 내에서)가 된다.

|판례|

전부명령이 확정된 경우에는 전부명령이 제3채무자에게 송달된 때에 채무자가 채무를 변제한 것으로 보고, 다만 이전된 채권이 존재하지 아니한 때에는 그러하지 아니하며, 위와 같은 전부명령에 의한 채무 소멸의 효과는 채권자가 압류명령 신청 시에 명시한 집행채권의 변제를 위하여서만 생긴다. (2021. 11. 11. 2018다250087)

|판례|

전부명령이 확정되면 피압류채권은 전부명령이 제3채무자에게 송달된 때에 소급하여 집행채권의 범위 안에서 당연히 전부채권자에게 이전하고 동시에 집행채권 소멸의 효력이 발생하는 것이며, 이 점은 피압류채권이 그 존부 및 범위를 불확실하게 하는 요소를 내포하고 있는 장래의 채권인 경우에도 마찬가지라고 할 것이다.
장래의 채권에 관하여 압류 및 전부명령이 확정되면 그 부분 피압류채권은 이미 전부채권자에게 이전된 것이므로 그 이후 동일한 장래의 채권에 관하여 다시 압류 및 전부명령이 발하여졌다고 하더라도 압류의 경합은 생기지 않고, 다만 장래의 채권 중 선행 전부채권자에게 이전된 부분을 제외한 나머지 중 해당 부분 피압류채권이 후행 전부채권자에게 이전된다. (2004. 9. 23. 2004다29354)

채권 압류 및 전부명령 신청

채권자 : (주)○○ 대표이사 ○○○ (전화번호 :   )
　　　　 서울시 ○○구 ○○로 ○○번길
채무자 : (주)○○ 대표이사 ○○○
　　　　 서울시 ○○구 ○○로 ○○번길
제3채무자 : (주)○○ 대표이사 ○○○
　　　　　 서울시 ○○구 ○○로 ○○번길

청구채권 및 그 금액

금 _____원 (물품 대금)
금 _____원 (지연 이자)
금 _____원 (소송 비용 및 집행 비용) 합계 _____원

압류 및 전부할 채권의 표시

별지 목록 기재와 같음

신청 취지

채무자의 제3채무자에 대한 별지 목록 기재의 채권을 압류한다.
제3채무자는 채무자에게 위 채권에 관한 지급을 하여서는 아니 된다.
채무자는 위 채권의 처분과 영수를 하여서는 아니 된다.
위 압류된 채권은 지급에 갈음하여 채권자에게 전부한다라는 판결을 구합니다.

신청 이유

채권자는 채무자에 대하여 ○○지방법원 20__가합○○호 물품대금청구채권의 집행력 있는 판결정본에 표시된 금전채권을 가지고 있으나 채무자가 그 지급을 하지 아니하므로 채무자가 제3채무자에 대하여 가지고 있는 별지 목록 기재의 채권에 대한 압류명령 및 전부명령을 하여주시기 바랍니다.

첨부 서류

1. 집행력 있는 판결정본　　　 1통
2. 송달증명원　　　　　　　　 1통
3. 법인등기사항 전부증명서　　 1통

____년 __월 __일

채권자 (주)○○ 대표이사 ○○○ (인)

○○지방법원 귀중

88

채권 압류 및 추심명령의
신청 방법과 절차는 어떻게 되나요?

채무자를 상대로 집행권원을 얻었는데 채무자는 지금도 채무를 변제하지 않고 있습니다. 채무자 재산을 조사하던 중 채무자가 거래하는 거래처를 알게 되었습니다. 채무자의 물품대금채권에 대하여 압류 및 추심명령 신청을 하려고 하는데, 그 방법과 절차에 대해서 알고 싶습니다.

금전채권이란 채무자가 제3채무자에 대하여 가지는 금전의 지급을 목적으로 하는 채권을 말하는데, 매매 대금, 대여금, 임대차보증금, 하도급 대금, 공탁금출급청구권, 예금채권, 전화 설비비 등이 있다.

채무자의 제3채무자에 대한 금전채권에 대하여 강제집행을 하기 위해서는 압류 및 추심명령을 신청하여 채무자를 대신하여 제3채무자로부터 추심하거나, 전부명령을 신청하여 채무자의 제3채무자에 대한 채권을 압류채권자에게 이전시키는 방법을 취한다.

압류 및 추심명령의 효력이 발생하면 그 명령서를 가지고 채무자 대신 압류된 채권을 제3채무자로부터 받을 수 있다.

압류 및 추심명령을 신청하려면 집행문이 부여된 집행권원, 송달증명원을 갖추어야 하고 압류 및 추심명령 신청서에 채권자의 성명, 주소, 전화번호, 채무자의 성명, 주소, 제3채무자 성명, 주소, 청구채권 및 그 금액, 압류할 채권의 종류 및 수액, 신청의 취지 및 이유, 첨부 서류를 기재하고 신청서에 집행력 있는 정본, 송달증명원, 집행 당사자 및 제3채무자가 법인인 때에는 법인등기부등본, 대리인에 의하여 신청하는 경우에는 위임장, 인감증명서를 첨부하여 채무자 주소지 관할 법원에 신청하면 된다. 대한민국법원-전자소송에서 인터넷으로 신청할 수도 있다.

법원이 압류명령을 할 때에는 "제3채무자는 매매 대금 등을 채무자에게 지급하여서는 아니 된다"는 지급금지명령을 하게 된다.

추심명령이란 압류채권자가 피압류채권에 대하여 제3채무자에게 청구할 수 있는 권한을 주는 것을 말한다. 이때 채권자(압류채권자)는 제3채무자로부터 피압류채권을 수령하여 채무자에 대한 채권(이를 집행채권이라 한다)의 변제에 충당할 권한을 갖게 된다.

채권자(집행채권자)는 제3채무자로부터 채권을 추심(수령)하면 이를 바로 채권의 변제에 충당할 수 있는 것이 아니라 집행 법원에 추심신고를 하여야 한다.

추심명령은 제3채무자의 자력이 불충분한 경우나 압류하려는 채권에 제3자의 선행 가압류, 압류가 경합하는 경우에 주로 활용된다. 추심명령의 효력은 제3채무자에게 송달된 때 발생하며, 추심명령의 효력이 발생하면 채무자가 제3채무자에 대하여 가지고 있는 채권을 채권자가 직접 추심할 수 있는 권한을 갖는다. 제3채무자는 추심명령을 받은 압류채권자의 청구가 있으면 압류채권자에게 채무를 지급하여야 한다.

채권자가 채권을 추심하면 집행 법원에 추심 신고를 하여야 하며, 다른 채권자는 추심할 때까지 압류, 가압류 또는 배당 신청을 할 수 있다.

배당 신청을 할 수 있는 채권자는 집행력 있는 정본을 가진 채권자, 우선변제청구권이 있는 채권자, 경합 압류, 가압류한 채권자다. 배당 신청 방법은 집행 법원에 배당 신청서를 제출하는 방식이며, 배당 신청서에는 채권의 원인과 금액을 기재하여야 한다.

채권의 추심 신고가 있을 때까지 다른 채권자로부터 압류, 가압류, 배당요구가 없는 경우에는 추심채권자는 추심한 채권을 변제에 충당한다. 채권의 추심 신고가 있을 때까지 다른 채권자로부터 압류, 가압류, 배당요구가 있는 경우에는 채권자는 추심한 금액을 공탁하고 법원은 배당 절차를 실시한다.

집행채권자가 배당받은 금액 내에서만 집행채권이 소멸한다.

| 판례 |

채무자의 제3채무자에 대한 금전채권에 대하여 압류 및 추심명령이 있더라도, 이는 추심채권자에게 피압류채권을 추심할 권능만을 부여하는 것이고, 이로 인하여 채무자가 제3채무자에게 가지는 채권이 채권추심자에게 이전되거나 귀속되는 것은 아니다. (2019. 7. 25. 2019다212945)

채권 압류 및 추심명령 신청

채권자 : (주)○○ 대표이사 ○○○ (전화번호 :   )
　　　　서울시 ○○구 ○○로 ○○번길
채무자 : (주)○○ 대표이사 ○○○
　　　　서울시 ○○구 ○○로 ○○번길
제3채무자 : (주)○○ 대표이사 ○○○
　　　　　서울시 ○○구 ○○로 ○○번길

청구채권 및 그 금액

금 ＿＿＿＿＿＿＿원 (물품 대금)
금 ＿＿＿＿＿＿＿원 (지연 이자)
금 ＿＿＿＿＿＿＿원 (소송 비용 및 집행 비용) 합계 ＿＿＿＿＿＿＿원

압류할 및 추심할 채권의 표시

별지 목록 기재와 같음

신청 취지

채무자의 제3채무자에 대한 별지 목록 기재의 채권을 압류한다.
제3채무자는 채무자에게 위 채권에 관한 지급을 하여서는 아니 된다.
채무자는 위 채권의 처분과 영수를 하여서는 아니 된다.
위 압류된 채권은 채권자가 추심할 수 있다라는 판결을 구합니다.

신청 이유

　채권자는 채무자에 대하여 ○○지방법원 20__가단○○호 물품대금청구채권의 집행력 있는 판결정본에 표시된 금전채권을 가지고 있으나 채무자가 그 지급을 하지 아니하므로 채무자가 제3채무자에 대하여 가지고 있는 별지 목록 기재의 채권에 대한 압류명령 및 추심명령을 하여주시기 바랍니다.

첨부 서류

1. 집행력 있는 판결정본　　　1통
2. 송달증명원　　　　　　　　1통
3. 법인등기사항 전부증명서　　1통

＿＿＿＿년 ＿＿월 ＿＿일

채권자 (주)○○ 대표이사 ○○○ (인)

○○지방법원 귀중

89

제3채무자 진술최고 신청 방법과 절차는?

채권 가압류나 채권 압류를 하는 경우에 제3채무자가 채무자에게 실제 지급할 채권이 없다든지 하여 실익이 없는 경우가 있습니다. 이런 경우에 대비하여 채권 가압류나 채권 압류 절차에서 제3채무자 진술최고 신청을 활용하면 도움이 된다고 합니다. 제3채무자 진술최고의 신청 방법과 절차에 대해 알고 싶습니다.

제3채무자 진술최고는 제3채무자가 채무자에게 지급할 채권이 있는지, 선가압류권자와 선압류권자가 있는지 알고 싶을 때 활용하는 제도다. 압류채권자는 법원에 신청서를 작성하여 진술최고 신청을 할 수 있다.

압류채권자는 아래의 사항을 기재한 서면으로 법원에 제3채무자로 하여금 압류명령을 송달받은 날로부터 1주일 이내에 신청서에 기재한 사항을 진술하도록 신청할 수 있다.

- 채권의 인정 여부와 지급 의사의 유무와 그 한도
- 채권에 대하여 다른 자로부터 청구가 있었는지 유무와 그 종류
- 채권에 대하여 다른 채권자로부터 압류된 사실의 유무와 그 종류

법원은 압류채권자의 진술최고 신청을 제3채무자에게 송달하고, 제3채무자는 문서로 진술 내용을 제출하여야 한다. 압류채권자는 제3채무자가 문서로 제출한 진술 내용을 등사 등을 통해 받아 볼 수 있다. 만일 제3채무자가 진술하지 않을 때에는 법원이 제3채무자를 심문하여 그 사실을 밝힐 수도 있다.

제3채무자 진술최고 신청

사건번호 20__타채 ○○○
채권자 : (주)○○ 대표이사 ○○○

채무자 : ○○○

제3채무자 : ○○○

위 당사자 간 사건번호 20___타채 ○○○ 채권압류명령사건에 관하여 제3채무자에 대하여 압류명령 송달일로부터 7일 이내에 다음 사항을 서면으로 진술하라는 취지의 명령을 하여줄 것을 신청합니다.

1. 채권의 인낙 여부와 지급 의사의 유무와 그 한도
2. 채권에 대하여 다른 자로부터의 청구의 유무와 그 종류
3. 채권에 대하여 다른 채권자로부터 압류된 사실의 유무와 그 종류

90

가압류를 본압류로 전이하는
채권 압류 및 전부명령과 추심명령 방법은?

채무자의 채권을 가압류하고 그 후에 집행권원을 얻었습니다. 가압류를 본압류로
전이하는 채권 압류 및 전부명령과 추심명령을 신청하려고 합니다. 그 방법에 대해
알고 싶습니다.

가압류를 본압류로 전이하는 채권 압류 및 추심명령 및 전부명령
을 신청하려면 가압류결정문, 집행문이 부여된 집행권원, 송달증명
원을 갖추어야 한다.

우선 가압류를 본압류로 전이하는 채권 압류 및 추심명령 신청서,
가압류를 본압류로 전이하는 채권 압류 및 전부명령 신청서에 채
권자의 성명, 주소, 전화번호, 채무자의 성명, 주소, 제3채무자 성명,
주소, 청구채권 및 그 금액, 본압류로 전이하는 압류할 채권의 종류
및 수액, 신청의 취지 및 이유, 첨부 서류를 기재하고 신청서를 작성
한다.

작성한 신청서에 가압류결정문, 집행력 있는 정본, 송달증명원,
집행 당사자 및 제3채무자가 법인이면 법인등기부등본, 대리인에

의하여 신청하는 경우에는 위임장, 인감증명서를 첨부하여 가압류한 법원에 신청하면 된다. 대한민국법원 전자소송에서 인터넷으로 신청할 수도 있다.

법원이 압류명령을 할 때에는 "제3채무자는 매매 대금 등을 채무자에게 지급하여서는 아니 된다"는 지급금지명령을 하게 된다.

추심명령이 되면 압류채권자는 피압류채권에 대하여 제3채무자에게 청구할 수 있는 권한을 갖게 된다. 압류채권자는 제3채무자로부터 피압류채권을 수령하여 채무자에 대한 채권(이를 집행채권이라 한다)의 변제에 충당할 수 있다.

전부명령이 되면 채권자(집행채권자)에게 피압류채권이 이전되고, 채권자가 제3채무자에게 받을 채권이 된다. 그 대신 그 금액만큼의 집행채권(채무자에 대한 채권)은 소멸된다.

(가압류를 본압류로 전이하는)
채권 압류 및 전부명령 신청

채권자 : (주)○○캐피탈 대표이사 ○○○ (전화번호 :   )
        서울시 ○○구 ○○동 ○○번지
채무자 : ○○○
        서울시 ○○구 ○○동 ○○번지
제3채무자 : ○○○
          서울시 ○○구 ○○동 ○○번지

청구채권 및 그 금액

금 _____원 (대여금)
금 _____원 (위 금원에 대한 20__년 _월 _일부터
               20__년 _월 _일까지의 이자 및 지연 손해금)
금 _____원(소송 비용 및 집행 비용)

합계 금 _____원

본압류로 전이하는 압류할 채권의 종류 및 수액

별지 목록 기재와 같음

신청 취지

1. 채권자와 채무자 간 귀원 20__카합○○○ 채권가압류결정에 의하여 가압류된 별지 목록 채권은 본압류로 전이한다.
1. 제3채무자는 채무자에 대하여 압류된 채권을 지급하여서는 아니 된다.
1. 채무자는 위 압류된 채권의 처분과 영수를 하여서는 아니 된다.
1. 위 압류된 채권은 채권자에게 전부된다.

신청 이유

채권자는 채무자에 대하여 ○○지방법원 20__가합○○호 대여금청구채권의 집행력 있는 판결정본에 표시된 금전채권을 가지고 있으나 채무자가 그 지급을 하지 아니하므로 채무자가 제3채무자에 대하여 가지고 있는 별지 목록 기재의 채권에 대하여 압류명령 및 전부명령 신청을 하게 되었습니다.

첨부 서류

1. 채권가압류결정문   1통

2. 가압류결정 송달증명원   1통
3. 집행력 있는 판결정본   1통
4. 법인등기부등본   1통
5. 송달증명원   1통
6. 위임장   1통

_____년 __월 __일

채권자 (주)○○캐피탈 대표이사 ○○○ (인) (전화번호 :   )

○○지방법원 귀중

(가압류를 본압류로 전이하는)
채권 압류 및 추심명령 신청

채권자 : (주)○○캐피탈 대표이사 ○○○ (전화번호 :   )
　　　　　서울시 ○○구 ○○동 ○○번지
채무자 : ○○○
　　　　　서울시 ○○구 ○○동 ○○번지
제3채무자 : ○○○
　　　　　　서울시 ○○구 ○○동 ○○번지

청구채권 및 그 금액

금 _____원 (대여금)
금 _____원 (위 금원에 대한 20__년 __월 __일부터
　　　　　　　　　20__년 __월 __일까지의 이자 및 지연 손해금)
금 _____원(소송 비용 및 집행 비용)

합계 금 _____원

본압류로 전이하는 압류할 채권의 종류 및 수액

별지 목록 기재와 같음

신청 취지

1. 채권자와 채무자 간 귀원 20__카합○○○ 채권가압류 결정에 의하여 가압류된 별지 목록 채권은 본압류로 전이한다.
1. 제3채무자는 채무자에 대하여 압류된 채권을 지급하여서는 아니 된다.
1. 채무자는 위 압류된 채권의 처분과 영수를 하여서는 아니 된다.
1. 위 압류된 채권은 채권자가 추심할 수 있다.

신청 이유

채권자는 채무자에 대하여 ○○지방법원 20__가합○○호 대여금청구채권의 집행력 있는 판결정본에 표시된 금전채권을 가지고 있으나 채무자가 그 지급을 하지 아니하므로 채무자가 제3채무자에 대하여 가지고 있는 별지 목록 기재의 채권에 대하여 압류명령 및 추심명령 신청을 하게 되었습니다.

첨부 서류

1. 채권가압류결정문	1통
2. 가압류결정 송달증명원	1통
3. 집행력 있는 판결정본	1통
4. 법인등기부등본	1통
5. 송달증명원	1통
6. 위임장	1통

_____년__월__일

채권자 (주)○○캐피탈 대표이사 ○○○ (인) (전화번호 :   )

○○지방법원 귀중

91

추심명령과 전부명령의 차이점은 무엇인가요?

채무자가 받을 채권을 집행하는 방법으로 압류 및 추심명령과 압류 및 전부명령이 있다고 하는데요. 추심명령과 전부명령은 경우에 따라 장단점이 있다고 들었습니다. 추심명령과 전부명령은 어떠한 차이점이 있으며, 어느 경우에 무엇이 유리한지 알고 싶습니다.

추심명령의 효력이 발생하면 압류채권자는 피압류채권에 대하여 제3채무자에게 청구할 수 있는 권한을 갖는다. 채권자(집행채권자)가 제3채무자로부터 채권을 추심(수령)하면 이를 바로 채권의 변제에 충당할 수 있는 것이 아니라 집행 법원에 추심 신고를 하여야 한다. 추심명령은 제3채무자의 자력이 불충분한 경우나 압류하고자 하는 채권에 제3자의 가압류, 압류가 경합하는 경우에 주로 활용된다.

반면에 전부명령의 효력이 발생되면 피압류채권이 집행채권자에게 이전되어 전부명령의 효력이 발생한 금액 한도 내에서는 전부명령 효력 발생 이후에 발생된 압류, 가압류 등은 모두 무효가 된다. 따라서 압류채권자는 제3채무자로부터 피압류채권 전액에 대하여 독점적인 권리를 갖게 되고 제3채무자에게 변제받으면 법원에 신고할 필요 없이 바로 채무 변제에 충당하면 된다. 이런 면에서만 보면 전부명령이 추심명령보다 유리하다고 볼 수 있다.

전부명령은 집행채권자에게 피압류채권(제3채무자에 대한 채권)을 이전시키고 그 금액 상당의 집행채권(채무자에 대한 채권)을 소멸시킴으로써 채무자의 채무 변제에 갈음하게 하는 집행 법원의 재판이다. 추심명령은 집행채권을 변제받기 위해서 제3채무자에게 청구할 수 있는 권한을 갖는 것으로, 피압류채권과 집행채권이 모두 소멸되지 않는다. 집행채권이란 채무자에게서 받을 채권, 피압류채권은 제3채무자에게서 받을 채권을 말한다. 다시 말해, 전부명령의 효력이 발생하면 채권자(집행채권자)는 그 금액을 제3채무자에게서만 받을 수 있고, 추심명령의 효력이 발생하면 채권자는 그 금액을 채무자와 제3채무자에게서 받을 수 있는 것이다.

따라서 제3채무자의 자력이 불안한 경우에는 추심명령이 좋고, 제3채무자의 자력이 충분한 경우에는 전부명령이 좋다.

이미 가압류, 압류권자가 있는 경우에 그 금액 한도 내에서는 전부명령의 효력이 발생되지 않는다. 다만 압류의 효력은 살아 있으므로 추가로 추심명령을 신청할 수는 있다. 압류 및 추심명령은 그 전에 선행 가압류, 압류권자가 있더라도 압류나 추심명령의 효력이 모두 발생된다. 따라서 이미 선행한 압류나 가압류권자가 있는 경우에는 압류 및 추심명령이 좋고, 없는 경우에는 압류 및 전부명령이 좋다.

다시 말해, 선행 가압류, 압류권자가 있거나 제3채무자의 자력이 불안한 경우는 추심명령이 채권 회수에 유리하며, 선행 가압류, 압류권자가 없고 제3채무자의 자력이 충분한 경우에는 전부명령이 유리하다.

92

인터넷으로 채권 압류 및 추심명령을 신청할 수 있나요?

채무자가 채무를 장기간 변제하지 않아 지급명령 신청을 하여 확정된 지급명령을 얻었습니다. 채무자가 받을 채권에 대해 채권 압류 및 추심명령을 신청하려고 하는데, 인터넷으로도 진행할 수 있다고 들었습니다. 인터넷으로 어떻게 채권 압류 및 추심명령을 진행할 수 있는지 알고 싶습니다.

대한민국법원-전자소송 사이트에서도 가압류나 소송뿐 아니라 강제집행 신청과 절차를 진행할 수 있다.

채권 압류 및 추심명령을 전자적으로 신청하려면 대한민국법원-전자소송 사이트에 회원으로 가입한다. 이때 인증서도 등록한다. 대한민국법원 홈페이지-전자소송에서 본인의 신원을 확인한 후 회원정보를 입력하면 즉시 전자소송 사용자로 등록된다.

전자소송을 신청하려면 우선 '전자소송 〉 서류제출 〉 집행서류'로 들어가 전자소송 동의를 하여야 한다. 전자소송 동의 후 '채권압류 등 〉 채권압류 및 추심명령'으로 들어가 채권 압류 및 추심명령 신청서를 작성한다.

채권 압류 및 추심명령 신청서를 작성하는 순서는 '당사자 목록 입력 〉 집행권원 기본정보 입력 〉 신청 취지 및 신청 이유 작성 〉 첨부 서류 첨부 〉 작성 완료' 순으로 작성하는데, 작성 예시도 나와 있다.

채권 압류 및 추심명령 신청서 작성이 완료되면 인지대와 송달료를 전자납부하고, 전자서명 후 제출하기 완료를 클릭하면 사건번호가 생성된다.

전자소송에 동의한 당사자 및 대리인은 대한민국법원 홈페이지-전자소송을 통해 전자문서로 송달받고 내용을 확인할 수 있다. '송달서류 작성 〉 전자결제 〉 송달서류 전자송달(휴대전화 문자 메시지, 이메일 통지) 〉 송달문서 확인'의 절차를 거치면 된다. 전자소송에 동의한 당사자 및 대리인은 사건의 진행 기록을 언제든지 열람 및 출력할 수 있다. 열람하는 수수료는 무료다.

채권 압류 및 추심명령을 신청하면 법원은 제3채무자에게 압류명령과 추심명령을 낸다.

93

기업회생은 어떤 절차로 이루어지나요?

채무자가 채무를 변제하지 않다가 기업회생(법정관리)에 들어가 당황하는 경우가 있습니다. 기업회생은 어떻게 진행되며, 채권자로서는 어떻게 대처해야 하는지 알고 싶습니다.

법원은 회생절차개시 신청이 있으면 이해관계인의 신청이나 직권에 의해 회생절차개시결정이 있기 전까지 채무자의 업무 및 재산에 관하여 가압류, 가처분, 그 밖에 필요한 보전처분을 명할 수 있다.

법원은 필요하다고 인정하는 때에는 개시결정이 있을 때까지 다음 각 호의 어느 하나에 해당하는 절차를 중지하게끔 명할 수 있다.

- 채무자에 대한 파산 절차
- 회생채권 또는 회생담보권에 기한 강제집행, 가압류, 가처분, 담보권 실행을 위한 경매 절차로, 채무자 재산에 대하여 이미 행해지고 있는 것
- 채무자의 재산에 관한 소송 절차

- 채무자의 재산에 관하여 행정청에 계속되어 있는 절차
- 국세징수법 또는 지방세기본법에 따른 체납 처분, 국세징수법 예에 의한 체납 처분 또는 조세채무 담보를 위하여 제공된 물건의 처분

회생 절차의 목적을 충분히 달성하지 못할 우려가 있다고 인정할 만한 특별한 사정이 있는 때에는 개시결정이 있을 때까지 모든 회생채권자 및 회생담보권자에 대하여 회생채권 또는 회생담보권에 기한 강제집행 등의 포괄적 금지를 명할 수 있다.

포괄적 금지명령이 있으면 채무자의 재산에 대하여 이미 행하여진 회생채권 또는 회생담보권에 기한 강제집행 등은 중지된다.

법인회생절차개시결정이 나면 다음을 청구할 수 없고, 채무자의 재산에 관한 소송 절차는 중단된다.

- 파산 또는 회생절차개시의 신청
- 회생채권 또는 회생담보권에 기한 강제집행 등
- 국세징수법에 예에 의하여 징수할 수 있는 청구권으로서 그 징수 우선순위가 일반 회생채권보다 우선하지 아니하는 것에 기한 체납 처분

기업회생은 '회생절차개시 신청 〉 회생절차개시결정 〉 관리인의 목록 작성 제출 〉 회생채권, 회생담보권 등 신고 〉 회생채권, 회생담보권 조사 〉 1차 관계인 집회 〉 2차 관계인 집회 〉 3차 관계인 관계

인 집회 〉 회생 계획 인가 여부 결정 〉 회생 계획 시행'의 절차를 거쳐 진행된다.

회생채권자와 회생담보권자 등은 회생채권, 회생담보권 등 신고기간 안에 다음 구비 서류(증거 서류)를 첨부하여 법원에 제출하여야한다.

- 회생채권, 회생담보권 신고서 2부
- 회생채권 신고 내역서 2부
- 세금계산서 2부
- 법인등기부등본 2부
- 위임장 2부
- 법인인감증명서 2부
- 대리인의 신분증 사본 2부

회생채권 신고는 법원에서 정한 기간(1주일 이상 1개월 이내)에 해야한다. 다만 회생채권자 또는 회생담보권자는 책임질 수 없는 사유로 인하여 신고 기간 안에 신고하지 못한 때에는 그 사유가 끝난 후 1개월 이내에 그 신고를 보완할 수 있다.

법인회생이 결정되었더라도 보증인 등에게는 청구가 가능한 것이므로, 지급보증이나 연대보증을 받은 경우에는 지급보증기관이나 연대보증인으로부터 채권을 회수할 수 있다.

| 판례 |

회생절차개시결정이 있는 때에는 회생채권 또는 회생담보권에 기한 강제집행 등은 할 수 없고, 채무자의 재산에 대하여 이미 행한 회생채권 또는 회생담보권에 기한 강제집행은 중지되며, 회생 계획의 인가결정이 되면 중지된 강제집행은 효력을 잃는다.

따라서 회생채권에 관하여 회생절차 개시 이전부터 회생채권 또는 회생담보권에 관하여 집행권원이 있었다 하더라도, 회생계획인가결정이 있은 후에는 채무자회생법 제252조에 의하여 모든 권리가 변경·확정되고 종전의 회생채권 또는 회생담보권에 관한 집행권원에 의하여 강제집행 등은 할 수 없으며, 회생채권자표 및 회생담보권자표의 기재만이 집행권원이 된다. (2017. 5. 23. 2016마1256)

94

회생채권과 공익채권은
어떠한 차이가 있나요?

채무자가 기업회생 절차에 들어갔더라도 우리 회사의 채권이 공인채권인 경우에는
회생채권보다 우선하여 일반채권처럼 변제받을 수 있다는 말을 들었습니다. 회생
채권과 공익채권은 어떻게 다르고, 공익채권은 어떻게 채권 회수를 해야 하는지 알
고 싶습니다.

회생채권에는 다음과 같은 것이 있다.

• 채무자에 대하여 회생절차개시 전에 생긴 재산상의 청구권(물품 대금, 용역

　대금, 공사 대금, 대여금 등)

• 회생절차개시 후의 이자

• 회생절차개시 후의 불이행으로 인한 손해배상금 및 위약금

• 회생 절차 참가의 비용 등

회생채권은 회생 절차에 의해서만 변제받을 수 있다.

그런데 공익채권은 회생채권에 우선하여 회생 절차를 밟지 않고
도 수시로 변제받을 수 있다. 공익채권에 해당하는 것으로는 다음

과 같은 것이 있다.

- 회생채권자 등을 위한 재판상 비용 청구권
- 회생절차개시 후의 채무자의 업무 및 재산의 관리와 처분에 관한 비용청구권
- 회생 계획 수행을 위한 비용청구권
- 관리인, 기업회생에 공적이 있는 채권자 등에 대한 비용, 보수, 보상금, 특별보상금청구권
- 채무자의 업무 및 재산에 관하여 회생절차개시 이후 채무자에 대하여 생긴 청구권(물품 대금, 용역 대금, 공사 대금, 대여금 등)
- 사무 관리 또는 부당 이득으로 인하여 회생절차개시 후에 생긴 청구권
- 계속적 공급 의무를 부담하는 쌍무 계약의 상대방이 회생절차개시 신청 후 회생절차개시 전까지 한 공급으로 생긴 청구권
- 회생절차개시 신청 전 20일 이내에 채무자가 계속적이고 정상적인 영업 활동으로 공급받은 물건에 대한 대금청구권
- 채무자의 근로자의 임금, 퇴직금 및 재해보상금
- 채무자 또는 보전관리인이 회생절차개시 신청 후 개시결정 전에 법원의 허가를 받아 행한 자금의 차입, 자재의 구입, 그 밖의 채무자의 사업을 계속하는 데 불가결한 행위로 인하여 생긴 청구권
- 채권자 협의회의 활동에 필요한 비용
- 채무자를 위하여 지출해야 하는 부득이한 비용 등

회생 계획에서 공익채권에 관하여 채권의 감면 등 공익채권자의 권리에 영향을 미치는 규정을 정할 수는 없고, 설령 회생 계획에서 그와 같은 규정을 두었더라도 공익채권자가 동의하지 않는 한 권리 변경의 효력은 공익채권자에게 미치지 않는다. (2016. 2. 18. 2014다31806)

95

개인파산과 면책이란?

개인 채무자의 경우에 개인파산을 신청하는 사례가 있습니다. 채무자가 개인파산을 하면 채무를 면제받는다고 합니다. 파산과 면책이란 무엇인지, 채권자로서 어떻게 대처해야 하는지 알고 싶습니다.

　개인이 물품을 구입하거나 돈을 차입하고 채무를 변제할 수 없는 상태에 빠진 경우, 채무자는 그 채무를 정리하기 위하여 파산 신청을 낼 수 있다.

　개인파산 신청을 하는 이유는 파산선고를 거쳐 채무에 대해 면책 결정을 받아 채무를 정리하기 위해서다. 면책 신청은 파산 신청과 동시에 신청하기도 하고, 파산선고 후 1개월 이내에 별도로 신청하기도 한다.

　파산선고가 내려지면 파산채무자는 공·사법상 제한과 경제활동에 불이익을 받는다. 공·사법상의 제한으로는 사법상 후견인, 친족회원, 유언 집행자, 수탁자가 될 수 없고, 공무원, 변호사, 공인회계사, 변리사, 공증인, 부동산중개업자 등이 될 수 없다. 상법상으로는 합명회사, 합자회사의 사원이라면 퇴사 사유가 되며, 주식회사 이사의 경우 퇴임 사유가 된다. 경제활동의 제한으로는 신원증명사항의 하나로 금융거래나 취업 등에 있어서 불이익을 받을 수 있다.

그러나 전부면책결정을 받게 되면 위와 같은 불이익은 모두 소멸한다.

파산 및 면책 신청서가 제출되면 법원은 신청서만 검토하고 파산선고를 할 수도 있고, 좀 더 조사가 필요한 경우에는 채권자들에게 의견 청취서를 보내고 심문을 마친 후 파산선고를 하기도 한다.

파산 여부에 대한 결정과 함께 면책 심문 기일 또는 이의 신청 기일을 동시에 지정하고 이를 신청인 등 이해관계인에게 통지한다. 면책에 관한 심문이 끝난 후 30일 이내의 채권자 이의 기간을 두어 그 기간 내에 이의가 없는 때에는 위 기간 경과 후에, 이의가 있는 경우에는 신청인과 이의 채권자가 출석한 의견 청취 기일을 거친 후에 면책 여부를 결정한다. 면책이 결정되면 채무가 면해지며, 채무자는 변제 책임이 없어진다.

채권자로서는 채무자에게 면책 불허가 사유가 있는지 검토하여 사유가 있는 경우에는 이의를 제기하여 채무자가 면책되지 않도록 하는 것이 중요하다. 면책되지 않으면 파산했더라도 채무를 변제하여야 한다. 면책 불허가 사유에는 다음과 같은 것이 있다.

• 파산자가 자기 재산을 숨기거나 부수거나 다른 사람 명의로 바꾸거나 헐값

에 팔아버린 행위

- 채무자가 채무를 허위로 증가시키는 행위
- 채무자가 과다한 낭비 또는 도박 등을 하여 현저히 재산을 감소시키거나 과대한 채무를 부담한 경우
- 채무자 채무를 부담하거나 신용거래로 구입한 상품을 현저히 불리한 조건으로 처분하는 행위
- 채무자가 파산 원인인 사실이 있음을 알면서 어느 채권자에게 특별한 이익을 줄 목적으로 채무자의 의무에 속하지 않거나 그 방법 또는 시기가 채무자의 의무에 속하지 않는데도 일부 채권자에게만 변제하거나 담보를 제공하는 행위
- 채무자가 허위의 채권자 목록 그 밖의 신청 서류를 제출하거나 법원에 대하여 그 재산 상태에 관하여 허위의 진술을 하는 행위
- 채무자가 파산선고를 받기 1년 이내에 파산의 원인인 사실이 있음에도 불구하고 그 사실이 없는 것으로 믿게 하기 위하여 그 사실을 속이거나 감추고 신용거래로 재산을 취득한 사실이 있는 때
- 과거 일정 기간(개인파산·면책확정일로부터 7년, 개인회생·면책확정일로부터 5년) 내에 면책을 받은 일이 있는 때

면책결정이 확정된 후에도 사기파산죄에 관하여 파산자에 대한 유죄판결이 확정된 때와 파산자가 부정한 방법으로 면책을 얻은 경우에는 파산 채권자의 신청 또는 파산 법원 직권에 의하여 면책결

정이 취소될 수 있다.

면책결정을 받거나 채무 전부에 관하여 변제, 면제, 상계 등으로 채무를 면한 때에는 채무자 신청과 법원의 심리의 절차를 거쳐 복권된다.

복권되면 파산선고를 받기 전과 같은 상태로 돌아가며, 파산선고로 인한 공사법상의 불이익이 없어진다. 기업이나 금융기관에 취업할 때나 금융거래에서 제약을 받을 수는 있다.

채권자로서는 채무자가 면책 신청을 한 경우에 앞에서 설명한 면책 불허가 사유를 입증하여 이의 기간 내에 적극적으로 이의를 제기하여 채무자가 면책받지 못하도록 한다. 면책을 받았더라도 채무자가 부정한 방법으로 면책받은 경우에는 파산 법원에 면책취소 신청을 하여 면책이 취소되게 하고 채권을 회수하도록 한다.

채무자가 면책받았더라도 보증인 등에게는 청구가 가능하므로, 지급보증이나 연대보증을 받은 경우에는 지급보증기관이나 연대보증인으로부터 채권을 회수할 수 있다. 또 담보권자인 경우에는 별제권 행사가 가능하므로 담보권 실행 절차를 통하여 채권을 회수할 수도 있다.

채무자 회생 및 파산에 관한 법률에 의하면, 파산 및 면책 결정을 받은 채무자는 파산 절차에 의한 배당을 제외하고는 파산 채권자에 대한 채무의 전부에 관하여 그 책임이 면제되므로, 면책 신청의 채권자 목록에 기재하지 않은 파산채권이라도 면책 대상이 된다. 다만 채무자가 면책결정 이전에 채권의 존재 사실을 알면서도 이를 채권자 목록에 기재하지 아니한 경우에는 그 파산채권에 대한 책임은 면제되지 아니하나 그 경우에도 채권자가 파산선고가 있음을 알았다면 면책이 된다. (2019. 11. 15. 2019다256167)

96

개인회생에 대해 알고 싶습니다

개인 채무자의 경우에 개인회생을 신청하는 사례가 있습니다. 이럴 때 채권을 어떠한 방법으로 회수하여야 하는지 막막할 때가 있습니다. 채권자로서 어떻게 대처해야 하는지, 개인회생 절차에 대해 알고 싶습니다.

개인회생제도란 재정적 어려움으로 인하여 파탄에 직면한 개인 채무자가 장래 계속적으로 수입을 얻을 가능성이 있다면 채권자 등 이해관계인의 법률 관계를 조정하여 채무자의 효율적 회생과 채권자의 이익을 도모하는 것이다.

총채무액이 무담보채무의 경우는 10억 원 이하, 담보부채무의 경우에는 15억 원 이하인 개인 채무자로, 장래에 계속해서 수입을 얻을 가능성이 있는 자가 3년간(일부는 3년 내지 5년간) 일정한 금액을 변제하면 나머지 채무를 면제받을 수 있다.

채무자가 개인회생 절차를 신청하면 보전처분금지명령과 포괄적 금지명령이 나며, 신청일로부터 1개월 이내에 개시결정이 난다. 개시결정일로부터 2개월 이내에 채권자로부터 채권 이의를 받고,

그 후 채권자 집회를 열어 채권과 변제 계획을 확정한다. 채권자 집회가 마무리되면 변제계획인가가 나고 채무자의 신용불량이 해제된다.

채무자가 타인의 이익을 도모하거나 채권자를 해할 목적으로 재산을 은닉 또는 손괴하거나 채권자에게 불이익하게 처분하는 행위를 한 경우, 또는 같은 목적으로 허위로 부담을 증가시키는 행위를 하여 채무자 회생절차가 확정된 경우에는 사기개인회생죄로 5년 이하의 징역, 5천 만 원 이하의 벌금에 처해진다.

채무자가 법원 또는 회생위원으로부터 금전의 수입과 지출 또는 그 밖의 재산 상태에 관한 보고를 요구받고 이를 거절하거나 허위로 보고하는 경우, 법원 또는 회생위원의 재산 상황 조사를 거절하는 경우에는 1년 이하의 징역, 1천만 원 이하의 벌금에 처해진다.

개인회생 절차에서 변제 계획에 따라 변제를 완료하거나 법원의 재량에 의하여 면책받은 채무자에 대하여, 면책된 사실을 알면서도 가압류, 강제집행의 방법으로 추심 행위를 하면 500만 원 이하의 과태료에 처해진다.

채무자가 고의로 채무를 회피할 목적으로 개인회생제도를 활용했다면 채권자는 증거를 정리하여 이의를 제기할 수 있다.

개인회생이 결정된 경우에는 채무자는 개인회생위원에게 채무를 이행하며, 채권자는 개인회생위원을 통하여 채권을 회수한다(계좌 신고를 하고 송금받는 방법으로 회수한다). 그리고 개인회생이 결정되었더라도 보증인 등에게는 청구할 수 있으므로, 지급보증이나 연대보증을 받아놓은 경우에는 지급보증기관이나 연대보증인에게서 채권을 회수할 수 있다. 담보권자인 경우에는 개인회생 폐지나 인가 결정 이후에 담보권 실행이 가능하므로 담보권 실행 절차를 통해서도 채권을 회수할 수 있다.

| 판례 |

채무자 회생 및 파산에 관한 법률에 따른 개인회생 절차에서 법원은 채무자가 변제계획에 따른 변제를 완료한 때에는 당사자의 신청에 의하거나 직권으로 면책의 결정을 하여야 한다. (2019. 8. 20. 2018마7459)

| 판례 |

채무자 회생 및 파산에 관한 법률은 확정된 개인회생채권을 개인회생채권자표에 기재한 경우 그 기재는 개인회생채권자 전원에 대하여 확정판결과 동일한 효력을 가진다고 규정하고 있다. 여기에서 '확정판결과 동일한 효력'은 기판력이 아닌 확인적 효력을 가지고 개인회생 절차 내부에 있어 불가쟁의 효력이 있다는 의미에 지나지 않는다. (2017. 6. 19. 2017다204131)

97

채무불이행자 명부 등재 신청은
어떻게 하나요?

집행권원을 얻었는데도 채무자가 채무를 변제하지 않을 때 채무자에게 간접적으로 변제를 강제하기 위한 방법으로 채무불이행자 명부 등재 신청을 할 수 있다고 합니다. 채무불이행자 명부 등재는 어떠한 제도이고, 신청은 어떠한 방법으로 하면 되는지 알고 싶습니다.

채무자가 확정판결, 확정된 지급명령, 화해조서, 조정조서 등 집행권원에 의한 금전채무를 부담하고 있음에도 6개월 내에 이를 이행하지 않거나 재산명시 절차에서의 의무 이행을 거부하거나 허위로 한 경우에 채권자는 채무불이행자 명부 등재 신청을 할 수 있다.

신청을 하기 위해서는 채무불이행자 명부 등재 신청서에 채권자의 성명, 주소, 연락처, 채무자의 성명, 주민등록번호, 주소, 집행권원의 표시 및 채무액, 신청 취지, 신청 이유, 첨부 서류, 작성 연월일, 신청인의 기명날인 또는 서명, 제출 지방법원명을 기재하고 다음의 구비 서류를 첨부한다.

구비 서류

1. 집행력 있는 판결정본

2. 송달증명과 확정증명원

3. 주민등록초본(채무자)

4. 법인등기부등본(법인의 경우)

5. 송달료 납부서

6. 위임장(대리인 제출의 경우)

7. 인감증명서

채무불이행자 명부 등재 신청서 작성과 구비 서류가 완성되면 채무자의 관할 법원에 신청서를 제출한다. 신청서에는 1,000원의 인지를 첨부하며, 송달료 [당사자 수×5회분(1회분 5,200원)]을 납부한다.

채무불이행자 명부 등재 신청에 대하여 법원은 제출된 자료를 검토하고 이해관계인을 심문하여 채무자를 채무불이행자 명부에 등재하도록 결정한다. 그러면 법원에 비치된 채무불이행자 명부에 등재하여 일반인에게 열람케 하는 한편, 그 부본을 채무자의 주소지 시, 구, 읍, 면장에게 송부하여 일반인이 열람할 수 있도록 비치한다. 채무불이행자 명부가 등재 및 비치되면 채무자의 명예와 신용에 흠집이 날 것이고, 채무자를 압박하여 채무를 이행하도록 간접적으로 강제하는 효과를 얻을 수 있다.

그리고 채무불이행자 명부 등재 결정이 되면 금융기관에도 통보되어 신용정보로 활용할 수 있다.

채무불이행자 명부 등재를 말소하려면 변제 기타의 사유로 채무를 소멸시키고 이를 증명하여 법원에 채무불이행자 명부 말소 신청을 하여 말소할 수 있다. 채무불이행자 명부에 등재된 후 10년이 지나면 법원의 직권으로 채무불이행자 명부 등재를 말소하는 결정을 하여 말소한다.

채무불이행자 명부 등재 신청

채권자 : (주)○○ 대표이사 ○○○ (전화번호 :   )
       경기도 ○○시 ○○동 123번지
채무자 : ○○○
       경기도 ○○시 ○○동 567번지
       주민등록번호 :   -

집행권원의 표시 및 채무액

  ○○지방법원 ○○가합 ○○○호 물품 대금 청구 사건의 집행력 있는 판결정본에 기한 원금 금 _____원 및 이에 대한 20__년 ○월 ○일부터 완제일까지 연 12%의 지연 이자

신청 취지

  채무자를 채무불이행자 명부에 등재한다라는 재판을 구합니다.

신청 이유

  1. 채권자가 집행권원을 얻어 내용증명에 의한 독촉 등 수차례 독촉을 하였음에도 불구하고 채무자는 집행권원을 얻은 날로부터 6개월 이상이 지난 현재까지 변제하지 않고 있습니다.

  2. 그리고 채무자의 명의로 된 재산 또한 이미 타인 명의로 이전되어 집행할 만한 재산이 없는 상황입니다.

  3. 따라서 채권자는 채무자에게 채무변제의 의사를 갖도록 하기 위하여 부득이 이 신청을 하기에 이르렀습니다.

첨부 서류

1. 집행력 있는 판결정본   1통
1. 송달증명원   1통
1. 확정증명원   1통
1. 내용증명   1통
1. 주민등록초본(채무자)   1통
1. 법인등기부등본   1통
1. 송달료 납부서   1통
1. 위임장   1통
1. 인감증명서   1통

_____년 __월 __일

위 채권자 (주)○○ 대표이사 ○○○ (인)

○○지방법원 귀중

98

재산명시 신청은 어떻게 하면 되나요?

채무자를 상대로 집행권원을 얻고 집행문도 부여받았습니다. 그런데 여러 방면으로 채무자 재산을 조사했는데 찾을 수가 없습니다. 이럴 경우 재산명시 신청을 활용하면 효과적이라고 합니다. 재산명시 절차란 무엇이며, 어떻게 하면 될까요?

재산명시제도는 일정한 집행권원에 의한 금전채무를 부담하는 채무자가 채무를 이행하지 않는 경우 채권자의 신청에 의하여 법원이 그 채무자로 하여금 강제집행의 대상이 되는 재산과 일정한 기간 내의 재산 처분 상황을 명시한 재산 목록을 작성하여 제출하게 하고 그 진실성에 관하여 선서하게 하는 법적 절차다.

집행권원을 얻어놓고도 채무자의 재산을 파악하지 못하여 강제집행을 못 하는 경우가 흔한데, 이런 경우에 채무자에게 자신의 재산과 일정한 기간 내의 재산 처분 상황을 작성 및 제출하게 하면 재산을 파악할 수 있다.

채권자는 확정판결, 확정된 지급명령, 화해조서, 조정조서 등 집행권원이 있으면서도 채무자가 채무 변제를 이행하지 않고 채무자의 재산도 발견되지 않으면 신청할 수 있다. 서면으로 신청해야 하는데, 채권자, 채무자와 그 대리인의 표시, 집행권원의 표시, 채무자가 이행하지 아니하는 금전채무액, 신청 취지와 신청 사유를 적고, 집행권원과 집행개시의 요건이 되는 문서도 함께 첨부하여 채무자의 관할 법원에 제출하면 된다. 신청서에는 1,000원의 인지를 첨부하며 5회분의 송달료를 납부한다.

채권자가 재판에서 승소 판결을 받는 등 집행권원을 가지고 있더라도 채무자가 자발적으로 그 채무를 변제하지 않는 경우에는 채무자의 재산을 찾아내어 그에 대한 강제집행을 실시해야 하지만, 채권자에게는 채무자의 재산을 조사, 탐지하거나 강제 수색할 수 있는 권한이 없고 무리하게 채무자의 재산을 추적하다가는 불법행위로 오히려 문제만 생길 수 있다.

또한 채무자가 채무면탈을 위하여 그 재산을 은닉하거나 거짓으로 양도하는 경우에 채권자가 많은 시간과 비용, 노력을 기울여 얻어낸 판결이 무용지물이 되므로, 법원의 권위가 떨어지고 채무자의 준법정신이 해이해지는 결과를 초래한다. 이러한 문제점을 해결하기 위하여 강제집행제도의 실효성, 기능을 제고하고 신속하게 집행하기 위해 만들어진 제도가 재산명시 제도다.

재산명시제도를 활용하면 채권자는 채무자의 책임재산을 알 수 있어 강제집행을 용이하게 할 수 있다. 채무자는 재산 목록을 제출할 때 일정 기간 내에 재산의 처분 상황이 어떠한지 밝혀야 하므로 채무를 피하기 위해 허위로 빼돌린 재산을 발견하기 쉬워서 채권자 취소권도 행사할 수 있다. 재산의 공개 및 법원 출석을 꺼리는 채무자에게 심리적 압박을 가함으로써 채무를 자진하여 이행하도록 하는 간접 강제의 효과도 얻을 수 있다.

법원은 채권자의 재산명시 신청에 정당한 사유가 있다고 인정하면 결정의 형식으로 채무자에게 재산 상태를 명시한 재산 목록의 제출을 명하고, 이 명령을 채권자와 채무자에게 송달한다.

재산명시 명령이 송달되면 채무자는 명시 기일에 출석하여 자신의 성명, 본적, 주소, 직업 등의 인적사항과 강제집행의 대상이 되는 재산, 명시명령 송달 전 1년 이내에 채무자가 한 부동산의 유상양도 그리고 1년 이내에 채무자가 배우자, 직계혈족, 4촌 이내의 방계혈족 및 그 배우자 등에 대하여 한 부동산 이외의 재산의 유상양도, 재산명시명령 송달 전 2년 이내에 채무자가 한 재산상의 무상처분 등의 사항을 기재한 재산 목록을 제출하여야 한다. 재산 목록에 기재할 사항과 재산은 민사집행규칙 제28조에 규정되어 있다.

제출한 내용에 허위가 있는 경우에는 처벌을 받겠다는 취지의 선서를 함으로써 명시 절차가 종료된다.

신청 채권자는 채무자가 제출한 재산 목록을 등사 등을 통해 받아 볼 수 있다.

재산명시 기일에는 반드시 본인이 출석하여야 하고, 법인의 경우에는 법인의 대표자가 출석하여야 한다. 갑작스러운 질병이나 명시명령 이전부터 외국에 체류하여 명시 기일에 출석할 수 없는 경우, 명시 기일 출석 요구서가 보충 송달되었으나 채무자가 그 사실을 알지 못한 경우 등 부득이한 사유로 명시 기일에 출석할 수 없을 때는 기일 연기 신청을 하여야 한다.

채무자의 책임재산을 파악하고 채무자에 대하여 그 채무 이행을 간접적으로 강제함으로써 재산명시제도의 실효성을 제고하기 위하여, 민사집행법에서는 재산명시명령 위반자에 대한 제재 규정을 두고 있다.

재산명시명령을 받은 채무자가 정당한 사유 없이 명시 기일에 출석하지 않거나 재산 목록의 제출을 거부하거나 선서를 거부한 때에는 법원은 감치재판 절차를 개시하여 20일 이내의 감치에 처할 수 있다. 또 채무자가 허위로 재산 목록을 제출하는 경우에는 3년 이하의 징역 또는 500만 원 이하의 벌금에 처해진다.

재산명시 신청은 채무자 재산도 알아보는 한편, 채무자를 협상 테이블로 이끌어내기 위해 활용하는 제도다.

| 판례 |

민사집행법의 재산명시 절차에 따라 채무자가 법원에 제출할 재산 목록에는 실질적인 가치가 있는지 여부와 상관없이 강제집행의 대상이 되는 재산을 모두 기재하여야 한다. (2007. 11. 29. 2007도8153)

재산명시 신청

채권자 : (주)○○ 대표이사 ○○○ (전화번호 :   )
      서울시 ○○구 ○○동 ○○번지
채무자 : ○○○
      서울시 ○○구 ○○동 ○○번지

집행권원의 표시 및 채무액

1. 집행권원의 표시 : ○○지방법원 ○○가단 ○○호 ○○청구사건의 집행력 있는 판결정본
1. 채무자가 이행하지 않는 금전채무액 : 금 _____원

신청 취지

채무자는 재산을 명시한 재산 목록을 제출하라는 명령을 구합니다.

신청 이유

1. 채권자는 채무자에 대하여 ○○지방법원 ○○가단○○호 ○○청구사건의 집행력 있는 판결정본을 가지고 있습니다.
2. 그러나 채무자는 채권자의 내용증명에 의한 독촉 등 수차례의 독촉에도 불구하고 채무 변제를 이행하지 않고 있습니다.
3. 채권자는 채무자의 재산을 강제집행하기 위하여 채무자의 재산을 여러 방면으로 탐색하였으나 채무자의 재산을 발견하기가 어려운 입장으로 이 신청을 하기에 이르렀습니다.

첨부 서류

1. 집행력 있는 판결정본   1통
1. 송달증명원   1통
1. 확정증명원   1통
1. 내용증명   1통
1. 법인등기부등본   1통
1. 송달료 납부서   1통
1. 위임장   1통

                                  ____년 __월 __일

위 채권자 (주)○○ 대표이사 ○○○ (인)

○○지방법원 귀중

99

재산명시 절차에서
재산 조회도 가능하다고 하던데

채권자가 채무자의 재산을 조사하는 것은 현실적으로 어렵습니다. 채무자 개인 재산을 채권자가 조회할 수 있는 방법이 없기 때문입니다. 그런데 재산명시 절차에서 채무자 재산 조회가 가능하다고 하는데 어느 경우에 조회가 가능한지, 재산 조회 신청은 어떻게 하는지 알고 싶습니다.

재산명시 절차가 끝난 경우에 채무자의 불출석, 재산 목록 제출 거부, 선서 거부, 허위 재산 목록 제출 등의 사유가 있거나 채무자가 제출한 재산 목록의 재산만으로는 집행채권을 만족시키기에 부족하면 채권자는 채무자 명의의 재산에 대해 조회를 신청할 수 있다.

재산 조회를 신청하는 경우에는 재산 조회 신청서에 채권자의 성명, 주소, 연락처, 채무자의 성명, 법인등록번호 또는 주민등록번호, 주소, 조회 대상 기관, 조회 대상 재산(별지 목록으로 첨부함), 재산명시 사건번호, 집행권원, 신청 취지, 신청 사유, 비용 환급용 예금 계좌, 첨부 서류, 작성 연월일, 신청인의 기명날인 또는 서명, 제출 지방법원명을 기재하여 신청서를 작성한다.

신청서 작성이 완료되면 재산명시를 신청하는 법원 구내 우체국에서 1,000원의 인지를 구입하여 첨부하고, 구내 은행에서 [송달 필요 기관수×2회분(1회분 5,200원)]의 송달료와 조회 비용(조회 비용은 재산별 또는 기관별로 5,000~40,000원임)을 예납하고 신청과에 제출하면 된다.

재산 조회 대상 기관은 개인의 재산 및 신용에 관한 전산망을 관리하는 법원 행정처, 국토교통부, 특허청, 특별시, 광역시, 도, 금융 기관 등 공공기관 및 단체다. 재산 조회 대상 기관과 조회 대상 재산을 정리하면 다음과 같다.

재산 조회 대상 기관과 조회 대상 재산

1. 법원 행정처: 토지, 건물의 소유권(명시명령 송달일로부터 2년 소급 조회 가능)
2. 국토교통부: 건물의 소유권
3. 특허청: 특허권, 실용실안권, 의장권, 상표권
4. 한국교통안전공단: 자동차, 건설기계의 소유권
5. 은행법에 의한 금융기관: 금융자산 중 계좌별로 시가 합계액이 50만 원 이상인 것(기관별 조회 비용이 소요됨)
6. 자본시장법에 의한 종합금융회사 등: 금융자산 중 계좌별로 시가 합계액이 50만 원 이상인 것(기관별 조회 비용이 소요됨)
7. 상호저축은행법에 의한 상호저축은행과 그 중앙회: 금융자산 중 계좌별로 시가 합계액이 50만 원 이상인 것(기관별 조회 비용이 소요되며 중앙회에

일괄 조회도 가능)

8. 농업협동조합법에 의한 농협중앙회: 금융자산 중 계좌별로 시가 합계액이 50만 원 이상인 것(기관별 조회 비용이 소요되며 중앙회에 일괄 조회도 가능)

9. 수산업협동조합법에 의한 수협중앙회: 금융자산 중 계좌별로 시가 합계액이 50만 원 이상인 것(기관별 조회 비용이 소요되며 중앙회에 일괄 조회도 가능)

10. 신용협동조합법에 의한 신용협동조합과 그 중앙회: 금융자산 중 계좌별로 시가 합계액이 50만 원 이상인 것(기관별 조회 비용이 소요되며 중앙회에 일괄 조회도 가능)

11. 산림조합법에 의한 산림조합중앙회: 금융자산 중 계좌별로 시가 합계액이 50만 원 이상인 것(산림조합별로 기관별 조회 비용이 소요되며 중앙회에 일괄 조회도 가능)

12. 새마을금고법에 의한 새마을금고연합회: 금융자산 중 계좌별로 시가 합계액이 50만 원 이상인 것(기관별 조회 비용이 소요되며 연합회에 일괄 조회도 가능)

13. 보험업법에 의한 보험사업자: 해약 환급금이 50만 원 이상인 것(기관별 조회 비용이 소요됨)

14. 과학기술정보통신부: 금융자산 중 계좌별로 시가 합계액이 50만 원 이상인 것

금융기관의 경우는 각 금융기관별로 조회 비용이 들기 때문에 채무자의 거래 가능 금융기관을 추정해서 재산 조회 신청을 하여야 효과적이다.

재산 조회 요구를 받은 공공기관, 금융기관, 단체 등은 정당한 사유 없이 이를 거절하지 못한다. 조회를 받은 기관 단체의 장이 정당한 사유 없이 거짓 자료를 제출하거나 자료를 제출할 것을 거부한 때에는 500만 원 이하의 과태료에 처해진다. 같은 협회 등에 소속된 금융기관에 대한 재산 조회는 협회 등을 통해 할 수도 있다. 이때 재산 조회를 받은 금융기관의 장은 소속협회 등의 장에게 조회 사항에 관한 정보를 제공하여야 하고, 그 협회 등의 장은 제공받은 정보와 자료를 정리하여 한꺼번에 제출하여야 한다.

신청 채권자는 조회 대상 기관이 제출한 재산 내역을 등사 등을 통해 받아 볼 수 있다.

100
대손처리, 대손세액을 공제받는 방법은?

우리 회사에는 장기간 회수하지 못한 채권이나 부실화된 채권이 일부 있습니다. 이럴 때 대손처리를 하여 법인세(또는 소득세)를 절세할 수 있고, 대손세액 공제를 받아 부가가치세를 환급받을 수 있다는 말을 들었습니다. 대손처리와 대손세액 공제는 무엇이며, 어떻게 인정받을 수 있는지 알고 싶습니다.

　　회수가 불능한 부실채권에 대하여 대손처리를 하면 법인세(소득세)를 절세할 수 있고, 대손세액 공제를 받아 매출 부가가치세액을 공제받을 수도 있다.

　　대손처리와 대손세액 공제를 받을 수 있는 부실채권(대손금)의 범위에 대해서는 법인세법(소득세법), 부가가치세법에 규정되어 있는데, 그 범위는 다음과 같다.

① 상법에 의하여 소멸시효가 완성된 외상 매출금 및 미수금

② 어음법에 의한 소멸시효가 완성된 어음

③ 수표법에 의한 소멸시효가 완성된 수표

④ 민법에 의한 소멸시효가 완성된 대여금 및 선급금

⑤ 채무자 회생 및 파산에 관한 법률에 따라 회생인가의 결정 또는 법원의 면책 결정에 따라 회수 불능으로 확정된 채권

서민의 금융생활지원에 관한 법률에 따라 채무조정을 받아 면책으로 확정된 채권

⑥ 민사집행법의 규정에 의하여 채무자의 재산에 대한 경매가 취소된 압류채권

⑦ 물품의 수출 또는 외국에서의 용역 제공으로 발생한 채권으로, 한국무역보험공사로부터 회수 불능으로 확인된 채권

⑧ 채무자의 파산, 강제집행, 형의 집행, 사업의 폐지, 사망, 실종, 행방불명으로 인하여 회수할 수 없는 채권

⑨ 부도 발생일로부터 6개월 이상 경과한 수표 또는 어음상의 채권 및 외상매출금(중소기업의 외상 매출금으로서 부도 발생일 이전의 것에 한함). 법인이 채무자의 재산에 대하여 저당권을 설정하고 있는 경우는 제외한다.

중소기업의 외상 매출금 및 미수금으로서 회수 기일이 2년이 지난 외상매출금 등. 다만 특수 관계인과의 거래로 인하여 발생한 외상 매출금 등은 제외한다.

⑩ 재판상의 화해, 조정 등 확정판결과 같은 효력을 가지는 것에 따라 회수 불능으로 확정된 채권

⑪ 회수 기일을 6개월 이상 지난 채권 중 30만 원 이하의 채권(채무자별 합계액 기준)

⑫ 금융기관의 채권 중 대손처리 기준에 따라 금융기관이 금융감독원장으로

부터 대손금으로 승인받은 것과 금융감독원장으로부터 대손처리 요구를 받은 채권으로서 해당 금융기관이 대손금으로 계상한 것

⑬ 중소기업 창업투자회사의 법인의 창업자에 대한 채권으로서 중소벤처기업부 장관이 기획재정부장관과 협의하여 정한 기준에 해당한다고 인정한 것

세법에 열거된 회수 불능 채권이라 하여 모두 대손처리나 대손세액 공제가 인정되는 것이 아니다. 회수 노력을 하였는데도 회수가 불가능하거나, 채무자(보증인 포함)의 무자력으로 회수가 불가능하다는 것을 입증하여야 대손처리나 대손세액 공제를 인정받을 수 있다. 대손처리나 대손세액 공제를 인정받기 위해 갖추어야 할 회수 노력 근거와 채무자의 무재산 입증 서류는 다음과 같은데, 채권자는 가능하면 그와 관련된 서류는 폐기하지 말고 모두 보관하는 것이 좋다.

세법에 규정된 부실채권(대손금)의 범위 중 ①, ②, ③, ④, ⑧, ⑨, ⑪ 등의 채권에 대해서는, 회수 불능임을 입증할 수 있는 서류와 회수 노력 근거 서류만으로 대손처리나 대손세액 공제를 인정받는 경우도 있다.

① 회수 불능 채권임을 입증할 수 있는 서류
  • 소멸시효 완성 증빙 서류
  • 부도어음, 수표 등

② 회수 노력 근거 서류

- 독촉장(내용증명 등)

- 가압류, 압류, 소 제기, 경매 신청 등 법 조치한 증빙 서류

- 채무자 추적, 채무자와 면담 및 협상한 근거 서류 등

③ 채무자의 무재산 증명

- 법인등기부등본(채무자가 법인일 경우)

- 본적지, 최종 주소지, 직전 주소지와 사업장 소재지를 관할하는 관서의 공적 장부에 등기 등록된 채무자 소유 재산이 없음을 증명할 수 있는 서류, 또는 신용정보회사의 채무자 재산조사보고서(채무자가 개인사업자의 경우)

- 본점 소재지와 사업장 소재지를 관할하는 관서의 공적 장부에 등기 등록된 소유 재산이 없음을 증명할 수 있는 서류 또는 신용정보회사의 채무자 재산조사보고서(채무자가 법인사업자의 경우)

- 폐업 증명원

- 채무자 재산 탐문 조사 내용 등

- 기타 구비 서류

  파산: 파산선고결정문

  실종, 행방불명: 실종선고결정문 등

  사망: 사망증명서

  강제집행: 강제집행불능조서

④ 대표자의 결재를 받은 내부 재산조사보고서: 채무자의 무재산 증명 등 채

무자 무자력을 입증할 수 있는 확인서 등을 첨부한 보고서

위의 구비 서류 중 ④는 꼭 구비하는 것이 좋으며, 그 외에도 관련 서류는 가능하면 많이 구비해놓는 것이 좋다.

대손처리는 손금 산입 시기를 잘 지켜서 해야 한다. 제때 대손처리를 하지 않으면 나중에 같은 사유로는 대손처리가 안 되기 때문이다.

세법에 규정된 부실채권(대손금) 중 ①~⑥항의 경우에는 대손 사유가 발생한 날이 속한 사업 연도가 손금 산입 시기(대손처리 가능 시기)가 되며, 기타의 경우에는 대손 사유가 발생하여 손금으로 계상한 날이 속하는 사업 연도가 손금 산입 시기(대손처리 가능 시기)가 된다.

대손세액 공제 신청 시 구비 서류는 다음과 같다.

• 매출세금계산서 사본
• 회수 노력, 채무자 무재산 구비 서류: 대손처리의 구비 서류와 같다.

대손세액 공제는 재화 또는 용역을 공급한 후 그 공급일로부터 5년이 경과한 날이 속한 부가가치세 과세 기간의 확정 신고 기간까지 신청하여야 한다.

중앙경제평론사 Joongang Economy Publishing Co.
중앙생활사 | 중앙에듀북스 Joongang Life Publishing Co./Joongang Edubooks Publishing Co.

중앙경제평론사는 오늘보다 나은 내일을 창조한다는 신념 아래 설립된 경제 · 경영서 전문 출판사로서
성공을 꿈꾸는 직장인, 경영인에게 전문지식과 자기계발의 지혜를 주는 책을 발간하고 있습니다.

현장에서 바로 써먹는 **채권관리 100문 100답**

초판 1쇄 인쇄 | 2023년 2월 15일
초판 1쇄 발행 | 2023년 2월 20일

지은이 | 최흥식(HeungSik Choi)
펴낸이 | 최점옥(JeomOg Choi)
펴낸곳 | 중앙경제평론사(Joongang Economy Publishing Co.)

대　　표 | 김용주
책임편집 | 한　홍
본문디자인 | 박근영

출력 | 삼신문화　종이 | 에이엔페이퍼　인쇄 | 삼신문화　제본 | 은정제책사

잘못된 책은 구입한 서점에서 교환해드립니다.
가격은 표지 뒷면에 있습니다.

ISBN 978-89-6054-310-2(03320)

등록 | 1991년 4월 10일 제2-1153호
주소 | ⑦ 04590 서울시 중구 다산로20길 5(신당4동 340-128) 중앙빌딩
전화 | (02)2253-4463(代) 팩스 | (02)2253-7988
홈페이지 | www.japub.co.kr　블로그 | http://blog.naver.com/japub
네이버 스마트스토어 | https://smartstore.naver.com/jaub　이메일 | japub@naver.com
♣ 중앙경제평론사는 중앙생활사 · 중앙에듀북스와 자매회사입니다.

도서
주문
www.**japub**.co.kr
전화주문 | 02) 2253 - 4463

중앙경제평론사/중앙생활사/중앙에듀북스에서는 여러분의 소중한 원고를 기다리고 있습니다. 원고 투고는 이메일을
이용해주세요. 최선을 다해 독자들에게 사랑받는 양서로 만들어드리겠습니다.　**이메일** | japub@naver.com